DER GESANG DER MÖNCHE

Pater Karl Wallner

DER GESANG DER MÖNCHE

Die Wiederentdeckung des heilsamen Gregorianischen Chorals aus Stift Heiligenkreuz

IRISIANA

FSC
Mix
Produktgruppe aus vorbildlich
bewirtschafteten Wäldern und
anderen kontrollierten Herkünften
Zert.-Nr. SGS-COC-1940
www.fsc.org
© 1996 Forest Stewardship Council

Verlagsgruppe Random House FSC-DEU-0100

Das für dieses Buch verwendete FSC-zertifizierte Papier *Munken Premium*
liefert Arctic Paper Munkedals AB, Schweden.

1. Auflage

© 2009 Irisiana Verlag, in der
Verlagsgruppe Random House GmbH München

Umschlaggestaltung: Andreas Henze, München
Umschlagmotiv: © Karl Wallner, Zisterzienserabtei Stift Heiligenkreuz
Druck und Bindung: GGP Media GmbH, Pößneck

Printed in Germany

ISBN: 978-3-424-15037-7

Inhalt

»Wie schön ist es, den Herrn zu preisen!«
Vorwort von Abt Gregor Henckel Donnersmarck — 7

Das Leben im Kloster und der Gregorianische Choral — 11
Eine Liebeserklärung — 12

Warum sind Klöster plötzlich so im Trend? — 17
Der »Hype« um ein altes österreichisches Stift — 18
Werden Klöster auf einmal modern? — 25
Als Gast Klosterluft schnuppern — 35

Wie leben wir Zisterzienser im Stift Heiligenkreuz? — 47
Wie wird man eigentlich Mönch? — 48
Das Leben im Rhythmus der Zeit — 58
Die Pflege des Gregorianischen Chorals im Stift Heiligenkreuz — 85

Was ist der Gregorianische Choral? — 115
Zur Geschichte des Gregorianischen Chorals — 116
Der Inhalt des Gregorianischen Chorals — 129

Inhalt

Der Gregorianische Choral im Klosterleben	135
Die liturgischen Gesänge der Messe	147

Was ist das Besondere an den Zisterziensern und ihrem Choral? 157

Eine Reform des benediktinischen Mönchtums	158
Die zisterziensische Bewegung	167
Der Zisterzienserchoral	186

Wie kam es zu dem Erfolg von »Chant – Music for Paradise«? 193

Gott hat uns gut vorbereitet	194
Chant – Music for Paradise	214
Ein überraschender Welterfolg	237

Was sind die heilsamen Tugenden des Gregorianischen Chorals? 261

Gebet, das alles durchdringt	262
Eine Liebeswerbung	280
Glossar	282
Literatur und Links	286

»Wie schön ist es, den Herrn zu preisen!« (Psalm 92,1)

Wenn Gott uns Menschen ein Geschenk macht, dann nennen wir das eine »Gnade«. Wir Zisterzienser vom Stift Heiligenkreuz empfinden den Gregorianischen Choral als eine solche Gnade. Seit der Gründung unserer Abtei 1133 verbinden die jahrhundertealten Melodien des Zisterzienserchorals uns betende Mönche mit Gott. Das Gnadenhafte und Heilsame des Gregorianischen Chorals liegt darin, dass er die Grenzen zwischen Mensch und Gott, Erde und Himmel, Diesseits und Jenseits übersteigt. Für uns ist der Choral daher nicht bloß Musik um der Musik willen, sondern er ist unser tägliches Gebet, das wir hinaufsingen in die Sphären des Ewigen.

Mit dem weltweiten Erfolg unserer CD »Chant – Music for Paradise« ist der Gregorianische Choral aber auch zu einer Gnade für viele Menschen außerhalb des Klosters geworden. Die positiven Reaktionen aus der ganzen Welt haben uns freudig überrascht. Sie bestärken uns in der Überzeugung, dass die Schönheit des Gregorianischen Chorals ein Geschenk ist, das Gott durch uns an viele Menschen weitergeben wollte.
Es ist offensichtlich, dass der uralte Gregorianische Choral auch und gerade heute die Kraft hat, die Herzen der Menschen zu berühren. Wie wir an der Flut der E-Mails, Internetpostings und Briefe ablesen können, sind diese gesungenen Gebete mit ihren Melodien, die so ganz außerhalb unseres gewohnten Klangbogens liegen, ein Schlüssel zu den religiösen Empfindungen der Menschen. Es ist interessant, dass der Choral gerade auch bei der jüngeren Generation Gefallen findet.
Von Anfang an haben wir das Projekt einer Choral-CD nur deshalb aufgegriffen, weil wir uns von Papst Benedikt XVI.

dazu ermutigt und aufgefordert fühlten. Bei seinem Besuch in Heiligenkreuz am 9. September 2007, fünf Monate vor unserer »Entdeckung« durch Universal Music, sagte der Heilige Vater, dass eine Gemeinschaft von gottgeweihten Ordensmännern, die sich täglich zum feierlichen zweckfreien Gotteslob versammelt, der Welt Zeugnis gibt, dass es ein letztes Ziel, einen letzten Sinn, eine letzte Erfüllung gibt: und zwar Gott. Für uns ist es deshalb darum gegangen, dass die Schönheit des Chorgebets den Charakter eines Zeugnisses für eine Sinn suchende Welt hat. Darum haben wir beharrlich alle auch noch so verlockenden Angebote und Einladungen zu Konzertauftritten abgelehnt.

Niemand aus unserer Gemeinschaft ist ins Kloster eingetreten, um dann im Rampenlicht der Öffentlichkeit zu stehen, sondern im Gegenteil: Unser Zeugnis als Zisterziensermönche nach der Regel des heiligen Benedikt besteht ja gerade darin, dass wir eine Kultur der Zurückgezogenheit pflegen. Es war uns ein großes Anliegen, in der Begegnung mit den Medien deutlich zu machen, dass es uns in erster Linie um das Gebet, um die Stille, um den klösterlichen Lebensstil im Rhythmus von Gebet, Arbeit und geistlicher Lesung geht. Und genau deshalb ist nun dieses Buch entstanden.

Unserem Pater Karl Wallner fiel die Aufgabe zu, das überwältigende Medieninteresse an unserer Gemeinschaft durch eine umsichtige Öffentlichkeitsarbeit zu bewältigen, und zwar so, dass unsere klösterliche Ruhe möglichst gewahrt blieb. Denn unser Herr sagt: »Was nützt es einem Menschen, wenn er die ganze Welt gewinnt, dabei aber sich selbst verliert und Schaden nimmt?« (Lukasevangelium 9,25). Mit diesem Buch möchte Pater Karl das Zeugnis fortsetzen, das wir als klösterliche Gemeinschaft den Menschen des 21. Jahrhunderts schuldig sind; Menschen, die oft die Orientierung auf einen letzten Sinn aus den Augen verloren haben. Er möchte die heilsame Gnade entschlüsseln, die im Choral steckt, und von den spirituellen Grundlagen dieser Gebetsform erzählen, die in unserem klösterlichen Leben liegen.

Pater Karl hat dieses Buch als leidenschaftlicher Theologe und hingebungsvoller Jugendseelsorger geschrieben, aber er ist, wie er selbst betont, kein Musikwissenschaftler! Sieht man davon ab, dass er natürlich auch viel Wissenswertes über die Musikform des Gregorianischen Chorals erzählt, so handelt es sich doch keineswegs um ein musikwissenschaftliches Fachbuch, sondern um ein Zeugnis seiner persönlichen Begeisterung und seiner jahrelangen geistlichen Erfahrung im Kloster. Ich bin überzeugt, dass es ihm gelingen wird, bei den Lesern Sympathie für das Ordensleben zu wecken und auch so manchen verborgenen Aspekt unserer christlichen Spiritualität besser verständlich zu machen.

Schließlich ist es mir als Abt des Stiftes Heiligenkreuz noch ein persönliches Bedürfnis hinzuzufügen, dass wir uns über den Erfolg der CD zwar sehr freuen. Auch haben wir uns bemüht, die mediale Aufmerksamkeit, die uns in den letzten Jahren zuteil wurde, so gut wie möglich zu meistern. Aber wir werden deshalb nicht stolz! Denn es gibt viele Klöster in Europa und auf der ganzen Welt, aber auch viele kirchliche Chöre und Choralscholen, die vielleicht schöner, inniger und auch hingebungsvoller singen als wir. Und ist nicht die ganze Welt übersät mit Ordensgemeinschaften, in denen Gott geliebt und gelobt wird? Vielleicht wollte Gott in einer Zeit, in der der christliche Glaube zu verdunsten droht, durch uns Zisterzienser des Stiftes Heiligenkreuz exemplarisch auf das Heilsame aufmerksam machen, das in der christlichen Liturgie, in der christlichen Spiritualität und im christlichen Gebet liegt. Ich möchte Sie deshalb daran erinnern, dass Papst Benedikt XVI. *alle* Stifte, Klöster und Ordensgemeinschaften, in denen gemeinsam gebetet wird, »Oasen der Kraft« genannt hat. Halten Sie doch, wo auch im-

Vorwort

mer Sie zu Hause sind, einmal Ausschau, wo in ihrer Nähe eine christliche »Oase« der Stille und des Gebets zu finden ist. Es wird sicher die eine oder andere Möglichkeit geben, dort aus den Quellen zu schöpfen, die Gott in unsere Welt hineinfließen lassen will.
Ich wünsche allen Leserinnen und Lesern dieses Buches von Herzen Gottes Segen!

Gregor Henckel Donnersmarck
Abt des Stiftes Heiligenkreuz

Das Leben im Kloster und der Gregorianische Choral

Eine Liebeserklärung

Träume ich, oder ist das alles wirklich wahr? Ich stehe kurz nach fünf Uhr morgens auf meinem Platz im Chorgestühl in der mittelalterlichen Abteikirche von Heiligenkreuz; einer nach dem anderen kommen die Mitbrüder zum Gebet in die Kirche. Ich versuche, mich auf das Chorgebet vorzubereiten, das in wenigen Minuten beginnen wird. Dank einer Tasse Kaffee bin ich hellwach. Ich will beten, aber meine Gedanken bleiben an Erinnerungen hängen. Gleich werden wir beim Chorgebet zwei Stunden lang mit uralten Gesängen und unter der Rezitation lateinischer Psalmen Gott preisen. Wie ich das schon seit meinem achtzehnten Lebensjahr tue, als ich hier ins Kloster eingetreten bin. »Ist das alles Wirklichkeit gewesen, was sich hier in den letzten Jahren abgespielt hat: dass unser Kloster voll ist mit jungen Mönchen, dass hier ein Oscar-Drehbuch geschrieben wurde, dass der Papst uns besucht hat und dass schließlich unsere CD »Chant – Music for Paradise« zu einem weltweiten Musikerfolg wurde. Ist das alles wirklich wahr, dass uns gerade die Jugendlichen gut finden, weil wir so sind wie wir sind, einfach Mönche, die von früh bis spät Loblieder auf Gott singen? Fast eine Million Mal wurde unsere CD mittlerweile verkauft. Siebenfach Platin in Österreich, Platin in Deutschland und Holland, Gold in England und Polen …«

Ich bin in den letzten Jahren öfter ins Staunen gekommen. Über diese »Scherze«, die sich der liebe Gott da mit uns Heiligenkreuzer Zisterziensermönchen erlaubt hat. Um das alles ein bisschen besser verarbeiten zu können, möchte ich dieses Buch schreiben: ein Buch über die Kraft, die im Gesang von uns Mönchen steckt, weil er ein Gesang ist, der aus unserer Verbundenheit mit dem unsichtbaren großen Gott kommt. Es gibt

Eine Liebeserklärung

über den uralten Gregorianischen Choral schon sehr viele und sehr gute Fachbücher. In diesem Buch soll es darum nicht um tiefschürfende musikwissenschaftliche Betrachtungen gehen, sondern ich möchte aus meiner Sicht als Mönch das Phänomen beschreiben, warum diese spezielle Art des Gesangs plötzlich so stark zur Kenntnis genommen wird. Mir geht es um das, was hinter dem Phänomen steckt, das unseren Gregorianischen Choral 2008 in die internationale Musikwelt hinauskatapultiert hat. Der Erfolg dieser Musik besteht nicht so sehr darin, dass es sich um geniale Melodien handelt, sondern dass etwas Übernatürliches und Heiliges in dieser Musik steckt. Nicht umsonst hat man den Gregorianischen Choral früher mit dem Gesang der Engel verglichen.
Wir Zisterziensermönche vom Stift Heiligenkreuz singen den Choral schon seit fast neunhundert Jahren – denn so lang besteht unser 1133 gegründetes Kloster bereits – und wir lieben den Gregorianischen Choral! Jeder von uns wird beim täglichen Chorgebet ergriffen von der Schönheit des Gesangs und wie von einer Welle hinausgetragen in die Sphäre dessen, der uns dazu berufen hat, als Ordensmann Christus nachzufolgen. Natürlich ist keiner von uns einundachtzig Mitbrüdern nur deshalb in das Kloster eingetreten, um Choral zu singen. Wir sind kein »Mönchschor«, keine »Pop-Mönche« und schon gar keine Boygroup! Als Mönche dienen wir in einer außerordentlichen Lebensform Gott im Rhythmus von Gebet und Arbeit. Als Gott uns berufen hat, hat er nicht darauf geachtet, ob wir gute Sänger sind, ob wir eine musikalische Ader haben oder Noten lesen können … Wir haben uns in Gott verliebt, und darum sind wir ins Kloster gegangen. Jede Liebe muss sich ausdrücken, gerade auch die Liebe zu dem großen unsichtbaren und hocherhabenen Gott. Unsere Ausdrucksform ist das Singen im Gregorianischen Choral. Innerhalb unserer Liebesbeziehung zu Gott hat der Choral seine unersetzliche Funktion:

Er ist ein heiliges und altbewährtes Mittel der christlichen Frömmigkeitspraxis, um unsere Seele mit Gott zu verbinden. Ich möchte Ihnen hier ausführlich vom Gregorianischen Choral erzählen, aber ich möchte Sie nicht mit einem musikwissenschaftlichen Traktat langweilen. Schon deshalb nicht, weil ich selbst von der Theorie dieser Musik, von den vielen Schulen und Richtungen, die es in der Gregorianik gibt, wenig Ahnung habe. Wovon ich aber etwas verstehe, das ist die spirituelle Haltung, die mich und meine Mitbrüder antreibt, täglich mehrmals zusammenzukommen, um bei der Feier der heiligen Messe und beim gemeinsamen Chorgebet diese Gesänge in den Raum des Göttlichen hinauszusingen. Gregorianischer Choral ist nach einer Formulierung unseres Abts ein gesungenes Gebet. Und da fühle ich mich als Experte, denn ich bete leidenschaftlich gern! Auch wenn es mir lieber wäre, wenn ich darauf verzichten könnte, werde ich im Folgenden das Wort »Ich« öfter verwenden müssen, weil ich anderen – auch meinen Mitbrüdern – nicht automatisch dieselben Erfahrungen unterstellen kann, wie ich sie mit dem Gregorianischen Choral mache. Jedenfalls: Wenn Sie eine wissenschaftliche Abhandlung über Choral, Klosterleben und Spiritualität lesen wollen, dann lesen Sie also bitte nicht weiter, denn ich kann ganz einfach nicht kühl und distanziert über das sprechen, was ich bin und was ich lebe. Der Choral ist einer der schönsten Teile meines Lebens und so möchte ich Ihnen ganz persönlich erzählen, warum er so wunderschön ist.

Natürlich möchte ich Ihnen dabei auch die Geschichte von uns »singenden Mönchen vom Stift Heiligenkreuz« erzählen. Ich möchte Ihnen erzählen, warum wir meinen, dass diese Gebetsgesänge eine übernatürliche Kraft haben und immer modern sein werden. Unsere CD »Chant – Music for Paradise« ist schließlich 2008 in die Top Ten der Pop-Charts gestürmt. Und warum und wie Sie daraus geistige Kraft schöpfen können. Da

ich für die Öffentlichkeitsarbeit eines der lebendigsten christlichen Klöster Europas zuständig bin, lade ich Sie ein, mit mir einen Blick auf unsere Lebensform als Mönche zu werfen.
Es ist mir ein großes Anliegen, dass die Öffentlichkeit unsere christlichen Klöster wieder als »Oasen der Kraft« entdeckt, so hat es Papst Benedikt XVI. bei seinem Besuch bei uns formuliert. Es ist zu wenig, wenn man in einem Kloster nur ein attraktives historisches Bauwerk und ein bestaunenswertes Kulturdenkmal sieht, wenn man sich über das reiche Angebot von kulinarischen Erzeugnissen, Ausstellungen oder Konzerten freut, das unsere Klöster zu bieten haben, dabei aber das Eigentliche und Entscheidende zu wenig beachtet: dass jedes Kloster ein Ort ist, an dem eine geistige Energie entsteht, weil hier gebetet wird und einem der Himmel gleichsam offen steht. Die Erfolgsgeschichte unserer CD hat mir vor allem deshalb große Freude bereitet, weil dadurch das Interesse für unser Gebet geweckt wurde. Wie musste ich lachen, als mir ein Kellner unseres Klostergasthofs auf die Schulter klopfte und sagte: »Pater Karl, das ist toll, dass ihr in den Pop-Charts seid. Was ihr da singt, ist cool. Singt ihr eigentlich öfters?« »Ja, wir machen das öfters: Und zwar jeden Tag, dreieinhalb Stunden lang, um fünf Uhr fünfzehn geht es täglich los …«
Ich freue mich, dass man uns christliche Mönche mit unseren altbewährten Formen der Spiritualität wiederentdeckt hat. Ich schätze, dass es heute eine Grundströmung in den Herzen der Menschen gibt und man sich wieder nach einer Verbindung zum Göttlichen sehnt. Der Gregorianische Choral und die Spiritualität, die ihm zugrunde liegt, hat das Potenzial, die Mauern unserer Endlichkeit aufzusprengen und unsere Seelen das Atmen aus den Quellen des Übernatürlichen neu zu lehren. Darum möchte ich Ihnen unsere Geschichte erzählen, die Geschichte eines Klosters im Wienerwald, dessen junge und alte Mönche zum einen ganz und gar Menschen des 21. Jahrhunderts sind,

zum anderen ebenso ganz und gar in eine ewige und zeitlose Welt Gottes hinüberleben und das mit ihren Gesängen nach außen geben. Was Sie hier über den Choral und unser Mönchsleben lesen werden, ist deshalb vor allem eines: meine ganz persönliche Liebeserklärung an das, was den Namen »christliche Spiritualität« trägt, aus der ich selbst seit Jahren Sinn, Kraft und das Glück meines Lebens schöpfe. Ich möchte Sie anhand der Erfahrungen, die wir gemacht haben, zu der Begegnung mit einer anderen Welt hinführen. Damit meine ich nicht nur die Welt unseres klösterlichen Lebensstils, denn es wäre mir zu wenig, Sie nur mit unseren Gesängen, unseren uralten Ritualien und Bräuchen bekannt zu machen. Mein größtes Anliegen ist es, jene innere Haltung zu erschließen, in der wir Mönche uns von jener anderen Wirklichkeit berührt fühlen, die den Namen »Gott« trägt. Dieses Buch ist eine Liebeserklärung an den Gregorianischen Choral und damit an den, der uns in diese wunderbare Lebensform gerufen hat. Dieses Buch möchte etwas von der Schönheit der Erfahrung der Nähe Gottes erzählen. Und wie der Choral durch seine schlichte Melodik hinüberführt in einen anderen Raum, so möchte dieses Buch die Einladung, die im Choral steckt, gleichsam ausformulieren: dass eine Weitung unserer Seele auf das Göttliche hin möglich ist, und dass genau dies es ist, was uns im Inneren glücklich macht.

Warum sind Klöster plötzlich so im Trend?

Der »Hype« um ein altes österreichisches Stift

Was ist ein Hype?

Ich erinnere mich noch genau an jene Kapitelversammlung im Juni 2008. Einmal im Monat beruft der Abt alle Mönche zu einer Versammlung ein, die wird kurz »das Kapitel« genannt. Die Kapitel fanden früher häufiger statt und dienten dazu, die anfallende Tagesarbeit zu besprechen, die Aufträge zu verteilen und die Dienste zu koordinieren. Sie wurden immer mit der Lesung eines Kapitels aus der Benediktsregel eingeleitet, daher der Name Kapitel, der dann auf alles Mögliche überging: Der Saal, in dem man sich versammelte, wurde *Capitulum* genannt, heute zumeist Kapitelsaal, und die Mönche, die das Recht hatten, kraft ihrer Gelübde an diesen Versammlungen teilzunehmen, nannte man »Kapitulare«.

Die Stimme von Abt Gregor klingt mir noch im Ohr: »Was ist ein Hype?«, fragte er in dieser Kapitelversammlung und schaute in die Runde der Mönche. Seinem Tonfall war zu entnehmen, dass er dieses neuenglische »Haaiipp« für ebenso verzichtbar hielt wie Fastfood-Ketten und elektronische Zahnbürsten. Man muss dazu wissen, dass es bei unseren monatlichen Kapiteln um Beratungen über substantielle Themen geht: die Aufnahme von Kandidaten, die Zulassung von Mitbrüdern zu den Gelübden, aber auch um Kaufansuchen für Grundstücke. Der Abt ist nach der Rechtsverfassung unserer Zisterzienserklöster zwar mit einer geradezu monarchischen Entscheidungsfülle ausgestattet, doch trotz dieser Machtfülle – oder vielleicht sogar gerade deshalb – trifft er wichtige Entscheidungen immer in Rücksprache und Übereinstimmung mit der Gemeinschaft. Bei wichtigen Entscheidungen muss er sogar verpflichtend das Kapitel befragen. Abt Gregor legt der Kapitelversammlung aber meist psychologisch klug auch andere Themen vor, die das Zusammenleben in der Gemeinschaft und die Angelegenheiten des Klosters betreffen. Und damals ging es eben um den »Hype«, der im Sommer 2008 rund um unser Kloster Heiligenkreuz entstanden war.

»Was ist ein Hype?«, fragte also Abt Gregor und fixierte dabei Pater Pirmin, unseren Gästepater, und mich, den Beauftragten für die Öffentlichkeitsarbeit. Zuvor hatte Pater Pirmin berichtet, dass unser Gästetrakt für den Sommer bereits seit vielen Monaten ausgebucht ist; dass wir anstelle der zwanzig Gästezimmer und der sechzig Stockbetten in den drei Räumen, die wir als Jugendherberge bezeichnen, die dreifache Menge an Übernachtungsmöglichkeiten brauchen würden, um der Nachfrage gerecht zu werden; dass er alle Anfragenden an die umliegenden Herbergen im Wienerwald verweist und dass wir uns gut vorbereiten müssten, um mit dem Hype an Klostergästen in stilvoller und passender Weise fertigzuwerden. »Ein Hype«, ergriff ich das Wort, »ist genau das, was wir in Heiligenkreuz seit einigen Jahren erleben dürfen! Dass für die Menschen unsere Liturgie, unser klösterliches Leben, unser Gebet und unser Gesang plötzlich in ist. Das ist der Grund für diesen Boom, darum will alle Welt zu uns ins Kloster zum Chillen kommen.« Kaum hatte ich den Satz vollendet, biss ich mir auf die Lippen. »Fehler!«, dachte ich. Das zeigten mir die immer noch fragend hochgezogenen Augenbrauen des Abts ebenso wie das etwas ratlose Kopfschütteln älterer Mitbrüder: »Boom, Chillen, Hype, wir müssen aufpassen, dass wir nicht zu weltlich denken und reden«, meinte Abt Gregor. »Können wir statt von einem ›Hype‹ nicht einfach von einem ›Ansturm‹ der Klostergäste sprechen, statt von einem ›Boom‹ von einem gesteigerten Interesse und statt von diesem ›Chillen‹ lieber von einer verstärkten Suche nach Ruhe und geistiger Erholung?!«

Großereignisse haben Tradition

Ja, es gibt einen Hype auf das klösterliche Leben. Solche Phasen, in denen das klösterliche Leben für die Menschen »draußen« plötzlich interessant wird, hat es immer wieder gegeben. Wir lesen etwa schon in einer mittelalterlichen Chronik, dass zur feierlichen Weihe des hohen gotischen Chores unserer Abteikirche am zweiten Sonntag nach Ostern 1295 so viele Menschen herbeigeströmt waren, dass »eine halbe Meile weit der Wald voll von Menschen war«. Eine ganze Woche lang war den Männern und Frauen der Zugang in die Klausurräume, die sonst nur den Mönchen vorbehalten sind, gestattet. Einen etwas merkwürdigen »Run« auf Heiligenkreuz gab es auch im Spätmittelalter, als sich plötzlich die Mär verbreitete, dass das Wasser im Brunnenhaus heilkräftig sei, sodass eine Zeit lang Heilsbedürfnis und Wundersucht die Menschen nach Heiligenkreuz zog. Und dann kam die sinnlich-fromme Zeit des Barock, in der man in Österreich nach der überstandenen Türkeninvasion die mittelalterlichen Klostergebäude in prachtvolle Gottesschlösser umbaute und die Mönche begannen, bewusst nach außen zu wirken: im verstärkten Empfang von Pilgern, in der Einrichtung von Schulen, Gymnasien und theologischen Lehranstalten, aber auch in der Betreuung von Pfarreien.

Woher kommt der Hype?

Man kann also nicht behaupten, dass das Interesse an unserem Kloster etwas völlig Neues ist. Was jedoch geschichtlich noch nie dagewesen ist, das ist die Art und Weise, wie man sich für uns interessiert: Denn es geht den Menschen, die nach Heiligenkreuz kommen, nicht bloß um ein neugieriges Schielen nach dem Kuriosen, »das sich hinter den Klostermauern verbirgt«. Unsere Gäste kommen auch nicht aus medizinischer Mirakelsucht und schon gar nicht, um ihre Religiosität nach

barocker Manier öffentlich ausleben zu können. Nein! Am Beginn des dritten christlichen Jahrtausends spielen ganz andere Motive eine Rolle, warum Menschen verstärkt von unseren Klöstern fasziniert sind und es sie in die komfortlose Nüchternheit unserer alten Abteien zieht. Woher kommt dieses gesteigerte Interesse, etwas von dem Lebensstil erhaschen zu wollen, den wir Mönche nach den jahrhundertealten Prinzipien der Benediktsregel leben? Zwei Antworten können wir nicht gelten lassen: Es ist weder richtig, dass der Boom um Heiligenkreuz erst mit dem Papstbesuch 2007 ausgebrochen ist; und ebenso wenig ist es korrekt, die gegenwärtige Situation nur durch die weltweite Aufmerksamkeit für unsere CD »Chant – Music for Paradise« erklären zu wollen.
Natürlich hat der Besuch von Papst Benedikt XVI. am 9. September 2007 die Öffentlichkeit auf uns aufmerksam gemacht, aber es war nicht ein Stück Wüste, das erst dann zu blühen begonnen hätte, sondern schon zuvor war unser Kloster wegen der Pflege der liturgischen Ästhetik, wegen der Priesterausbildung an der 1802 gegründeten Hochschule ein sehr lebendiger geistlicher Ort, eine »Oase der Kraft«, wie es der Papst dann in seiner Ansprache hervorhob. Wie alle anderen Stifte und Klöster in Österreich auch. Stift Heiligenkreuz ist auch nicht erst durch die CD »Chant – Music for Paradise« bekannt geworden, denn schon davor kamen jährlich zwischen einhundertvierzig- bis einhundertsiebzigtausend Touristen in das Wienerwaldkloster, vorwiegend um die Bauanlage zu besichtigen, die eine in Jahrhunderten gewachsene Harmonie von Mittelalter, Barock und Moderne ist. Nur knappe achtzehn Kilometer von der Stadtgrenze Wiens entfernt, dennoch geborgen und abgeschieden in einem sanften Tal, ist das alte Stift gleichsam prädestiniert ein touristischer Anziehungspunkt zu sein. Ich musste unsere Betreuer von Universal Music manchmal sanft darauf aufmerksam machen, dass wir nicht erst durch sie entdeckt und

promotet worden sind. Die Anziehungskraft von Heiligenkreuz beginnt nicht erst mit dem Jahr 2008 und dieser kleinen CD. Freilich – die CD hat die Akzente in der öffentlichen Wahrnehmung unseres Klosters verschoben: Kam man früher, um das Kloster zu besichtigen und dann im gemütlichen Klostergasthof einzukehren, so wollen jetzt viele Touristengruppen auch bei einer Gebetszeit der Mönche dabei sein. Heiligenkreuz wird nicht mehr nur deshalb besucht, weil es ein ästhetisch-kultureller Genuss für die Augen, sondern weil es ein akustisch-spirituelles Erlebnis ist. Dabei beten wir Mönche dasselbe wie vor achthundert Jahren, dasselbe wie zur Zeit Mozarts, dasselbe wie in den düsteren Jahren der Hitler-Diktatur, dasselbe wie immer. Offensichtlich hat der Gregorianische Choral die Kraft, geheimnisvolle Sphären der Seele anzurühren. Sonst wäre der Erfolg nicht erklärbar.

Das grundsätzliche Interesse am Klosterleben

Mit einer gewissen Enttäuschung erinnere ich mich, dass junge Leute in den Achtzigerjahren die Teilnahme an unserem Chorgebet als »ur-fad« empfanden. Teilweise konnte ich das nachvollziehen, denn auch ich hatte nach meinem Ordenseintritt Jahre gebraucht, um mich für den Gregorianischen Choral und das lateinische Rezitieren der Psalmen zu begeistern. In den Siebziger- und Achtzigerjahren galt es außerdem in den etablierten innerkirchlichen Kreisen als eine Art Verbrechen gegen den »Geist des 2. Vatikanischen Konzils«, dass wir Mönche im Stift Heiligenkreuz die Liturgie zwar ganz nach den Normen des 2. Vatikanischen Konzils feierten, aber das Latein als Liturgiesprache beibehalten hatten und treu täglich im Gregorianischen Choral sangen. Damals war Stift Heiligenkreuz out, was Gott aber offensichtlich wenig kümmerte, denn er schickte immer wieder Menschen, die sich zum Mönchtum berufen fühlten, sodass 1988 sogar eine Neugründung in Bochum möglich war, das Priorat Stiepel. Der Widerstand gegen die Ansiedlung von »weltfremden« Mönchen im Ruhrgebiet war massiv! Die Haltung der Bevölkerung schlug aber sehr schnell in eine Welle der Sympathie um, als die Menschen merkten, dass die Menschenfreundlichkeit dieser österreichischen Zisterzienser ebenso groß ist wie ihre Liebe zu Klosterleben und Liturgie. So begann man in Bochum schon bald, die Zisterzienser und ihr klösterliches Chorgebet als kleine Sensation anzusehen – und zu lieben. Während wir Mönche im österreichischen Mutterkloster noch einsam und unbeachtet siebenmal am Tag unser Chorgebet feierten, kamen aus dem Priorat Stiepel die Meldungen, dass dort die Gläubigen zu den Gebeten zusammenströmten, um die Mönche beten und singen zu hören. Auch das hätte man damals Anfang der Neunigerjahre durchaus schon als Hype bezeichnen können!

Das verstärkte Interesse setzte bei uns, wie ich meine, Mitte der Neunigerjahre ein – zumindest ist mir zu diesem Zeitpunkt erstmals eine Art Euphorie bei den Jugendlichen aufgefallen, die unserem Chorgebet zuhörten. Schon das war eine Sensation: Junge Leute saßen still und lauschten! Sie saßen mit weit aufgerissenen leuchtenden Augen da und starrten fasziniert auf uns Mönche, die wir uns im Chorgestühl unter dem Absingen lateinischer Gesänge in weißen Gewändern nach undurchschaubaren Verneigungsritualen hin und her bewegten. Wenn man die jungen Leute danach aus der Kirche begleitete, wurde man meist mit begeisterten Fragen bombardiert: »Macht ihr das öfter?«, »Woher wisst ihr, wann man was singen muss?«, »Warum verneigt ihr euch so tief?« Das Interesse war da und man konnte dann gut erklären, dass es sich nicht um ein Sonderkonzert für sie gehandelt hat, sondern um unser normales tägliches Beten. Dass wir immer singen, auch wenn niemand dabei ist, weil wir nicht für die Menschen singen, sondern für Gott.

Warum sind Klöster plötzlich so im Trend?

Die Innerlichkeit zählt

Schon lang vor dem Erfolg der CD habe ich mir Gedanken gemacht, warum dieses positive Interesse so stark zugenommen hat. Und ich glaube, dass sich die Antwort darin finden lässt, dass die Menschen bei uns Mönchen, in unseren Gottesdiensten und in unseren Gesängen auf das Phänomen des Übernatürlichen verwiesen werden.

Ich behaupte, dass das, was die Menschen fasziniert, darin liegt, dass über einer Gemeinschaft von Menschen, die sich täglich mehrmals versammeln um dem unsichtbaren Gott Gesänge zu singen und Anbetung darzubringen, der Himmel offen steht. Daher hat es die Verantwortlichen von Universal Music auch weit mehr gewundert als mich, dass unsere CD »Chant – Music for Paradise« nicht nur monatelang die Classic-Charts in England, den USA, Deutschland, Österreich und so weiter angeführt hat, sondern sogar die Pop-Charts eroberte. Irgendwie hatten ich und meine Mitbrüder schon lang das Gefühl, dass es »an der Zeit« sein könnte, das wiederzuentdecken, was sich über die Jahrhunderte bewährt hat. Und dazu gehört der Gregorianische Choral.

Bei der Verleihung der Platin-Awards für Deutschland ließ sich auch unser Kantor Pater Simeon zu einem öffentlichen Statement überreden. Er ist beim Singen zwar stimmgewaltig, beim Reden aber eher wortkarg; durch sein musikalisches Fachwissen ebenso wie durch seine spirituelle Tiefe ist er die eigentliche Ursache für die übernatürliche Schönheit unseres Singens. Pater Simeon brachte unsere ureigenste Einstellung zum Choral auf den Punkt, als er formulierte: »Gregorianischer Choral ist nur Choral, wenn er Gebet ist. Gebet ist nur Gebet, wenn es ganz Hingabe an Gott ist. Wahrhaftig wird der Choral nur, wenn er an die Lebenshingabe gebunden ist.« Darum muss ich hier erzählen, wer wir Mönche sind, aus welcher Geschichte wir kommen und welche geistige Kraft uns trägt.

Werden Klöster auf einmal modern?

Unsere Klöster haben Zukunft

Nicht nur der Choral ist es, der die Menschen in unser Kloster zieht. Es wäre naiv und falsch zu meinen, dass wir Mönche mit unseren Klöstern nur deshalb so populär sind, weil Gregorianik in ist. Deshalb möchte ich zuerst eine kleine persönliche Analyse versuchen, warum unsere Lebensform so interessant, ja so »trendig« ist. Zuerst muss man wohl nüchtern festhalten, dass die Ursachen für die Faszination, die von unseren uralten Klöstern ausgeht, in der gesellschaftlichen und kulturellen Umbruchsituation liegen, die wir derzeit erleben. Ich gebe den Soziologen darin recht, dass sich gerade ein Paradigmenwechsel in Gesellschaft und Kirche vollzieht und zum Großteil schon vollzogen hat. Für uns Kirchenmenschen sind die Veränderungen greifbar und an unserer Glaubenspraxis ablesbar. Der christliche Glaube und die damit verbundene Spiritualität sind nicht nur nicht mehr selbstverständlich, im Gegenteil: Betende Christen sind in der heutigen Gesellschaft zur Ausnahme geworden. Immer weniger Menschen sind christlich oder gar kirchlich inkulturiert. Immer weniger Menschen wissen inhaltlich über den christlichen Glauben Bescheid, pflegen das Gebet und leben im einst so prägenden Rhythmus des liturgischen Kirchenjahres. Mir fällt das vor allem dann auf, wenn wir im Kloster die Höhepunkte der Heilsmysterien feiern – etwa die Geburt Christi zu Weihnachten, die Auferstehung Christi zu Ostern –, und im Radio tönt mir nur das Stichwort vom verlängerten Wochenende entgegen. Ich begegne erwachsenen Christen, die das christliche Grundgebet, das Vaterunser – das einzige Gebet, das uns Jesus gelehrt hat – nicht mehr kennen.

Gelebte Gläubigkeit als Ausnahme

In der gegenwärtigen Situation ist die gelebte christliche Religiosität zur Ausnahme geworden, wir Christen haben uns gleichsam entspiritualisiert. Persönliches Gebet, regelmäßiger Kirchgang, Andacht und Innerlichkeit – und damit verbunden auch das gemeinsame Singen der Gemeinde – sind stark zurückgegangen. Alle Elemente, die das katholische Glaubensleben innerlich und äußerlich strukturiert haben, wurden von diesem Wandel erfasst: die Religiosität in der Familie, die Prägung durch das Pfarrleben, die Glaubensweitergabe durch den Religionsunterricht, die Erziehung in kirchlichen Schulen und »kleinen Seminaren« und so weiter. Die Folge ist, dass es kaum noch flächendeckend Biotope für christliche Spiritualität gibt. Wenn wir die Situation der Kirchen in unserer westlichen Gesellschaft unbeschönt betrachten, so werden wir eingestehen müssen, dass unsere Pfarreien oft ausgedünnt sind; über weite Strecken fehlen die Jugendlichen und jungen Erwachsenen. Die Kirche wird oft nur noch zu den einschneidenden Lebenswenden – Taufe, Hochzeit und Begräbnis – in Anspruch genommen. Jeder Pfarrer weiß, wie frustrierend es ist, wenn auf den liturgischen Gruß »Der Herr sei mit euch« nicht mehr das kräftige »Und mit deinem Geiste« zurückschallt, sondern nur noch ein verschämtes Murmeln. Bei vielen Hochzeiten wird durch bezahlte Musiker kunstvoll das ersetzt, was an liturgischem Gemeindegesang nicht mehr gelingt.

Dies ist kein pessimistisches Lamento, sondern der Versuch einer Analyse der derzeitigen Situation. Tatsächlich sind viele der bisherigen »Milieus«, in denen man kirchlichen Glauben real erleben kann, kaum noch intakt; die Saatbeete, in denen christliche Spiritualität heranreifen konnten, sind durch die abgesunkene Gläubigkeit ausgetrocknet. Viele Menschen können nicht beten, kennen keine christlichen Lieder und wachsen in einer Erfahrungswelt auf, in der das Göttliche, das im Kult der Kirche anwesend gemacht wird, nicht mehr vorkommt. In diesem Wegfallen der Erfahrungsmöglichkeit des Göttlichen sehe ich die größte Bedrohung für den christlichen Glauben; denn der ist ja nie bloß eine intellektuelle Zustimmung zu einem abstrakten System von Werten und Wahrheiten, sondern eine lebensnahe, sinnenhaft vermittelte Beziehung zu Gott, der uns in Christus Jesus nahekommen will.

Nun meine ich, dass gerade diese an sich trübe Situation, in die vielerorts die christliche Glaubenspraxis geraten ist, zu dem Paradoxon geführt hat, dass Klöster und geistliche Gemeinschaften verstärkt in den Fokus des Interesses gerückt sind – und in Zukunft noch stärker rücken werden. Ich muss das auch deshalb festhalten, damit wir Mönche nicht zu stolz werden: Nicht weil wir Mönche plötzlich so viel toller, viel spiritueller, viel heiliger, viel besser oder sonst etwas geworden sind, werden wir so geschätzt, sondern leider vor dem Hintergrund einer verdämmerten christlichen Spiritualität. Weil der Wasserstand des christlichen Glaubens auf Wüstenniveau gesunken ist, werden unsere Klöster und Gemeinschaften immer stärker als Oasen des Glaubens in der Wüste wahrgenommen werden. Wo alles ausgetrocknet ist, erscheinen selbst kleine Wasserlachen wie lebensrettende Oasen.

Unsere Klöster sind Oasen der Spiritualität

Man meint oft, dass es schon beschlossene Sache sei, dass unsere Orden keine Zukunft haben. Doch die Zeichen der Zeit sprechen eine andere Sprache: Schon seit Jahren beobachte ich als Zuständiger für die Öffentlichkeitsarbeit, wie groß das Interesse für unsere Klöster ist. Wir sind nicht out, im Gegenteil! Wir sind für die Menschen von heute interessant geworden. Die Literatur über Klöster boomt: Es gibt Klosterführer, Pilgerpfade von Kloster zu Kloster; in Österreich ist der Zusammenschluss von Klöstern zu einem kommerziell-touristisch-spirituellen Marketingprojekt namens »Klösterreich« überaus erfolgreich. Und wenn einer Werbeagentur nichts mehr einfällt, dann bemüht sie das Klischee vom Mönch, der mit einer bestimmten Joghurtsorte am besten fastet oder von der Nonne, die mit einer bestimmten Fertigpizza ihren Mitschwestern »himmlischen« kulinarischen Genuss bereitet. Was will man mehr: Offensichtlich ist das Klischee »Ordensleute« im öffentlichen Bewusstsein so positiv besetzt, das sich Mönchlein und Nönnlein jederzeit als Werbeträger einsetzen lassen …

Wir Mönche sind ein Thema. Die Welt nimmt unsere Lebensform wahr, auch wenn ihre Vorstellungen über uns klischeehaft und antiquiert sind. Könnte diese Aufmerksamkeit daher rühren, dass in unserer heutigen Gesellschaft das Banale immer mehr out und das Exzentrische immer mehr in ist? Wird heute nicht gerade das Außergewöhnliche gesucht, toleriert und meist auch bestaunt – auch wenn es nicht nachgeahmt wird? Das christliche Leben im Kloster, das Zölibat, also das ehelose Leben, und vieles mehr gehört für die Menschen heute in die Kategorie des Exzentrischen, Außergewöhnlichen, ja Skurrilen. Wir sehen mit unserer Kleidung anders aus als alle anderen, wir leben nach einer Ordnung – also auch wieder anders als alle anderen; wir essen, riechen und singen anders … Unsere Klöster sind daher zumindest interessant, weil sie institutionalisierte Oasen des Aussteigertums sind, die im Kontrast stehen zum gewohnten Einheitsbrei der Lebensstile.

Ich meine aber auch, dass es einen religiösen Grund gibt. Natürlich muss ich in diesem Buch viel über Religion reden und den christlichen Glauben ausdeuten, denn der Gesang, den wir singen, ist zutiefst religiöse Musik. Religion ist zusehends gefragt, denn wir leben in einer Zeit, in der viele auf der Suche nach Innerlichkeit, Konzentration, Stille und Sinnerfüllung sind. Daher wenden sich die Leute mit großer Offenheit der

Esoterik zu, machen sich scharenweise auf den »Camino«, den Pilgerweg nach Santiago de Compostela, oder strömen zu Papst-Events. Und innerhalb dieses religiösen Booms genießen unsere Klöster einen Sonderstatus: Sie gelten als kirchlich, werden aber nicht mit dem Vorurteilen assoziiert, die man sonst gegen die Kirche hat. Vielmehr gelten unsere Klöster als lebensfrische »Oasen der Spiritualität«. Dabei gilt die Wertschätzung durchaus auch dem Kantigen und Nicht-Zeitgeistigen, das zu unserer klösterlichen Identität gehört. Man findet uns Mönche sympathisch, weil wir als eine Art spirituelle Pandabären gelten, von denen man zwar nicht genau weiß, wozu sie gut sind, aber die man doch ganz drollig findet und nicht aussterben sehen möchte.

Unsere Klöster sind eine liebevolle Provokation

Wir Ordensleute und Seelsorger haben noch gar nicht richtig entdeckt, welches Potenzial an Interesse in unserem »Kontrast-Lebensstil« liegt. Was tun wir etwa an Öffentlichkeitsarbeit, um der Tendenz entgegenzuwirken, dass die Menschen heute unter dem Begriff Mönch zusehends buddhistische oder östliche Mönche assoziieren und nicht mehr uns christliche Mönche? Wir Mönche sind eine Provokation des Zeitgeistes, aber keine aggressive, sondern eine liebenswürdige, und vor allem eine authentische. Wir haben uns nicht ausgeklinkt aus oberflächlichen Lebensbezügen, weil wir »gegen« etwas sind, sondern wir haben einfach etwas »Besseres« gefunden. Allein in unserem Dasein liegt die sanfte Provokation einer Mentalität, die meint, schon alles Glück im Irdischen zu haben und das Nachdenken über die letzten Gründe des Lebens verdrängt.
Dass unser Lebensstil »anders« ist und dass wir ihn sogar für »besser« halten, diese Provokation dürfen wir den Weltmenschen schon zumuten. Ich möchte dazu das konkrete Bei-

spiel erzählen, wie ich und meine Mitbrüder die Führung von Jugendlichen gestalten. Ich versuche von Anfang an klarzumachen, dass es etwas Besonderes ist, dass ihnen jetzt ein Mönch für eine Klosterführung oder für ein Gespräch zur Verfügung steht. »Ich freue mich, dass ihr euch für unser Klosterleben interessiert. Freilich muss ich gestehen, dass ich eigentlich etwas Besseres zu tun hätte, denn ich bin ja deshalb im Kloster, weil ich mich in Gott verliebt habe; ich halte die Führung nur, weil ich hoffe, dass ihr euch wirklich interessiert und mir nicht meine wertvolle Zeit mit Gott stehlt …« Oft erlebe ich dann, wie die jungen Leute aus dem Stand-By des Desinteresses hochfahren. Hier sagt einer, dass es für ihn etwas noch Wichtigeres gibt, nämlich seine Liebesbeziehung zu Gott, um derentwillen er im Kloster ist. Ich lade Jugendliche auch nie direkt ein, bei einem der Chorgebete dabeizubleiben, ich weise nur darauf hin, dass das möglich ist: »Wir beten siebenmal am Tag; wir sind nicht daran interessiert, dass jemand dabei ist, denn wir singen da unsere uralten lateinischen Loblieder zu Gott hinauf. Nur wer bereit ist, total still und konzentriert zu sein, darf daran teilnehmen.« Ich brauche nicht zu sagen, dass sich die Jugendlichen dann darum reißen, auch dabeisein zu »dürfen«. Und es stimmt auch tatsächlich: Unser Chorgebet ist ganz unabhängig davon, ob andere Gläubige dabei sind oder nicht. Unser Gebet ist unser Gebet, unsere langue d'amour, mit der wir mit Gott sprechen. Und die jungen Leute bemerken diese Konzentration auf das Göttliche durchaus, sind von den liturgischen Gebärden und der für sie so fremdartigen Weise des Chorals fasziniert.

Unsere Klöster geben Zeugnis von der Transzendenz

An unserer Hochschule unterrichte ich Dogmatische Theologie. Im theologischen Bereich hat Dogma eine positive Grundbedeutung: Das Dogma verbürgt, dass es Gott selbst ist, der sich uns offenbart. Im normalen Sprachgebrauch ist das Wort »Dogma« aber zu einem Unwort geworden. Man versteht darunter so etwas wie sture Ideologie und uneinsichtige Doktrinen. Also gilt: Dogma ist out. Dagegen ist aber etwas anderes in geworden, nämlich das persönliche Zeugnis. Wir urteilen heute weniger nach objektiven Kriterien: »Ist das in sich gut?«, sondern das Maß aller Dinge ist unsere subjektives Empfinden: »Ist es gut *für mich*? Bringt es *mir* etwas?« Heute wird nicht mehr danach gefragt, was Gott oder Jesus oder die Kirche denn nun »objektiv« (also dogmatisch) lehren. Nein, heute geht man auch an religiöse Fragen mit der Einstellung heran: »Wie profitiere ich davon?« Vieles ist den Menschen heute am christlichen Glauben fremd und eigenartig geworden, weil sie keinen Bezug zu ihrem Leben und zu ihren Sinnfragen darin erkennen. Zugleich aber ist Folgendes eingetreten: Weil man die Einstellung seines eigenen Ichs so wichtig nimmt, ist man bereit, auch die Meinung des anderen zu respektieren. Man ist gern bereit, die Überzeugung des anderen gelten zu lassen, weil man ja auch möchte, dass einem die eigene Überzeugung nicht ausgeredet wird. Deshalb erlaube ich mir die Feststellung: Gegenwärtig ist *Dogma* out, aber *Zeugnis* ist in. Zeugnis meint: Ich bezeuge, was ich denke, was ich meine, was ich glaube. Ich teile mit, warum etwas für mich gut ist, warum es für mich wertvoll ist, warum es für mich schön ist. Mit einer dogmatischen Argumentation nach der Art »Jesus sagt« oder »Die Kirche lehrt« wird man wenig Eindruck machen. Wenn man sich aber auf seine subjektive Erfahrung beruft, schaut die Sache plötzlich ganz anders aus. Es klingt doch sehr authentisch, wenn einer sagt: »*Mir* sagt Jesus, dass …« Ich beobachte folglich positiv, dass wir Mönche im Kloster für solche authentischen Subjekte gehalten werden. Ja, das Kloster ist gleichsam der Ort, an dem man heute (noch) solchen Subjekten begegnen kann, deren Überzeugung durch eine spezifische Lebensform abgedeckt ist.

Christliche Seelenführer

Jeder von uns Mönchen lebt in dieser spezifischen Gott-konzentrierten Lebensform, weil er in seinem Innersten von Gott getroffen ist; weil er in der Tiefe seines Herzens in einer Liebesbeziehung mit dem unsichtbaren Gott lebt. Und die Menschen nehmen uns ab, dass uns Gott wertvoll ist, so wertvoll, dass wir ihn von früh bis spät loben und preisen wollen. Anders gesagt: Die Menschen sind davon überzeugt, dass wir Ordensleute ein authentisches Christentum verbürgen. Und darin liegt wieder eine neue, große Chance. Denn dem westlichen Christentum fehlt zusehends das, was man im Osten die »Starzen« nennt. »Starez« heißt in den östlichen Kirchen der geistliche Vater und Begleiter, also der gottes- und weltkluge Weise. Starez ist der in geistlichen Dingen erfahrene Seelenführer und Beichtvater, einer, der im beratenden Gespräch den Horizont der Seele ausweitet auf Gott hin. In früheren Zeiten waren unsere Pfarrer auch noch so etwas wie Starzen, also geistliche Menschen, die Zeit hatten für Besuche, für betreuende Gespräche, für den guten Rat. Man nannte daher die katholischen Priester auch in vielen Gegenden einfach »Geistliche«. Eine wunderbare Bezeichnung, denn sie drückt genau das aus, was ein Priester eigentlich vermitteln soll. Doch wir Geistlichen haben uns nicht nur terminologisch zu »Seel-Sorgern« gewandelt. In dem neuen Begriff steckt nicht mehr das Sein (Geistlich-Sein), sondern nur mehr das Tun (Seel-Sorgen). Und tatsächlich lassen viele Seelsorger eher den Anschein des managenden Organisators erkennen anstatt zu vermitteln, dass sie mit Leib und Seele auf Gott bezogen, also geistlich sind.

Und das ist eben die Chance, die wir Mönche und Nonnen in unseren Klöstern heute haben. Ja, es ist ein Auftrag an uns, das einfach zu bezeugen, was sonst auch in der Kirche zu kurz kommen könnte: einfach Zeugnis zu geben! In unseren Gemeinschaften ist dieses geistliche Milieu vorgegeben und unabänderlich reguliert. Hier gibt es gleichsam den Geistlichen im größtmöglichen Reinformat, der einfach mit Gott und auf Gott zulebt im klösterlichen Rhythmus von Gebet, Studium und Arbeit. Bei uns muss man sich nicht Spiritualität schaffen, hier ist sie vorgegeben. Und sie kann sinnlich von allen Gästen und Besuchern wahrgenommen werden: zweckfreie Geistlichkeit, zweckfreier Gottesdienst und zweckfreie Gottesliebe. Vielleicht ist es eben dieses Zeugnis, das die Menschen schätzen und das sie anzieht. Daher sind auch unsere Klöster, die keine direkten pastoralen Aufgaben ausüben, heute mehr denn je »apostolisch«.

Unsere Klöster faszinieren durch das Gemeinschaftsleben

Klosterleben ist Gemeinschaftsleben. Es gab und gibt in der Kirche zwar auch das »Eremitentum«, bei dem Menschen um Gottes willen einsam leben. Wir Mönche, und im Besonderen die Benediktiner und Zisterzienser, sind sogenannte »Zönobiten« oder »Koinobiten«. Dieser Fachbegriff ist aus den griechischen Worten für »gemeinsam« *(koinos)* und »Leben« *(bios)* zusammengesetzt. Wir leben in Gemeinschaft, und das Gemeinschaftsleben ist unverzichtbarer Bestandteil unserer Spiritualität.

»Gemeinschaft« ist ein Zauberwort, denn die heutige ichzentrierte Gesellschaft führt bei vielen Menschen zu einem Gefühl der Vereinsamung, und daher suchen sie Gemeinschaft. Viele sind von unserer Lebensform beeindruckt und fühlen sich angezogen. Manche Menschen kommen oft mit völlig romantischen und utopischen Vorstellungen zu uns, als wären wir Ordensleute eine Gemeinschaft von Heiligen. Wir sind es nicht! Vollendete Gemeinschaft gibt es erst nach dem Tod, hier auf Erden ist erstmal das Bemühen um Gemeinschaft angesagt.

Jeder von uns, der länger in einer klösterlichen Gemeinschaft gelebt hat, wird die Erfahrung der vielfältigen Spannungen, der Eitelkeiten, der Aggressionen und Rivalitäten, vor allem aber der *invidia clericalis* machen. Diese »Eifersucht der Kleriker« ist eine der größten Gefahren für uns, die wir ehelos, gehorsam und besitzlos leben. Da wir keine »irdische« Bestätigung haben – keine Frau, keine Kinder, kein hübsch eingerichtetes Haus, kein Gehaltskonto und so weiter –, bleibt uns nur die Anerkennung durch die Ehre, die uns andere geben. Und da entwickelt sich sehr schnell die Haltung, dass man dem Mitbruder oder der Mitschwester neidisch ist ob ihrer Anerkennung oder ob ihrer kirchlichen Karriere. Die klerikale Eifersucht ist ein tödliches Gift für die eigene Seele und für die ganze Gemeinschaft, denn sie führt beim einzelnen zu Frustration und bei der Gemeinschaft zu Lähmung des Teamgeists. Sie ist schuld an einer angespannten Atmosphäre, die viele Ordensgemeinschaften unattraktiv, ja geradezu steril erscheinen lässt.

Es erscheint uns oft unverständlich naiv, wenn Außenstehende davon schwärmen, wie gut es doch die Mönche in ihrer Gemeinschaft hätten! Über diesen »Mythos von Gemeinschaft« können wir nur milde lächeln. Zugleich aber ist es uns wichtig, dass wir nach außen hin kein Theater spielen. Wir sind nun einmal »träge, leben schlecht und sind nachlässig«, so formuliert es der heilige Benedikt (Regula Benedicti 73,7) und wir müssen dazu stehen und das Beste daraus machen. Nur wer den christlichen Glauben nicht verstanden hat, der meint, dass die Kirche und die kirchlichen Gemeinschaften der Himmel auf Erden sind. Jesus sagt aber: »Ich bin gekommen, um die Sünder zu rufen, nicht die Gerechten!« (Matthäusevangelium 9,13) Wir sind Menschen mit Ecken und Kanten, die sich aber zugleich um Mitbrüderlichkeit und Frieden und gegenseitige Anerkennung bemühen. Unser fragmentarisches Bemühen um Gemeinschaft erscheint unendlich wertvoll im Vergleich zu dem, was sich draußen in der Welt tut. Und das dürften die Menschen merken. Natürlich werden unsere Klöster nie Orte absoluter Harmonie und lupenreiner Geschwisterlichkeit sein, aber das wollen und können wir der Welt auch nicht vorspielen. Mit unserer Gemeinschaft ist es so wie mit dem Gregorianischen Choral, der ja auch deshalb für das klösterliche Gotteslob so geeignet ist, weil er einstimmig ist: Wie langweilig wäre das Singen, wenn alle mit gleicher Stimmmelodie, mit absoluter Präzision und identischer Tonalität singen würden. Gerade das Verschwimmen der unterschiedlichen Stimmen, vorangetrieben von einer gemeinsamen Liebe zu Gott, getragen vom Bemühen um Einheit, gibt dem Choral seine urtümliche Strahlkraft.

Als Gast Klosterluft schnuppern

Kein Kloster ohne Gäste!

Wenn jemand sagt: »Ich gehe ins Kloster«, dann muss das keineswegs bedeuten, dass er einer göttlichen Berufung folgt und Mönch oder Nonne wird. Es kann einfach heißen: Ich ziehe mich für ein paar Tage ins Kloster zurück. Es gibt heute einen Boom an Klosterführern, denn unser altes Europa ist überzogen mit intakten Männer- und Frauenklöstern, und die sind meist auch bereit, Menschen auf Zeit aufzunehmen. Die Art und Weise, wie und unter welchen Bedingungen man als Gast in einem Kloster Aufnahme findet, ist von Gemeinschaft zu Gemeinschaft unterschiedlich. In der Regel tun sich alte Klöster schon deshalb leichter mit der Gästeaufnahme, weil sie zumeist über weitläufige Gebäudekomplexe mit einer stattlichen Anzahl von Zimmern verfügen. Gerade bei uns im Stift Heiligenkreuz ist in den letzten Jahren die Aufnahme und Betreuung der Gäste sehr wichtig geworden. Wir versuchen, die Gäste nach den geistlichen Anweisungen, die uns die Benediktsregel gibt, aufzunehmen.

Nach Benedikt kommt der Aufnahme und Betreuung der Gäste eine besondere Bedeutung zu. Es ist nicht nur interessant, dass Benedikt das Kloster nie als eine von der Welt abgeschottete Bastion versteht. Nein! Ein benediktinisch-zisterziensisches Kloster ist zum einen sehr wohl ein geschlossener Bereich, eben ein Kloster. Kloster kommt von *claustrum*, das bezeichnet einen in sich geschlossenen Bereich. Andrerseits ist das Kloster offen für die verschiedensten Arten von Gästen. Tatsächlich setzt Benedikt klare Grenzen zwischen dem drinnen und dem draußen. So hat sich etwa im Lauf der Jahrhunderte der Brauch der »Klausur« entwickelt, den alle Orden auf unterschiedliche Weise übernommen haben. Klausur kommt vom lateinischen »*claudere, clausus* – schließen«. Klausur bezeichnet jenen Bereich eines Klosterkomplexes, der nur den Mönchen oder Nonnen reserviert und von der Außenwelt abgeschlossen ist. Es handelt sich um den eigentlichen Lebens- und Wohnbereich der Mönche. Die Klausur hat eine wichtige Funktion, weil sie so etwas wie »Privatsphäre« schafft. Es ist ein schlechter Vergleich, aber man stelle sich vor, dass man permanent in seinem Büro in der Firma lebt, mit anderen Menschen, die einem zwar kollegial beziehungsweise mitbrüderlich verbunden sind, aber doch nie diese Nähe zu einem haben, wie das in einer echten Familie der Fall ist. Umso wichtiger ist es, dass nicht Kreti und Pleti in der Klausur herumspazieren. Die Bedeutung der Klausur ist mir vor Jahren bewusst geworden, als ein lieber Mitbruder aufgrund seiner altersbedingten geistigen Verfassung seine Menschenliebe so auszuleben begann, dass er ab und zu Gruppen von Touristen durch die Klausur führte. Was für ein Gefühl, wenn man die Tür seines Zimmers öffnet und plötzlich steht man im Blitzlichtgewitter eines

Schwarms japanischer Touristen! Ebenso teuer wie das Recht auf Klausur ist uns aber die Pflicht zur Öffnung für Gäste. Nicht nur, weil das die Benediktsregel so vorschreibt, sondern weil Gastfreundschaft ein uraltes biblisches Gebot und mit Segen und Fruchtbarkeit verbunden ist. Meine konkrete Erfahrung ist, dass dort, wo Gäste freundlich und großzügig aufgenommen und betreut werden, sich bald der Segen Gottes einstellt. Seit ich einmal mit einigen Mitbrüdern von Kloster zu Kloster durch Frankreich gefahren bin, wage ich zu behaupten, dass die offene Gastfreundschaft auch immer Auswirkungen auf die Situation der geistlichen Berufe hat: Wo immer uns auf dieser Klostertour an einer Klosterpforte ein freundliches Mönchs- oder Nonnengesicht entgegengestrahlt oder gar entgegengelacht hat, da war das Kloster voll. Und wo wir auf sauertöpfische Griesgrämigkeit gestoßen sind, was es leider auch gegeben hat, da war auch nicht viel Leben in der Gemeinschaft.

Der Gästepater als Visitenkarte des Klosters

Umso wichtiger ist uns die geordnete Betreuung von Gästen, für die ein eigener Gästetrakt mit einem Speisesaal zur Verfügung steht. Wie recht hat Benedikt, wenn er in seiner Regel bemerkt, dass Gäste dem Kloster nie fehlen werden (Regula Benedicti 53,16). Und wie weise sind seine Anordnungen, wonach die Gäste wie Christus aufgenommen werden sollen. Für die Gästebetreuung muss laut Benediktsregel ein eigener Bruder zuständig sein. Das freundliche Gesicht, das einem an der Klosterpforte entgegenlacht, ist die beste Visitenkarte eines Klosters. Was Benedikt im 53. Kapitel über die Aufnahme der Gäste sagt, das ist die beste Anleitung für Hoteliers, die Erfolg haben wollen. Oder umgekehrt: Was man bei Hotellerie und Gastronomie oft an gewiefter Freundlichkeit und Servicebereitschaft findet – um des Geschäftserfolgs willen! –, diese Liebenswürdigkeit sollen wir Mönche den Gästen um der Liebe zu Christus willen entgegenbringen. Unsere Gäste ertragen gern die kargen Zimmer, die schlichte Toilette und die einfache Dusche, die nur über einen kalten Gang zu erreichen ist, die Einfachheit der Speisen, die Bahnhofshallenatmosphäre im Gästespeisesaal, wenn – ja, wenn sie nur von Herzen aufgenommen und angenommen werden. Alles andere kann man sich anderswo kaufen, die aufrichtige und nicht-profitorientierte Empathie aber nicht. Und das spüren die Gäste.

Der Gästepater muss daher nach Benedikt eine reife geistliche Persönlichkeit sein. Er bildet in seiner Person eine Art Brücke zwischen drinnen und draußen, denn er vermittelt den Klostergästen schon durch sein Auftreten und seine Persönlichkeit etwas von der Spiritualität der Gemeinschaft. Gästepater zu sein bedeutet eigentlich, die wichtigste pastorale Aufgabe im Kloster auszuüben, daher haben wir in den letzten Jahren entschieden, dieses Amt nach Möglichkeit mit einem Priester zu besetzen. Denn der Gästepater eines Kloster ist der gute Hirte, bei dem so manches verirrte Schaf Rat und Hilfe sucht. Von seinem Charakter her sollte der Gästepater eine Mischung zwischen Starez und Manager sein. Er braucht vor allem Geduld beim Zuhören und die Bereitschaft zum Mitgefühl. Der Gästepater ist auf jeden Fall eine Art offizieller »Außenminister des Klosters«. Er kommt in seiner Bedeutung für die Repräsentation und die geistliche Ausstrahlung eines Klosters nach außen sicher gleich nach dem Abt.

Die bunte Schar der Gäste

Es sind die unterschiedlichsten Menschen, die ins Kloster wollen: Einzelgäste – Männer wie Frauen – auf der Suche nach der großen Stille; Schulklassen und Jugendgruppen, die mal was ganz Besonderes erleben und schon morgens um fünf beim Gebet der Mönche dabei sein wollen; natürlich auch die traditionellen Seniorenausflügler, die eine Spezial-Sonderführung in Bereiche des Klosters haben wollen, in die man sonst nicht kommt; Manager und Vorstände von großen Firmen, die ausdrücklich wünschen, dass sie möglichst spartanisch eingerichtete Zellen beziehen können, um einmal so richtig asketisch zu leben. Und dann gibt es auch die vielen Anfragen von Männern, die gleichsam von Gott getroffen worden sind und nicht wissen, was sie mit ihrer plötzlichen Sehnsucht im Herzen anfangen sollen. Mit dieser heißen und doch so diffusen Verliebtheit in den unfassbaren Gott, die in der Entscheidung zu einem konkreten Lebensweg gelebt werden muss. Nicht zu vergessen sind die Pilger, die bei uns im Stift Heiligenkreuz auf dem Weg nach Mariazell übernachten; oder auch immer mehr Abenteurertypen, die ein Stück des Jakobswegs in Österreich bewältigen. Der Gästepater könnte wohl stundenlang auch über besonders berührende Fälle unserer Klostergäste erzählen: ein altgewordenes und doch offensichtlich neuverliebtes Ehepaar, das angesichts der Krebserkrankung des Mannes den vielleicht letzten gemeinsamen Urlaub vor dem Beginn der gefährlichen Operation im Kloster verbringen will; der sechzehnjährige Jugendliche, mit dessen Aggressionen seine alleinerziehende Mutter nicht mehr fertigwird, und der sich im Kloster als »friedliches Lamm« entpuppt; der erfolgreiche Schriftsteller, der das spartanische Ambiente als Quelle der Inspiration sucht ebenso wie die Möglichkeit, täglich vom frühen Morgen an dem Chorgebet der Mönche zu lauschen, um seinen Roman zu Ende zu bringen … Und natürlich steht ab und zu ein tschetschenisches Flüchtlingsehepaar da, ein ungewaschener hilfesuchender Sandler – so nennen wir in Österreich die Obdachlosen –, die mit Aufmerksamkeit, warmem Essen und manchmal auch mit einer Übernachtungsmöglichkeit versorgt werden wollen.

Warum sind Klöster plötzlich so im Trend?

Ob Sandler oder Botschafter, ob ältere Dame im Rollstuhl oder junges Mädchen, ob Analphabet oder Universitätsprofessor, ob Familie oder überzeugter Single: Unser Gästetrakt beherbergt sie alle. Und so kommt es oft zu ganz bunten Konstellationen am Mittagstisch im schlichten Gästerefektorium, dem Speisesaal, der den Charme einer kleinen Bahnhofshalle hat. Dort essen die Gäste gemeinsam, während wir Mönche in unserem Speisesaal in der Klausur essen. Weil die Sympathie der Mönche, die sich um die Gäste kümmern, das Wichtigste bei der Gästebetreuung überhaupt ist, setzt sich unser Gästepater gern zu den Gästen; besonders zu jenen, die verdächtig wortkarg sind. Er erzählt ein wenig vom Klosterleben und versucht, ein Gespräch in Gang zu bringen und die Atmosphäre aufzulockern. Viele haben ja einfach auch Hemmungen und meinen, dass im Kloster das Sprechen eine Sünde sei. Das unnötige Reden ist wirklich nicht unsere Sache, aber der frohe Austausch ist ein heiliges Geschenk Gottes. Und für viele, die zu uns kommen, besteht das Lebensproblem nicht darin, dass sie zu wenig sprechen, sondern darin, dass sie niemanden haben, mit dem sie von Herz zu Herz sprechen können. Der Gästepater erzählt uns oft wie froh er ist, wenn nach der ersten Teilnahme an unseren Chorgebeten eine gemeinsame Gesprächsbasis gefunden ist. Und Freundschaften, die im Gästespeisesaal entstehen, sind keine Seltenheit.

Gäste in guten Händen

Der Gästepater berichtet, dass etwa eintausendachthundert Menschen jährlich im Gästetrakt wohnen bei zirka viertausendfünfhundert Übernachtungen. Während der Semesterferien werden sogar die Zimmer der Studenten des zum Stift gehörigen Priesterseminars Leopoldinum herangezogen. Als Gäste nehmen wir sowohl Männer wie Frauen auf. Die Teilnahme am Chorgebet ist jederzeit möglich, aber natürlich nicht verpflichtend; ebenso wenig sind unsere Gäste zum Stillschweigen oder zu ähnlichen klösterlichen Haltungen verpflichtet. Am Chorgebet nehmen natürlich alle Gäste sehr gern teil, wir drücken ihnen dann auch Breviere und Übersetzungshilfen in die Hand, damit sie unserem Gebet folgen können. Die meisten wollen aber einfach nur zuhören. Wenn jemand Lust und Zeit hat, ist er gern eingeladen, im Garten, in der Bibliothek oder in sonstigen Arbeitsbereichen mitzuhelfen. Von Gästen erbitten wir einen kleinen finanziellen Beitrag, der freilich so gestaltet ist, dass sich der Gästebetrieb gerade auf null ausgeht: Er kostet uns nichts, wir verdienen aber auch nichts dadurch.

Die meisten Anfragen erreichen den Gästepater per E-Mail, ganz selten gibt es noch Briefe mit handgeschriebenem Text. Seit einiger Zeit haben wir auf der Homepage veröffentlicht, dass wir für unsere Gäste auch geistliche Begleitung, Einzelexerzitien und geistliche Impulse anbieten; seither sind ein älterer und ein jüngerer Mitbruder in dieser intensiven Form der Einzelseelsorge im Einsatz und werden sehr oft angefragt. In unserem Kloster gibt es einen Mitbruder namens Pater Bernhard, der von seiner Persönlichkeit her ein Glücksfall für das Kloster ist, denn er ist eine Art »Starez«, ein weiser geistlicher Seelenführer, der noch dazu Tag und Nacht für den Beicht- und Aussprachedienst bereit ist. Das Spektrum der von ihm betreuten Gäste ist weit: von Menschen, die Verletzungen aus zerstörten Beziehungen haben, bis hin zu ehemaligen Satanisten. Aber nicht nur er, sondern viele unserer Priester leisten hier einen wichtigen Dienst, der so selbstverständlich, so still und so unauffällig ist, dass er oft unbedankt bleibt.

Die Anordnung der Benediktsregel, wonach »alle Gäste wie Christus aufzunehmen sind« (Regula Benedicti 53,1), kann manchmal zu einer Herausforderung werden. Denn immer dann, wenn Obdachlose bei uns anklopfen und um Geld und Quartier bitten, müssen wir uns dieser Verantwortung stellen –

auch wenn manche kommen, um das Kloster einfach nur auszunutzen. Sich hier richtig zu verhalten ist manchmal nicht leicht. Unser Gästepater hat hier eine christliche Lösung gefunden: Wir bieten ihnen für ein bis zwei Nächte Quartier in den einfachen Jugendherbergszimmern; wir verköstigen sie, geben ihnen aber kein Bargeld in die Hand. Statt Geld verschenken wir Verpflegungsgutscheine in Höhe von zirka zwanzig Euro, die sie in den Filialen eines großen Diskountmarktes einlösen können.

Ein ganz besonderer Ort

Die Stärken unseres Gästebetriebs sind der hohe Bekanntheitsgrad unseres Stifts, unsere Liturgie mit dem lateinischen Chorgebet und die Begegnung mit einer stillen und entschleunigten Atmosphäre. Das hilft, die Schwächen unseres Gästebetriebes zu ertragen: die sehr schlichten und oft renovierungsbedürftigen Gästezimmer, von denen die meisten an die stark frequentierte Badener Straße grenzen; es gibt bei uns zwar den umliegenden Wienerwald, in dem man spazierengehen, wandern oder Rad fahren kann, ansonsten fehlen aber Park- und Gartenanlagen, wie es sie in anderen Klöstern gibt. Immer wieder kommen auch Familien, und wir leiden dann besonders darunter, dass es zu wenig Infrastruktur für Kinder gibt. Doch ein Klosteraufenthalt ist eben immer etwas anderes als ein Aufenthalt in einem Hotel. Hier begegnet man einer Welt, die man sonst nirgendwo erfahren kann: einer Welt, die an das Göttliche grenzt, ja, vom Göttlichen durchdrungen ist. Unsere Klöster sind »Orte der Kraft«, die sich vor allem dadurch auszeichnen, dass in ihnen Menschen leben, die nicht in erster Linie religiöse Programme verkünden und moralische Appelle formulieren, sondern die das, was sie glauben, zu leben versuchen. So verkünden wir Mönche mehr durch unser Sein als durch unser Wort das Evangelium. Vielleicht sehnt sich unsere Zeit gerade nach einer solchen Predigt. Und darum ist die Aufnahme von Gästen für uns so wichtig, denn so wollen wir anbieten, was Jesus selbst seinen Jüngern mit der Einladung angeboten hat: »Kommt und seht!« (Johannesevangelium 1,39). Seht, wie schön es ist, auf »Du und Du« mit dem lieben Gott zu leben.

Schon bevor der Gregorianische Choral aus dem Stift Heiligenkreuz berühmt wurde, kamen jährlich bis zu einhundertsiebzigtausend Touristen, um die romanisch-gotische Klosteranlage im Rahmen einer »Wienerwaldtour« zu besichtigen. Aber erst mit dem musikalischen Erfolg kam der Wunsch, im Anschluss an eine Besichtigung auch an einem Chorgebet der Mönche teilzunehmen. Dafür eignet sich natürlich besonders gut das Mittagsgebet um zwölf Uhr und die Vesper um achtzehn Uhr. Unser Gästepater und die jungen Mitbrüder, die ihm helfen, haben alle Hände voll zu tun, um die vielen Menschen rechtzeitig in der Kirche zu platzieren, zu Mittag sind es oft zwei- bis dreihundert. Früher waren es gerademal ein Dutzend Klostergäste, die uns beim Chorgebet lauschten. Es ist uns recht, dass die Menschen das Kloster nicht nur als kulturgeschichtliche Attraktion kennenlernen, sondern als einen Ort des Gebets und des Gotteslobes. Man muss unsere Abteikirche erlebt haben, wie sie sich durch das Chorgebet in einen riesigen Klangkörper verwandelt, wenn der Gregorianische Choral wie eine Klangwolke durch den Raum schwebt. Der Choral entgrenzt die nüchternen Mauern und macht sie transparent auf die dahinterliegende Welt Gottes.

Der virtuelle Besuch auf der Homepage

Als 1999 unsere Homepage eingerichtet wurde, war sie noch ein Luxus; es war uns ein Anliegen, dass eine Art Visitenkarte vom Stift Heiligenkreuz im Internet war, das damals gerade seinen Eroberungszug antrat. Schon damals zeigte sich, dass die

Anwesenheit im virtuellen Raum bedeutungsvoll für die Zukunft ist. Bald fanden über unsere Präsenz im Internet zwei Männer zu uns, die schließlich bei uns eingetreten sind: ein Priester aus Südafrika, der sich schon immer nach dem klösterlichen Leben sehnte, unser heutiger Pater Sebastian, und Pater Simeon, ein diplomierter Chorleiter aus dem Rheinland, der über die Google-Suchmaschine nach dem Stichwort »Gregorianischer Choral« gesucht hatte. Google führte ihn auf die Homepage von Heiligenkreuz; er las, kam und blieb. So verdanken wir der damals so unzureichenden Homepage mittelbar auch unsere Choral-CD, denn Pater Simeon übernahm 2005 das Amt des Kantors und war für das Gelingen der Aufnahmen »Chant – Music for Paradise« verantwortlich.

Das Internet gewann immer größere Popularität; niemand fuhr mehr in Urlaub, ohne sich nicht vorher im Internet genau über sein Hotel und die entsprechenden Reiseziele zu erkundigen. Und von uns gab es immer noch bloß die paar nicht aktualisierbaren Seiten mit den kurzen Statements. Doch im Februar 2006 war es dann soweit, dass die Homepage auf das heutige Format umgestellt werden konnte. Ab sofort konnten wir auf diesem Weg mit unserer Öffentlichkeitsarbeit zeigen: »Schaut und seht, so leben wir, so schön ist es bei uns, so sind wir.« Die Homepage ist mittlerweile völlig unverzichtbar, sie kostet mich wenig Zeit, da ich ja ohnehin bei fast allen Veranstaltungen des Klosters dabei bin, immer meine Kamera dabei habe und in zehn Minuten einen Kurzartikel samt Fotos produziert habe.

Die Möglichkeit für unsere Klöster, sich im Internet präsentieren zu können, ist ein Segen. Man kann sich so zeigen, wie man ist. Man kann wirklich »Anteil geben am eigenen Leben«, wie Paulus schreibt, um so den Menschen zu zeigen, dass man nicht nur nichts zu verstecken hat, sondern dass man offen ist für sie. Praktisch jeder Klostergast surft vor einem Besuch intensiv durch die Seiten; auch viele von den jungen Mitbrüdern erzählen, dass sie, als sie ihre Berufung nach Heiligenkreuz zu spüren begannen, immer wieder auf der Homepage gewesen sind und dabei von einer Art Heimweh ergriffen wurden, das sie in ihrer Entscheidung gestärkt hat. Wildfremde Menschen aus allen Teilen der Welt bitten um das Gebet, weil sie durch das Internet auf uns gestoßen sind; Medienleute aus Hamburg erzählen mir, dass sie täglich nachschauen, was es in Heiligenkreuz Neues gibt. Von Februar 2006 bis Februar 2009, also in drei Jahren, wurde www.stift-heiligenkreuz.at über eine Million mal besucht. Und dem virtuellen Besuch folgt dann oft der reale.

Kloster auf Zeit

Während die normalen Gäste zwar an allen Chorgebeten teilnehmen können, leben sie doch in eigenen Zimmern im Gästetrakt und essen im Speisesaal der Gäste. Eine Stufe weiter in das Klosterleben hinein führt das Angebot »Kloster auf Zeit«. Kloster auf Zeit wird von allen Klöstern angeboten, aber es bedeutet überall etwas anderes. Bei uns ist es ein besonderes Angebot, das nur für junge sowie unverheiratete Männer gilt, die sich für das geistliche Leben näher interessieren und offen sind für eine Berufung. Wir laden als Mönche dazu ein, unser ureigenstes Leben im Kloster mitzuerleben und unseren Rhythmus von Gebet und Arbeit zu teilen. Weil es sich um eine ganz besondere Form des Gastaufenthalts handelt, die in das Herz unseres Gemeinschaftslebens führt, ist dafür der Pater Novizenmeister zuständig. Minimum des Aufenthalts sind fünf Tage, diese Zeit braucht man, um sich zu »akklimatisieren«. Die Interessenten erhalten die Möglichkeit zu Begegnungen mit dem Konvent innerhalb der Klausur: Sie haben ein Zimmer im inneren Bereich des Klosters, nehmen an den Gebetszeiten teil, essen mit den Mitbrüdern im Refektorium und erledigen verschiedene kleine Arbeiten in Haus und Garten. Bei diesen Gelegenheiten und bei der Teilnahme an der abendlichen Rekreation ist es möglich, mit den Patres und Fratres ins Gespräch zu kommen. Seitdem unser Kloster mit seiner vielbesuchten Homepage im Internet vertreten ist und vor allem seit dem großen, weltweiten Erfolg der CD »Chant – Music for Paradise« erreichen uns Bitten zu Kloster-auf-Zeit-Aufenthalten aus dem ganzen deutschen Sprachraum und vermehrt auch aus Nordamerika und anderen Teilen der Welt. Monat für Monat treffen etwa zwanzig solcher Anfragen ein. Junge Theologen, Priesteramtskandidaten, in Pfarrgemeinden engagierte junge Leute oder einfach neugierige, interessierte junge Männer wollen für einige Tage Klosterluft atmen. Die Interessenten schreiben meist von ihrer Einsicht, dass Geld und Karriere und weltliche Macht ihre Bedürfnisse nicht stillen können. Natürlich wirkt auch die große Zahl von Novizen und jungen Mönchen wie ein Magnet und zieht Menschen in großer Zahl an. Die Kirchenväter haben immer schon den religiös-psychologischen Grundsatz vertreten: »*Personae personas attrahunt*«, was man übersetzen muss mit »Persönlichkeiten ziehen Persönlichkeiten an.« Anders gesagt: Mehr als fromme Aufsätze und wohldurchdachte Predigten überzeugen heute glaubwürdige, begeisterte junge Ordensleute. Manch einer der Gäste begann, über Gott und die Welt nachzudenken und Antworten zu finden. Und: Der eine oder andere wird durch die Begegnung mit Mitbrüdern gestärkt, selbst den Weg der radikalen Christus-Nachfolge anzutreten.

Wie leben wir Zisterzienser im Stift Heiligenkreuz?

Wie wird man eigentlich Mönch?

Gott ruft

»Warum sind Sie eigentlich im Kloster? Warum sind Sie Mönch?« Diese Frage hören wir oft. Sie ist eigentlich die logische Folge der Faszination, die eine Begegnung mit dem klösterlichen Leben auslöst. Bei den ab und zu aufflackernden Debatten in der Öffentlichkeit über das Zölibat habe ich oft das Gefühl, als hätten die Leute die Vorstellung, wir Priester und Ordensleute wären irgendwann von den Schergen des Vatikans in diese unverständliche Lebensform hinein abgeschleppt worden. Dieses Vorurteil verpufft ins Nichts, sobald die Menschen einem Priester, einer Ordensfrau oder einem Ordensmann begegnen, dem sie wirklich anmerken, dass es seine Freude und seine Berufung ist, mit Gott »auf Du und Du« zu leben. Und dann kommt eben automatisch die Frage: »Warum sind Sie eigentlich im Kloster?« Ja, warum sind wir eigentlich im Kloster?

Hinter jedem von uns liegt ein Geheimnis. Jesus sagt selbst an der Stelle, an der er über die Ehelosigkeit um des Himmelreiches willen spricht: »Wer es fassen kann, der fasse es!« Und er meint damit natürlich, dass es etwas gibt, das letztlich nicht fassbar, zumindest nicht von jedem fassbar ist. Als Jugendlicher hätte ich mir nie vorstellen können, dass ich Priester und Mönch werde. Unvorstellbar, unfassbar. Was dann geschehen ist, ist etwas sehr Persönliches, sehr Intimes, das tatsächlich auch heute, nach siebenundzwanzig Jahren im Kloster, jede logische Argumentierbarkeit übersteigt. Ich fasse es selbst nicht, dass ich so klar erkennen durfte, dass Gott mich als Priester und Mönch will. Ich fasse es selbst nicht, dass er gerade mich wollte. Und ich fasse es auch nicht, warum ich in dieser Lebensform, in der mir tatsächlich einiges fehlt, so ausgesprochen glücklich bin und mich fühle wie ein Fisch im Wasser. Hinter mir und hinter jedem von uns Gottgeweihten steht ein Geheimnis, das den Namen »Berufung« trägt.

Ich muss hier etwas tiefer gehen, denn wir berühren etwas zutiefst Geheimnisvolles. Unter Berufung verstehen wir, dass jemand Priester, Ordensfrau oder Ordensmann wird, weil er einen inneren Ruf Gottes dazu verspürt hat. Man spricht davon, dass es in diesem oder jenem Kloster viele oder wenige Berufungen gibt. Dass es sich dabei um ein Geheimnis handelt, zeigt sich ganz einfach schon daran, dass manche Klöster fast leer sind, weil sie so wenige Berufungen haben. Andere Klöster – wie etwa unser Stift Heiligenkreuz – gehen regelrecht über, weil sich in den letzten Jahren so viele für den Eintritt entschieden haben. Jede Berufung heute ist ein Wunder und wir staunen selbst über die originellen Vorgeschichten, die die meisten Mitbrüder haben: Viele kommen aus der Wirtschaft, die meisten haben ein Studium oder einen Beruf hinter sich, manche waren schon fast verheiratet; da gibt es den Motorrad-Journalisten ebenso wie den Musiker, den studierten Philosophen ebenso wie den erst neunzehnjährigen Gymnasiasten, den Biologen und den Geografen, den Diplommusiker und den Diplomingenieur … Es ist vielfach ein Rätsel, warum Gott diesen oder jenen im Kloster haben wollte. Wir glauben, dass jede Berufung ein unmittelbares Gnadengeschenk Gottes ist, ein unbegründbarer Ruf, der sich unmittelbar an das Herz des oder der Berufenen richtet.

Gott selbst wählt

Und jede Berufung hat etwas mit dem Wesentlichen des Christentums zu tun. Denn wir glauben ja, dass unser Gott so ist, dass er sich nicht vor uns Geschöpfen versteckt, sondern dass er auf uns zukommt. Er will uns nahe sein, er tritt in unsere

Geschichte ein. Der christliche Glaube ist davon überzeugt, dass Gott nicht ein stummes und schweigendes Rätsel in unergründlicher Ferne ist, das wir Endlichen mit unserer religiösen Fantasie erdenken müssen. Das ist auch einer der fundamentalen Unterschiede, der zu den anderen Religionen herrscht: Nicht wir müssen Gott suchen, sondern er hat uns schon gesucht – und gefunden! Er ist von sich aus auf uns zugegangen, in der Geschichte Israels und dann zutiefst in Jesus Christus, wo er selbst auf die Seite von uns Menschen getreten ist. Und diese Heilsgeschichte von damals setzt sich auch heute noch fort. Auch heute ist Gott nicht stumm und verborgen, sondern er geht auf den Menschen zu. Jeder Berufene durfte das irgendwie erleben: dass Gott auf ihn getroffen ist, dass ihm Gott begegnet ist. Berufungen in den Ordensstand oder zum Priestertum sind deshalb so wichtig, weil Gott sich darin auch heute als geschichtsmächtig erweist.

Warum sind wir im Kloster? Weil uns Gott dafür erobert hat. Jede Berufung ist zuerst eine Eroberung Gottes! Und: Am Ursprung jeder Berufung steht der »Schauder« der Erhabenheit und Unwürdigkeit! Am Ursprung steht bei allen das »Angerührtsein« durch Gott. Eine berühmte Erzählung über die Erhabenheit und das Unvermutete einer Berufung durch Gott steht in der Bibel: »Samuel schlief im Tempel des Herrn, wo die Lade Gottes stand. Da rief der Herr den Samuel, und Samuel antwortete: Hier bin ich. Dann lief er zu Eli und sagte: Hier bin ich, du hast mich gerufen. Eli erwiderte: Ich habe dich nicht gerufen. Geh wieder schlafen! Da ging er und legte sich wieder schlafen. Der Herr rief noch einmal: Samuel! Samuel stand auf und ging zu Eli und sagte: Hier bin ich, du hast mich gerufen. Eli erwiderte: Ich habe dich nicht gerufen, mein Sohn. Geh wieder schlafen! Samuel kannte den Herrn noch nicht, und das Wort des Herrn war ihm noch nicht offenbart worden. Da rief der Herr den Samuel wieder, zum dritten Mal. Er stand auf und ging zu Eli und sagte: Hier bin ich, du hast mich gerufen. Da merkte Eli, dass der Herr den Knaben gerufen hatte. Eli sagte zu Samuel: Geh, leg dich schlafen! Wenn er dich (wieder) ruft, dann antworte: Rede, Herr, denn dein Diener hört. Samuel ging und legte sich an seinem Platz nieder. Da kam der Herr, trat (zu ihm) heran und rief wie die vorigen Male: Samuel, Samuel! Und Samuel antwortete: Rede, denn dein Diener hört. Samuel wuchs heran, und der Herr war mit ihm und ließ keines von all seinen Worten unerfüllt.« (1 Samuel 3,2b-10.19)

Wir entscheiden frei

Über jeden von uns Mönchen könnte man ein Buch schreiben, fast jeder hat eine spannende Vorgeschichte. Niemand von uns wurde im Ordensgewand geboren. Konkret glauben wir, dass Christus uns berufen hat. Ich muss hier einfügen, dass es für unseren Glauben von großer Bedeutung ist, dass Gott immer unsere Freiheit respektiert. Also jene Freiheit, mit der er uns Menschen am Uranfang der Schöpfung ausstatten wollte, damit wir uns frei für die Liebe entscheiden. Gott hat uns mit einem freien Willen ausgestattet, weil er uns zum Schönsten berufen wollte: zur Hingabe aneinander, zu Ehrfurcht und Respekt. Gott wollte uns frei haben, aber das befreit uns Menschen nicht davor, unsere freie Entscheidung für oder gegen das Gute zu treffen.

Und so ist es auch bei uns Mönchen. Wir spüren eine innere Einladung Gottes, doch Gott lässt uns immer den Freiraum, mit Ja oder Nein zu antworten. Alles andere wäre seiner und unser unwürdig. Pater Pirmin, unser Gästepater, der sehr fesch – also attraktiv – ausschaut und daher besonders oft gefragt wird, warum er denn im Kloster sei, sagt immer: »Der Schlüssel steckt in meinem Zimmer innen.« Das heißt: Was mich hält, ist meine eigene Entscheidung. Kein Oberer, kein

Abt, keine äußeren Zwänge, keine enttäuschte Liebe oder sonst etwas könnten uns zwingen. Es ist alles freie Entscheidung, zu der wir nur deshalb treu stehen können, weil uns das klösterliche Leben jeden Tag neu etwas von der Faszination des Göttlichen vermittelt. Wir Mönche fühlen uns vom Herrn gefragt. Und wir haben unsere Zustimmung gegeben, unser *»Fiat mihi* – mir geschehe« gesprochen; das tun wir in den Gelübden – lateinisch Profess –, die wir feierlich ablegen. Wir sind uns auch bewusst, welche Konsequenzen das hat. Und wie schon der Apostel Petrus es getan hat, so fragen auch wir im Herzen immer wieder den Herrn: »Du weißt, wir haben alles verlassen und sind dir nachgefolgt. Was werden wir dafür bekommen?« (Matthäusevangelium 19,27). Jesus hat damals seinen Jüngern geantwortet: »Amen, ich sage euch: Jeder, der um des Reiches Gottes willen Haus oder Frau, Brüder, Eltern oder Kinder verlassen hat, wird dafür schon in dieser Zeit das Vielfache erhalten und in der kommenden Welt das ewige Leben.« (Lukasevangelium 18,29f) Der Verzicht auf so viel irdische Lebensqualität wie etwa eheliche Gemeinschaft, freie Berufsentscheidung, schöne Reisen und die Annehmlichkeit eines selbstgestalteten Lebens, hat nur deshalb Sinn, weil unser Leben auf Gott zugeordnet ist. Wir leben als Mönche *»propter regnum caelorum,* um des Himmelreiches willen« (Matthäusevangelium 19,12).

Die Berufung anerkennen

Es ist mir ein Anliegen zu vermitteln, dass wir uns unser Mönchsein nicht selbst ausgesucht haben. Es ist kein Job, kein Hobby, ja nicht einmal ein Beruf, sondern eine Berufung. Wenn Jesus ruft, dann ist das ein souveräner göttlicher Akt, der nicht auf menschlicher Berechenbarkeit beruht und sogar geplante Lebensgestaltungen durcheinanderbringt. Gott wirft aus der Bahn. Es gibt nicht wirklich einen Grund, warum er gerade

diesen als Mönch haben will und den anderen nicht. Der Herr ruft tatsächlich nur die, »die er wollte« (Markusevangelium 3,13).
Daraus folgt, dass es offensichtlich zu unserem Gott gehört, Menschen in eine besondere und alternative Lebensform zu berufen; in eine Lebensform, die ganz auf ihn konzentriert ist. Jede Berufung »beweist« daher gleichsam aus sich selbst heraus, dass Gott wirklich in die Welt wirken möchte und wirken kann. Jeder Berufene manifestiert die Geschichtsmächtigkeit Gottes. Folglich sollen wir, die wir unsere Berufung erkannt und angenommen haben, ein lebendiges Zeugnis sein, dass das Evangelium nicht bloß eine harmlose und bequeme »Geschichte« über die eventuelle (aber nicht wirklich ernstzunehmende) Ankunft des Reiches Gottes ist. Nein, wir stehen durch unsere Lebensform ein für die Ernsthaftigkeit der von Christus eröffneten Zukunft. Darum hat die katholische Kirche – und selbstverständlich auch die orthodoxen und altorientalischen Kirchen, aber auch Teile der Kirchen, die aus der Reformation hervorgegangen sind – die Lebensform der »evangelischen Räte« immer hoch geschätzt. Unter den Evangelischen Räten versteht man die Einladungen des Herrn Jesus zur Armut, zur Ehelosigkeit und zum Gehorsam. Es handelt sich dabei nicht um ein Gebot, sondern um einen Rat oder besser um eine Einladung, sich durch Besitzlosigkeit, Keuschheit und Verzicht auf Selbstverfügung auf das ewige Leben zu konzentrieren. Diese Lebensform ist nur verständlich und sinnvoll, wenn es Gott gibt, wenn es ein Leben nach dem Tod in Gemeinschaft mit ihm gibt. Jeder, der diese Berufung lebt, bezeugt, dass der Glaube nicht ein Märchen ist, das man erzählen kann, ohne Abstriche an einer bequemen weltlichen Existenz machen zu müssen.
Ich möchte es aber auch von der anderen Seite unterstreichen: Würde es keine Berufungen mehr zur radikalen Christusnachfolge geben, dann wäre das Christentum tot! Ohne geistliche

Berufungen könnte man leicht auf die Idee kommen, dass Gott uns gar nicht den Himmel bereiten will, dass er keine ewige Zukunft für uns bereitet hat, dass er resigniert hat in seiner Bemühung, uns Menschen auf ein geistiges Ziel auszurichten. Für mich als Gläubigen ist eine solche Vorstellung paradox und unerträglich. Deshalb bin ich überzeugt, dass es nie ein Erlöschen der Berufungen geben wird. Was wir hier in Heiligenkreuz zur Zeit erleben, ist, dass Gott sich gerade in einer schwierigen Situation für die Kirche Menschen ruft, die er dann für sich so begeistert, dass sie diese Begeisterung auch in die Zukunft tragen werden.

Das Ringen bleibt keinem erspart

Es gibt eine Fülle von Orden, die sich im Lauf der zweitausendjährigen Kirchengeschichte entwickelt haben. Es gibt die alten Mönchsorden wie die Benediktiner und die Zisterzienser; es gibt die alten Seelsorgsorden wie die Augustiner Chorherren, die Prämonstratenser; die alten Orden der sogenannten Bettelmönche wie die Dominikaner, die Franziskaner, die Kapuziner und Minoriten; und dann gibt es die vielen weltüberspannenden religiösen Gemeinschaften, die für einen spezifischen Einsatz gegründet wurden: die Jesuiten, die Salesianer Don Boscos, die Redemptoristen, die Steyler Missionare und so weiter. Die Liste ist unvollständig, denn es würde mehrere Seiten brauchen, um alle Orden und sogenannten Kongregationen aufzuzählen. Und bei den Frauenorden sind es noch mehr, sodass unter Klerikern der Witz kursiert, dass nicht einmal der Heilige Geist weiß, wie viele Frauenorden es gibt.

Um in ein Kloster oder einen Orden eintreten zu können, muss man sich mit dem Herzen in die konkrete Lebensform der jeweiligen Gemeinschaft verlieben – und man muss mit dem Verstand die Aufgaben des Ordens bejahen. Jedes Kloster, jede

Gemeinschaft ist anders. Wir Zisterzienser im Stift Heiligenkreuz sind Mönche, aber das ist auch ein Überbegriff; es gibt zwar eine gewisse Einheitlichkeit durch die Benediktsregel und die konkreten Bestimmungen des Ordens, aber trotzdem hat jedes Kloster einen anderen Lebensstil. Und dazu kommen noch regionale und geschichtliche Unterschiede. So haben beispielsweise unsere österreichischen Zisterzienserklöster im Lauf der Zeit auch begonnen, die Seelsorge in umliegenden Pfarreien zu übernehmen. Viele meiner Mitbrüder leben als Pfarrer außerhalb des Klosters, ihr Lebensstil unterscheidet sich stark von dem eines im Kloster lebenden Mönchs. Die Zisterzienserklöster in anderen Ländern wiederum kennen keine Pfarrseelsorge, dort leben alle im Kloster, wie es die Benediktsregel ursprünglich vorgesehen hat; wobei einige wiederum riesige Gymnasien betreiben, was wiederum so nicht in der Benediktsregel vorgesehen ist.

Bei den vielen jungen Männern, die in den letzten Jahren bei uns eingetreten sind, lassen sich zwei Grundmuster unterscheiden, wie sie ihre Entscheidung treffen. Da sind die einen, die bereits wissen, dass sie Priester oder Ordensmann werden sollen und die konkret nach einem Orden suchen. An ihnen ist bereits so etwas wie Berufung geschehen, sie müssen »nur« noch die Antwort auf die Frage finden, wohin und wie sie ihr folgen sollen. Das sind Menschen, die sich oft viele Klöster und Ordensgemeinschaften anschauen und dann an Heiligenkreuz »hängenbleiben«, weil sie spüren: »Das ist es!« Heiligenkreuz bietet eine Fülle von Aufgabenbereichen; wer Zisterzienser von Heiligenkreuz ist, der kann als Mönch in einer bunten Palette von Aufgaben eingesetzt werden: Pfarrer, Professor, Religionslehrer, Jugendseelsorger, Ökonom, Bibliothekar, Historiker, ja, er kann sogar als Künstler wirken und vieles andere mehr! Aber das steht am Anfang nie im Vordergrund, sondern die Frage, ob man den heiligen Rhythmus von Gebet und Arbeit bejaht; ob man sich berufen weiß, täglich über drei Stunden lang Gott beim Chorgebet die Ehre zu geben. Für die meisten ist das die entscheidende Frage, und dann entscheiden sie für oder gegen ihren Eintritt in Heiligenkreuz.

Die zweite Kategorie von Männern, die bei uns eintreten, sind solche, die noch gar keine Ahnung davon haben, dass Gott sie überhaupt berufen will. Wir haben in den letzten Jahren eine breite Jugendseelsorge mit verschiedenen Angeboten entwickelt. Einfach um jungen Menschen die Möglichkeit zu geben, in der geistlichen Atmosphäre des Klosters beten und glauben und Gott lieben zu lernen. Die Jugendseelsorge ist nicht gedacht zur Rekrutierung von Ordensnachwuchs, denn Berufungen sind ja allein Sache Gottes. Es geht uns darum, den jungen Leuten die Chance zu geben, von Gott gesagt zu hören, was sie aus ihrem Leben machen sollen. Bei vielen Männern, die zu uns kommen und unser Gebet, unsere Liturgie, unseren Gesang und auch unser Bemühen um freundliche Aufnahme erleben, entsteht fast automatisch eine gewisse Faszination. Einige werden aber zuerst auch einmal nur abgestoßen. Ich erinnere mich an einen Mitbruder, der als ausgeflippter Jugendlicher zu uns gekommen ist. Die Löcher für seine Nasenringe sieht man noch heute, wenn man es weiß. Er war von einem Freund mitgenommen worden und wurde dann vom Zeremoniär, der für den Ablauf der Liturgie verantwortlich ist, gleich in einen sehr langen liturgischen Dienst eingeteilt. Unvergesslich ist mir die Verabschiedung, denn ich glaubte, in den Augen des Jugendlichen den Ausdruck tiefsten Abscheus über unser langes lateinisches Gebet lesen zu können. Ich dachte mir: »Schade, den sehe ich wohl nicht wieder!« Das Gegenteil war der Fall. Ein paar Monate später stand er vor der Klosterpforte. Welch Überraschung, er kam, um in der Osterliturgie zu ministrieren. Und wenig später im selben Sommer ist er bei uns eingetreten. Heute ist er ein besonders frommer und innerlicher Mitbruder.

Eine Entscheidung mit Tragweite

Jeder Besuch in einem Kloster gibt einem automatisch eine Frage mit auf den Weg: »Und was will Gott von dir in deinem Leben?« Bei vielen dauert es Jahre, bis sie die Antwort gefunden haben. Sie kommen immer wieder, sie sind über E-Mail und über die Neuigkeiten auf der Homepage mit dem Kloster verbunden. Sie sind schon verliebt, aber brauchen noch Zeit, um den Sprung zu wagen. Das Ringen um die Antwort ist sehr schwierig. Ich erinnere mich noch an meine Verwirrung, als ich plötzlich wahrgenommen habe, dass Gott mich als Zisterzienser in Heiligenkreuz wollte. Eine Mischung aus Begeisterung und abgrundtiefem Erschrecken, ich war nahe an der Panik, wenn ich an die Konsequenzen dachte. Durchaus Ähnliches erlebe ich heute bei jungen Leuten, wenn es um die Entscheidung zur Ehe geht. Da ist man eigentlich innerlich schon ganz zusammen, doch dann wirklich öffentlich und ohne Möglichkeit zum Rückzieher »Ja« zu sagen, das ist nochmals eine Herausforderung. Diese Herausforderung scheuen heute viele, nicht nur bei der Frage zum Klostereintritt, sondern auch bei der Frage zur Ganzhingabe in der Ehe.

Vom Noviziat zur Feierlichen Profess

Wer sich dem Klosterleben als Mönch anschließen will und um Aufnahme bittet, wird zunächst »Kandidat«. Das Kapitel, also die Versammlung der Mönche, die die Feierliche Profess abgelegt haben, entscheidet, ob der Bewerber in das einjährige Noviziat aufgenommen wird.

Der Novize bittet am Ende seines Noviziats schriftlich um das Ablegen des Gelübdes. Der Fachausdruck für die Gelübdeablegung ist »Profess«. Zunächst sind die Gelübde auf drei Jahre befristet, man nennt das »Zeitliche Profess«. Am Ende dieser Phase können die ewigen Gelübde abgelegt werden in der »Feierlichen Profess«. Dort verpflichtet sich der Mitbruder, Zeit seines Lebens, *usque ad mortem* – bis zum Tod, zum klösterlichen Lebenswandel.

Danach entscheidet sich, ob der Mitbruder im Kloster oder im seelsorgerischen Bereich eingesetzt wird.

Das Leben im Rhythmus der Zeit

Unsere Zeit fließt Richtung Ewigkeit

Das Leben ist im Kloster nach Zyklen geordnet. Jeder Tag, jede Woche und vor allem jedes Jahr wiederholt denselben Zirkel an Gebräuchen, Gebeten und Gesängen. Viele Religionen haben ein zyklisches Geschichtsbild, in dem sie das gesamte Leben als eine beständige Wiederholung betrachten; sogar der Tod ist in der religiösen Vorstellung etwa des Buddhismus oder des Hinduismus nicht das endgültige Ende, sondern nur der Aufbruch der Seele in eine neue Weise der Existenz. Dort wird der ewige Kreislauf des Werdens und Vergehens, der Kreislauf der Wiedergeburt, auf Sanskrit »Samsara« genannt – ein Ausdruck, der auch das Leiden bezeichnet, denn der östliche Religiöse möchte nicht wiedergeboren werden, sondern aus dem Zyklus des Immer-Wieder in die ewige Glückseligkeit, in das »Nirwana« erlöst werden.

Es gibt drei kosmische Vorgänge, die unser Zeitempfinden bestimmen: Die Drehung der Erde um ihre eigene Achse, die den Vierundzwanzigstundentag mit seinem Wechsel von Tag und Nacht hervorbringt. Der Umlauf des Mondes um die Erde, der achtundzwanzig Tage dauert, die Vierteilung des Mondrhythmus ergibt die Siebentagewoche. Schließlich der Umlauf der Erde um die Sonne, woraus sich das Zeitmaß eines Jahres ergibt.

Die biblische Offenbarung respektiert einerseits diesen Rhythmus, den uns diese drei Zyklen mit ihrem beständigen »Immer-Wieder« vorgeben. Zugleich widerspricht sie aber der religiösen Vorstellung, dass auch der Verlauf von Welt und menschlichem Leben insgesamt nichts anderes sei als ein beständiger Zyklus. Die Struktur des Zeitbilds Israels, das wir Christen übernommen haben, ist nicht ein unaufhörliches Immer-Wieder, sondern ein linearer Verlauf auf eine große Zukunft zu. Die Bibel stellt uns Zeit und Geschichte als einen planvollen Verlauf vor, der aus der Vergangenheit kommt und über die Gegenwart in eine einzigartige Zukunft (mit Gott) strebt. Warum? Weil der Glaube davon kündet, dass Gott außerhalb der kosmischen Speichen des sich scheinbar ewig drehenden Rads von Aufgang und Untergang, von Werden und Sterben, von Kommen und Vergehen steht. Und dass Gott in der Geschichte punktuell anwesend geworden ist, dass er durch sein »Wort« in die Geschichte hinein gesprochen hat. Wort heißt in der hebräischen Bibel *dabar* und bezeichnet immer das Einbrechen Gottes. Durch die *dabar Jahwe* wird nun dieses zyklische Dahinfließen aufgebrochen.

Die *dabar Jahwe* ist das Wort Gottes; aber dieses Wort ist nicht Schall und Rauch, sondern es verändert etwas. Wo Gott spricht, dort geschieht etwas. Daher muss *dabar* auch übersetzt werden mit »Tat«. Die Theologen sagen uns, dass im Raum der biblischen Offenbarung ein neuer Zeit- und Geschichtsbegriff entsteht, denn diese Ereignisse werden weitererzählt, weiterbezeugt, weiterverkündet. Darum ist das Alte Testament zu zwei Dritteln voll mit – meist sehr spannenden – Erzählungen über das Handeln Gottes in der Geschichte Israels. Für Israel war das Memorieren, das Gedenken an die Heilstaten Gottes, Mittelpunkt der gesamten Religiosität; und wir Christen haben das übernommen. Im Mittelpunkt unserer Liturgie steht das Gedenken an die Leidenshingabe Christi und seine Auferstehung, die heilige Messe. Wir glauben, dass durch das Gedenken sich das Ereignis selbst wirkmächtig vergegenwärtigt. Was sich damals ereignet hat, wird in das Hier und Jetzt hineinmemoriert.

Das, was sich täglich, wöchentlich und jährlich wiederholt, wird uns zum Anlass, die Heilsereignisse von damals zu memorieren, gleichsam hereinzuholen in das tägliche Leben. Für uns Mönche sind die Zyklen des Lebens gleichsam durchleuchtet von einem ewigen Glanz, von dem wir uns angezogen und geleitet fühlen.

Der Tagesablauf im Kloster

Der Morgen

Der Tagesrhythmus im Kloster steht unter der Einladung Jesu, »allezeit zu beten« (Lukasevangelium 18,1). Ich gebe hier einen Überblick über die immer wiederkehrende Tagesordnung; die einzelnen Gebetszeiten, die Horen, werde ich später ausführlicher beschreiben sowie im Kapitel »Der Aufbau der Horen«, wenn wir den Gregorianischen Choral genauer betrachten.

Diese Ordnung von Gebet und Arbeit (*ora et labora*) ist wie ein Gerüst, das unserem geistlichen Leben mit Gott Festigkeit und Beständigkeit gibt. Wir stehen vor fünf Uhr auf, denn wir kommen um fünf Uhr fünfzehn zum ersten Chorgebet, zu den Vigilien und den Laudes, in der Kirche zusammen. Die Vigilien finden noch in der Finsternis statt, doch je nach Jahreszeit dämmert dann der Tag heran. Nach den beiden großen morgendlichen Gebetszeiten feiern wir um zirka sechs Uhr fünfundzwanzig die heilige Messe, die klösterliche »Konventmesse«. Diese heilige Messe versammelt uns Mönche um den Altar, sie ist schlicht und doch feierlich gestaltet und dauert etwa fünfundvierzig Minuten. An Sonn- und Feiertagen ist die Konventmesse um neun Uhr dreißig.

An Wochentagen sind wir nach der morgendlichen Konventmesse meist schon recht hungrig, denn mehr als zwei Stunden des Gebets liegen dann bereits hinter uns. Das Frühstück ist einfach, aber reichhaltig; hier haben wir in den letzten Jahren vieles den Erkenntnissen der modernen Ernährungskunde angepasst. Die Benediktsregel und viele andere Ordensregeln sahen nämlich vor, dass man im ersten Teil des Tages – oft bis zum Nachmittag hin – nichts isst. Im Unterschied zu Mittag- und Abendessen ist das Frühstück nicht verpflichtend. Aber den meisten ist das gemeinsame Frühstück wichtig, denn es bedeutet nicht nur eine leibliche Stärkung, sondern auch einen gegenseitigen Austausch. Mit dem Frühstück endet das nächtliche Stillschweigen. Es ist eine ideale Zeit, um Termine zu koordinieren und Gemeinsames zu planen.

Von acht bis zwölf Uhr gehen wir unserer Arbeit nach, was für jeden etwas anderes bedeutet. Die Studenten müssen sich meist schon beim Frühstück beeilen, um rechtzeitig zu Vorlesungsbeginn um acht Uhr an der Hochschule zu sein. Die anderen Mitbrüder gehen ihrer entsprechenden Arbeit nach.

Der Mittag

Die Mitte des Tages versammelt uns wieder zum Gebet: Um zehn vor zwölf läutet ein Novize die kleine Konventglocke. Nach der Benediktsregel sollen wir Mönche »dem Gottesdienst nichts vorziehen« (Regula Benedicti 43,3). Das wirkt sich konkret so aus, dass wir mit dem Glockenzeichen unsere Arbeit beenden, also den Computer herunterfahren, die Gespräche abbrechen, uns die weißen Kukullen – Gewänder, die wir nur zum Chorgebet tragen – überwerfen und uns auf den Weg in die Kirche machen. Um zwölf Uhr beten wir die Terz und Sext, die nur ungefähr zwanzig Minuten dauern, danach gehen wir schweigend in den Speisesaal zum Mittagessen. Die Tische in dem langgezogenen, barock gestalteten Refektorium sind genauso angeordnet wie wir beim Chorgebet stehen, sie sind also entlang der Wand platziert, sodass wir uns durch einen breiten Mittelgang getrennt gegenübersitzen. Die Benediktsregel gebietet, dass auch während des Essens Schweigen herrschen soll, und zwar in dem Sinn, dass man zugleich durch eine Lesung »erbaut« wird. Ein junger Mitbruder sitzt auf einer Kanzel und liest vor; Benedikt will übrigens ausdrücklich, dass nur solche vorlesen, die die anderen »erbauen«. Der Name Refektorium kommt übrigens vom Lateinischen *reficere*, das heißt wörtlich »erfrischen«, »stärken«, »aufbauen« und ist im Doppelsinn gemeint: leiblich und geistig. Da wir das Bedürfnis nach Austausch haben, ist das Schweigen beim Mittagessen so geregelt, dass während der Suppe Weltnachrichten, meist von christlichen Agenturen, vorgelesen werden. So verlieren wir nicht den Faden zu dem, was in der Welt geschieht. Danach gibt der Obere ein Zeichen und erteilt dadurch die Erlaubnis zum Sprechen. Nach dem Mittagessen folgt das Totengedenken in feierlicher Form: Wir ziehen in Prozession in die Kirche zurück und rezitieren dazu Psalm 51, den klassischen Bußpsalm, in dem wir Gott um Reinigung für die Verstorbenen bitten. In der Kirche werden die Namen all jener verlesen, die am nachfolgenden Tag gestorben sind. So verlesen wir zum Beispiel am 17. September alle Mitbrüder, die zuvor je an einem 18. September verstorben sind. Die Verlesung des sogenannten »Nekrologium« (Totenverzeichnis) macht auch deutlich, dass wir heutigen Mönche in einer jahrhundertelangen Kette stehen. An das Totengedenken schließt die kurze »Non« an, sodass unser Gebet nach dem Mittagessen etwa eine Viertelstunde dauert. Danach darf sich jeder, der es braucht, zurückziehen. Die »Siesta« wird derzeit gerade von den Arbeitspsychologen entdeckt und unter dem englischen Begriff des »Power-Napping« propagiert. Für uns ist diese kurze Möglichkeit zu einem Schläfchen sehr wichtig, da wir ja schon seit vielen Stunden auf den Beinen sind. Über die Dauer der Siesta gibt es einen lustigen Spruch, den ich von einem seltbstkritischen älteren Benediktiner gehört habe: »Ein guter Mönch steht um halb fünf Uhr auf – und das zweimal am Tag!« Nun, das ist lustig, aber nicht richtig, denn um vierzehn Uhr geht es zumeist voll weiter mit der Arbeit.

Der Abend

Die Vesper um achtzehn Uhr ist die feierlichste Hore von unseren Gebetszeiten und das abendliche Lobgebet der Kirche; Vesper bedeutet Abendgebet oder Abendlob. Der Name »Vesper« ist in manchen Regionen des deutschen Sprachraums auf das Abendessen übergegangen. Und Gästen aus Deutschland müssen wir oft erklären, dass das richtige Abendessen erst nach der Vesper stattfindet.

Die Vesper dauert etwa eine halbe Stunde. Danach ziehen wir wieder schweigend in das Refektorium zum gemeinsamen Abendessen. Nach dem Abendessen setzen wir uns im sogenannten Rekreationszimmer zusammen. »Rekreation« wird in den Klöstern das gemeinsame Zusammensein in lockerer Atmosphäre genannt; man hat die Gelegenheit, zwanglos mit den Mitbrüdern zu plaudern. Bei der Rekreation wird oft gelacht; die Themen sind sehr unterschiedlich, oft erzählen ältere Mitbrüder von früheren Zeiten, schildern vergangene Ereignisse oder beschreiben verstorbene Mitbrüder.

Die Nacht

Um neunzehn Uhr fünfundvierzig läutet ein Novize die Konventglocke. Bei meinen ersten Besuchen als Gast hat es mich sehr beeindruckt, dass dann oft das Gespräch mitten im Satz abgebrochen wird, denn die Glocke ruft wieder zum Gebet. Um neunzehn Uhr fünfzig versammeln wir uns im Lesegang des Kreuzgangs zur Lesung aus der Benediktsregel. Wir sitzen dabei in unseren weißen Kukullen auf einer Holzbank, uns ge-

Wie leben wir Zisterzienser im Stift Heiligenkreuz?

Zeitplan der klösterlichen Tagesordnung in Heiligenkreuz

5.15	Vigilien
6.00	Laudes
6.25	Heilige Messe = Konventmesse
	(An Sonn- und Feiertagen wird die Konventmesse um 9.30 Uhr gefeiert!)
	Danksagung
	Frühstück
8.00 – 12.00	Arbeitszeit
12.00	Terz und Sext
12.20	Mittagessen
	anschließend Miserereprozession und Non; an bestimmten Tagen: gemeinsames Zusammensein = Rekreation mit Kaffee
14.00 – 18.00	Arbeitszeit
18.00	Vesper
18.30	Abendessen
	anschließend gemeinsame Rekreation
19.50	Lesung aus der Benediktsregel und Komplet
	Gelegenheit zum Rosenkranzgebet in der Krankenkapelle
	Silentium nocturnum (nächtliches Stillschweigen)

genüber befindet sich eine Lesekanzel, von der aus der dafür eingeteilte Mitbruder ein Kapitel beziehungsweise einen kürzeren Abschnitt der Benediktsregel vorliest. Innerhalb eines Jahres werden die dreiundsiebzig Kapitel der Benediktsregel insgesamt dreimal vorgelesen. Von dieser Lesung eines Kapitels ging die Bezeichnung »Capitulum« später auf die Gemeinschaft der Zuhörer über, sodass folglich die Versammlung der Mönche »Kapitel« genannt wurde. Und schließlich nannte man auch den einzelnen Mönch, der an dieser Versammlung dank seiner Gelübde teilnehmen durfte, »Kapitular«. Die riesigen Dachstühle und das uralte Gebälk des Stifts sind Heimat für hunderte Fledermäuse; regelmäßig kommen Fledermausforscher, um die Artenvielfalt und die Zahl dieser sympathischen Tiere zu überprüfen. Sympathisch deshalb, weil sie die Insekten aus der Luft entfernen, sodass man bei uns ziemlich sicher sein kann, dass im Sommer trotz offener Fenster keine Fliege ins Zimmer kommen wird. Höchstens eine Fledermaus. Nach der Lesung aus der Benediktsregel ziehen wir in die Kirche und beten die Komplet. Diese ist täglich fast gleich und vollständig auf der CD »Chant – Music for Paradise« aufgenommen. Mit dem »Completorium« ist die Zahl der täglichen Gebete eben »komplett«. Da wir ein marianischer Orden sind, schließt die Komplet mit einem Gutenachtgruß an die Gottesmutter Maria, dem »Salve Regina«. Die Komplet endet mit einer stillen Erforschung des Gewissens: Wir überlegen am Ende des Tages, wobei wir uns gegen Gott und die Menschen versündigt haben. Dann ziehen wir in Prozession aus der Kirche, wobei uns der Abt am Kirchenausgang erwartet. Jeder Mönch verneigt sich der Reihe nach tief vor dem Abt. Dieser besprengt uns mit Weihwasser; das Wasser erinnert an die Taufe und steht für Sündenvergebung und innere Reinigung.
Mit der Komplet beginnt das große *Silentium nocturnum*, das nächtliche Stillschweigen, das heißt: Die Nacht ist eine Zeit der

inneren Einkehr bei Gott. Natürlich ist Beten erlaubt. So gibt es etwa den schönen Brauch, dass jetzt noch von vielen gemeinsam der Rosenkranz gebetet wird. Natürlich wird das nächtliche Stillschweigen auch nicht gebrochen durch seelsorgliche geistliche Gespräche; nach der Komplet darf man beichten gehen oder sich von einem Priester geistliche Weisungen holen. Und schließlich wird das *Silentium Nocturnum* auch nicht gestört durch die Erledigung von kleinen stillen Arbeiten, etwa briefliche Korrespondenz oder das Beantworten von E-Mails. Ich persönlich empfinde die moderne elektronische Technik als echtes Geschenk, denn sie ermöglicht mir, von meiner Klosterzelle aus mit vielen Menschen in seelsorglichem Kontakt zu sein, ohne dass ich dadurch zu sehr von meinem eigentlichen Lebensrhythmus abgelenkt werde.

Wichtig ist schließlich, dass man rechtzeitig ins Bett geht. Unser Rhythmus mit dem täglichen frühen Aufstehen ist nur dann durchzuhalten, wenn man sich angewöhnt, die Zeit nicht nutzlos in die Nacht hinein zu vertrödeln. Ohne ausreichenden Schlaf ist man physisch und psychisch nicht so belastbar.

Die Woche im Kloster

Die Siebentagewoche ist ein Kulturgut, das die Menschheit aus dem jüdischen Erbe übernommen hat. Nach der Erzählung im ersten Kapitel der Bibel (Genesis 1) bringt Gott an sechs Tagen die Schöpfung hervor, und am siebenten Tag, nachdem er Himmel und Erde geschaffen hat, ruht Gott. Die Sabbatruhe stellt also eine innere Verbindung mit Gott her, es ist ein Ruhen mit Gott. Israel hatte als einziges Volk der Antike einen regelmäßigen Ruhetag in der Woche, und zwar nicht bloß aus menschlichen Überlegungen, sondern als göttliches Gebot. »Sabbat« heißt soviel wie »Ruhe«, »Abschluss«, »Pause«. Die Ruhe ist von daher ein konstitutives Element des jüdischen Sabbats. Es ist kein Zufall, dass Christus an einem Freitag, also an einem Tag vor dem Sabbat stirbt. Der Freitag ist der sechste Tag der jüdischen Woche. Nach der Genesis-Erzählung hat Gott gerade an diesem Tag den Menschen geschaffen, gleichsam als den Höhepunkt seiner Schöpfung. Christus stirbt nun eben an einem sechsten Wochentag, weil nach christlichem Glauben sein Tod der Höhepunkt der Erlösung ist; und so wie Gott am Anfang den Menschen geschaffen hat, so hat er ihn in Christus neu geschaffen und erlöst. Und wie Gott der Schöpfer am siebenten Tag ruht, so wird Christus der Erlöser am siebenten Tag ebenfalls ruhen, nämlich im Grab. Am Freitag gekreuzigt und am Samstag beziehungsweise Sabbat im Grab ruhend, wird Christus am dritten Tag von den Toten auferstehen.

Christus ist also am Tag nach dem Samstag auferstanden; für die Juden war dies der erste Tag der Woche, und das haben wir Christen bis heute so beibehalten. Der Tag wird schon bei Paulus der »Herrentag« genannt. Auf lateinisch *dominica dies*, daraus wird das italienische *domenica* und das französische *dimanche*. Seit 321 der erste christliche Kaiser Konstantin den Sonntag zum Ruhetag bestimmte, ist der Wochenrhythmus über die Vermittlung des jüdischen Sabbats durch den christlichen Sonntag in der Kultur des Abendlands verankert. Selbst vielen gläubigen Christen ist kaum noch bewusst, dass der Sonntag nicht bloß »Wochenende« ist, sondern der heilige Tag der Auferstehung Christi. In unserer christlichen Liturgie, von der unser Klosterleben zutiefst geprägt ist, ist der Sonntag nicht der letzte, sondern der erste Tag der Woche.

Sonntag als wöchentlicher Auferstehungstag

Jeder Sonntag ist ja ein kleines Osterfest, weil er der Tag ist, an dem Christus von den Toten auferstanden ist. Im Kloster, wo wir ganz vom Rhythmus der Liturgie geprägt sind, spürt man diese Konzentration auf den Sonntag sehr stark. Aus dem Judentum hat die christliche Liturgie auch den Brauch übernommen, dass ein Festtag immer schon mit dem Vorabend beginnt. Darum ist die Vesper des Samstagabends schon die sogenannte »Erste Vesper« des nachfolgenden Sonntags. Das ist übrigens der Grund, warum die Kirche vor einigen Jahrzehnten die Vorabendmessen einführen konnte: weil eine Messfeier am Abend davor schon voll und ganz eine sonntägliche Messfeier ist.

Während für viele Menschen der Sonntag nur mehr ein Tag des Ausschlafens, gleichsam der »Ausklang des Wochenendes« ist, verhält es sich im Kloster umgekehrt. Der Sonntag ist der Start in die neue Woche, er ist nicht durch »Faulenzen« charakterisiert, sondern durch »Feiern«. Wir feiern die Auferstehung Christi. Am Sonntag wird daher nicht länger geschlafen, sondern wir beginnen zur selben Zeit, um fünf Uhr fünfzehn. Es wird ja auch nicht weniger gebetet, sondern sogar mehr, weil es ja mehr zu feiern gibt. Die heilige Messe findet nicht in der Früh im Anschluss an die Morgengebete statt, sondern mitten am Vormittag. Alles ist festlicher, erhabener und feierlicher. Am Sonntag beten wir nicht nur mehr, wir singen auch feierlicher. Natürlich gehört zu dem sonntäglichen Wochenfest auch die sinnliche Komponente: Am Sonntag serviert uns die Küche immer besonders gutes Essen, und das trägt nicht unwesentlich zur frohen Laune bei, die sich an diesem ersten Tag der Woche in unserer Gemeinschaft ausbreitet.

Fasten während der Woche

Unter den Wochentagen sind die drei Fasttage Montag, Mittwoch und Freitag zu erwähnen. Die Tradition, am Freitag auf Fleischgenuss zu verzichten beziehungsweise zu fasten, ist sehr alt; sie entspringt dem Gedenken an den Kreuzestod Christi. Auch am Montag und Mittwoch gibt es meist einfaches, fleischloses Essen, sodass sich ein Rhythmus zwischen Fasttagen und Nicht-Fasttagen ergibt, der aber doch nicht selten durch besondere Heiligenfeste oder Mitbrüderjubiläen durchbrochen wird. Ich erinnere mich an eine Woche in der Fastenzeit, in der wir so rein gar nicht zum Fasten gekommen sind, weil jeden Tag ein anderes Fest oder eine andere Feier zu Ehren eines Mitbruders anstand … Auf der anderen Seite ist es manchmal eine Herausforderung, wenn man an einem Montag, Mittwoch oder Freitag unter großer Belastung gestanden hat und sich vom Essen eine Art Belohnung erwartet – und dann sitzt man vor einem Teller mit eher dürftigem Inhalt … Ich muss dazu vielleicht erwähnen, dass es nicht üblich ist, außerhalb der Mahlzeiten zu essen; beziehungsweise es gibt da ohnehin nur Brot, Butter und Milch in einem armseligen Kühlschrank im Frühstücksraum. Dieser ist öffentlich zugänglich, wird jedoch wegen seines dürftigen Inhalts nicht sehr stark frequentiert.

Im Dahinfließen der Tage, in denen sich der Rhythmus, wie ich ihn oben beschrieben habe, täglich wiederholt, ragt bei uns im Stift Heiligenkreuz der Donnerstag heraus. An diesem Tag finden an der Hochschule keine Vorlesungen statt, sodass die Mitbrüder, die als Professoren wirken oder die noch im Studium sind, frei haben. Ein Erholungstag mitten unter der Woche! Auch die Küche gibt sich am Donnerstag besondere Mühe und zaubert ein fast sonntägliches Festessen. Dieser Brauch wurde eingeführt, weil der Donnerstag jener Tag ist, an dem Christus die Eucharistie eingesetzt hat, was wir am Gründonnerstag feiern; weil der Donnerstag jener Tag ist, an dem Christus vierzig Tage nach Ostern in den Himmel aufgefahren ist; und weil auch das Fronleichnamsfest auf einen Donnerstag fällt. Tatsächlich hat Christus an einem Donnerstag das Letzte Abendmahl gefeiert und nach unserem Glauben hat er dabei nicht nur das Sakrament der Eucharistie gestiftet, sondern auch das Priestertum. Die meisten von uns Mönchen sind Priester, so nützen wir gern die Gelegenheit zu einer kleinen Feierpause mitten in der Woche. Außerdem ist der Donnerstag »Mitbrüdertag«, das heißt, dass Mitbrüdergespräche, Kapitelsitzungen, Einkehrtage und Ausflüge meistens donnerstags stattfinden. Jede Woche sind unsere Mitbrüder, die auswärts in den Pfarreien ihren Dienst tun, eingeladen, zumindest zum Mittagessen und zur anschließenden Rekreation ins Haus zu kommen. Ich habe auch das Gefühl, dass die Küche eigentlich nur deshalb so gut kocht, um die Auswärtigen damit anzulocken.

Der Freitag ist Fasttag, an dem es nicht nur um das Entschlacken des Körpers durch einfaches, auf jeden Fall fleischloses Essen geht, sondern auch um eine Zubereitung der Seele auf den Samstag und Sonntag hin. Bei uns endet die Arbeitswoche eigentlich nie, wir wohnen ja gleichsam an unserem Arbeitsplatz. Das erste Zeichen für das Einschwingen auf das Wochenende (dieses ist für uns, wie gesagt, nur der Samstag; der Sonntag ist schon Wochenanfang) ist für mich das Läuten der Großen Glocke am Freitag um fünfzehn Uhr. Nach dem Zeugnis aller vier Evangelien ist Jesus am »Rüsttag« eines Sabbats gestorben, also an einem Freitag, und zwar um die neunte Stunde, das ist drei Uhr nachmittags.

Am Samstag, dem letzten Tag der christlichen Woche, finden zwar vereinzelt am Vormittag noch Vorlesungen statt; von Sabbatruhe spüren aber meistens nur die Mitbrüder etwas, die noch nicht Priester sind. Für die Priester ist der Samstag meist ein pastoraler Mega-Aktionstag. In der Kreuzkirche nimmt Pater Bernhard von fünf Uhr früh bis spät in den Abend Beichte ab; am Samstagnachmittag finden meist die Taufen und die Hochzeiten statt. Während wir Priester also am Samstagnachmittag Taufen und Trauungen halten – und natürlich auch so manches Begräbnis –, können sich die jungen Mitbrüder beim Sport austoben. Fußball oder Basketball ist angesagt, es gibt eine eigene Klostermannschaft, in der die auswärtigen Gäste, vor allem die Mitbrüder aus Vietnam, Sri Lanka und Nigeria, uns Europäern meist haushoch überlegen sind.

Nach jüdischem Brauch beginnt der Sonntag mit dem Einbruch des Abends. Sobald die Glocken um siebzehn Uhr fünfundvierzig die erste Vesper des Sonntags einläuten, liegt tatsächlich der Geruch von etwas Neuem in der Luft, der Samstagabend hat etwas Frühlingshaftes für die Seele, denn der Sonntag strahlt schon herüber: Ein Tag der Erholung, des Nicht-Studiums, der Nicht-Arbeit, der unsere Seele einsammelt für das Wesentliche.

Der Jahreslauf im Kloster

Das Kirchenjahr

Die Melodien des Gregorianischen Chorals klingen für Außenstehende wahrscheinlich immer gleich. Wenn man länger im Kloster lebt, dann merkt man aber, dass es musikalische Färbungen gibt, die den verschiedenen Zeiten des Kirchenjahres je eine eigene Stimmung aufprägen. Das Kirchenjahr, auch »Liturgisches Jahr« genannt, ist die immer gleichbleibende Abfolge von Festen und besonderen Zeiten, eingetaucht in ein großes Erinnern an die Heilsgeschichte. Nirgendwo sonst kann man wohl so sehr das Gepräge erleben, mit dem die Liturgie die Heilsgeheimnisse nachfeiert und vergegenwärtigt, wie in einem benediktinischen Kloster. In der Liturgie gedenken wir im Jahreslauf die großen Stationen des Wirkens Gottes in Jesus Christus für uns Menschen auf Erden.

Der Advent

In das Kirchenjahr fallen zwei große Feierblöcke: der Weihnachtsfestkreis und der Osterfestkreis.
In der christlichen Liturgie beginnt der Zyklus des Jahres mit einer Feier: der Feier des Advent. Advent ist die Vorbereitungszeit auf Weihnachten, das Wort kommt vom lateinischen *adventus* und bedeutet »Ankunft«. Tatsächlich wissen es auch nur

wenige Christen, dass das Kirchenjahr mit dem 1. Adventssonntag beginnt. Advent und Weihnachten sind in der Welt eine Zeit für Kinder; Düfte und Klänge erzeugen eine Stimmung der hellen Erwartung. Im Kloster ist es nicht anders, es ist eine sehr »besinnliche« Zeit. Bei uns ist es vor allem der Choral, der uns in eine innere Ruhe versetzt: Sobald der Abt vor der Vesper des 1. Adventssonntags den Adventskranz segnet und ein Novize mit einer langen Stange, an der sich ein brennender Docht befindet, die erste Kerze des hoch oben aufgehängten Adventkranzes anzündet, sobald dann die erste Kerze brennt und der Kantor das »*Conditor alme siderum*«, »Komm heil'ger Schöpfer aller Welt« anstimmt, dann ist Advent!
In den Advent fällt seit einigen Jahren ein großer und durchaus stimmungsvoller Adventmarkt, an dem sich etwa dreißig Stifte und Ordensgemeinschaften beteiligen. In den letzten Jahren ist es Tradition geworden, dass die Novizen den Köchinnen helfen, Weihnachtsgebäck herzustellen. Die Geschicklichkeit der jungen Männer ist dabei von Fall zu Fall unterschiedlich, manche Vanillekipferl zeichnen sich durch geradezu surrealistische Formen aus … Ich habe festgestellt, dass dieses Backwerk eigentlich nur vor Weihnachten so richtig gut schmeckt; doch gerade da ist die »Mehlspeis«, wie wir in Österreich sagen, unerreichbar, weil sie von unseren Köchinnen gut weggesperrt wird. Wenn wir sie am Heiligen Abend als unser Weihnachtsgeschenk in Form von netten Mehlspeistellern bekommen, sind sie leider bei Weitem nicht so verlockend wie im Advent. Hier wirkt sich eben die menschliche Natur aus, die immer das mehr begehrt, was sie nicht hat, als das, was ihr schon gehört.

Das Weihnachtsfest

Die Bedeutung des Weihnachtsfests ist liturgisch gesehen bei Weitem nicht so hoch wie die Bedeutung von Ostern: Zu Weihnachten feiern wir »nur« die Geburt Christi, während wir zu

Ostern seinen Tod und seine Auferstehung feiern. Tod und Auferstehung sind Zweck und Grund für die Menschwerdung Gottes. Wir Mönche sind sehr sensibel für diese Grade der Bedeutung, was sich auch darin äußert, dass ich zu Weihnachten bei Weitem nicht so ergriffen bin wie zu Ostern. Außerdem ist Weihnachten ein Fest der Sentimentalität, und wir sind eine Männergemeinschaft, die dann doch die Nüchternheit bevorzugt. Schließlich ist Weihnachten ja tatsächlich ein Fest der Kinder, wir feiern ja auch die Geburt eines Kindes; doch Kinder gibt es ja keine im Kloster, auch wenn wir erwachsene Männer uns manchmal durchaus kindlich, ja kindisch benehmen können. So sitzen wir dann am Heiligen Abend im abgedunkelten Rekreationszimmer, die Kerzen des Lichterbaums brennen und der Kantor stimmt »Stille Nacht, heilige Nacht« an. Das ist schon feierlich, aber es ist nicht wirklich mitreißend.
Die klösterliche Feier des Heiligen Abends ist also durchaus stimmungsvoll, aber nicht überbordend sentimental. Der Abt liest eine Weihnachtsgeschichte vor, dann kommen noch ein paar Lieder, dann geht das Licht an und der Abt überreicht jedem ein hübsch verpacktes Buch, das man sich vorher selbst rechtzeitig bestellen musste. Nach der Weihnachtsfeier geht es bald auseinander: Die Priestermönche strömen aus, um in den umliegenden Pfarreien die Christmetten zu feiern; im Kloster beginnen wir um zweiundzwanzig Uhr mit den Weihnachtsvigilien, also der Gebetswache auf die Christmette hin. Die Christmette feiern wir genau um Mitternacht. Wir wissen zwar nicht, wann Christus geboren wurde, weder die Jahreszeit noch die Tageszeit. Es gibt aber ein Wort im Alten Testament, das auf die Geburt Christi bezogen wurde, es lautet: »Als tiefes Schweigen das All umfing und die Nacht zu ihrer Mitte gelangt war, da sprang dein allmächtiges Wort vom Himmel, vom königlichen Thron herab ... mitten in das dem Verderben geweihte Land ... Es berührte den Himmel und stand auf der Erde« (Weisheit 18,14-15).

Das »allmächtige Wort«, das vom Himmel herabspringt, wurde auf Christus bezogen, was folglich dazu führte, dass man die Geburt Christi in der Mitte der Nacht feierte. Das Wort »Mette« kommt von »Mitte«.

Weihnachten ist ein so hohes Fest, dass die Kirche es eine ganze Woche lang feiert; der liturgiewissenschaftliche Fachausdruck für ein solches Wochenfest lautet »Oktav«, weil es acht Tage umfasst. Der achte Tag nach Weihnachten ist dann das Neujahrsfest, denn mit der Geburt Christi beginnt die neue Zeit. An sich haben wir Mönche mit dem Silvesterrummel nicht viel am Hut, doch seit dem großen Jahreswechsel von 1999 auf 2000 bieten wir unter dem Schlagwort »Silvester alternativ« die Möglichkeit, den Jahreswechsel besinnlich mit Gebet und Gesang zu begehen, wozu hunderte Gläubige, vor allem Jugendliche, kommen. Die Kreuzkirche ist zu »Silvester alternativ« immer zum Bersten gefüllt, die Stimmung ist toll. Eine feierliche heilige Messe schließt genau einige Minuten vor Mitternacht, dann beten wir kniend und erwarten vor dem allerheiligsten Sakrament die Glockenschläge von Mitternacht. Das neue Jahr beginnt mit dem Segen Gottes. Wir wollten die Feier extra so gestalten, dass der religiöse Teil in den ersten Minuten von Neujahr schließt: Die Freude ist nach dem Segen meist so intensiv, dass sich wildfremde Menschen mit einem »Prosit Neujahr!« um den Hals fallen. Dann geht es weltlich weiter, aber ganz österreichisch: Draußen vor der Kreuzkirche klingt der Donauwalzer über den Stiftsplatz; dann sind alle zu einer Gulaschsuppe und zum obligaten Glas Sekt in das klösterliche Kellerstüberl eingeladen.

Die Fastenzeit

Der zweite große Festkreis des Jahres gruppiert sich um das Osterfest herum: Vor Ostern gibt es eine vierzigtägige Vorbereitung, die wir korrekterweise »österliche Buß- und Fastenzeit« nennen. Dann feiern wir nach Ostern ebenfalls sieben Wochen lang das größte Heilsereignis, das wir kennen, die Auferstehung Christi. Die Osterzeit schließt am fünfzigsten Tag nach Ostern mit dem Pfingstfest.

Die Fastenzeit heißt im Lateinischen *Quadragesima*, das heißt einfach »vierzig«. Sie beginnt mit dem Aschermittwoch und endet mit dem Karsamstag. Für die Kirche ist die Zahlensymbolik der Vierzig deshalb wichtig geworden, weil Jesus selbst vierzig Tage lang in der Wüste fastete, bevor er mit seinem öffentlichen Wirken begann. Darum begehen wir die heilige *Quadragesima*, die heiligen Vierzig Tage. Jedoch: Die Fastenzeit dauert gar nicht vierzig Tage; wenn man von Aschermittwoch bis Karsamstag zählt, kommt man auf sechsundvierzig Tage. Warum ist das so? Weil die sechs Sonntage, die in diese Zeit fallen, keine Fastenzeit sind. Ein Sonntag ist für Christen immer ein Festtag, nie ein Fasttag.

Das Fasten ist für uns auch gar nicht der Hauptinhalt der *Quadragesima*, dieses Vierzigtagezeitraums. Die offizielle deutsche Entsprechung heißt ja »österliche Buß- und Fastenzeit«. Es geht nicht bloß ums Fasten, es geht um eine gute geistliche Vorbereitung auf Ostern. Ostern ist das höchste Fest für uns Christen: Christus siegt über den Tod und öffnet uns das ewige Leben. Es geht also nicht darum, sich selbst zu kasteien oder gar darum, ein paar Kilo abzunehmen. Das Ziel ist, in dieser Zeit zu »österlichen« Menschen zu werden. Dazu hilft uns natürlich sehr wohl die Reduktion beim Essen und Zurückhaltung bei anderen Annehmlichkeiten. Jeder Mönch ist eingeladen, am Beginn der Fastenzeit Vorsätze zu fassen. Dabei ist es wichtig, dass die Vorsätze realistisch sind. Es gibt ja den Spruch: »Der Weg zur Hölle ist gepflastert mit guten Vorsätzen!« Leider machen auch wir allzu oft die Erfahrung, dass wir nicht die Kraft haben, einen guten Entschluss zu einer wertvollen Verbesserung in die Wirklichkeit umzusetzen. Das liegt aber meist daran, dass wir falsche Vorsätze fassen. Wenn man sich Utopisches vornimmt, dann ist das so, als würde man sich die Sprunglatte schon auf zwei Meter Höhe auflegen. Da bleibt einem dann eben nichts anderes übrig, als unten durchzulaufen. Damit unsere Vorsätze nicht in die »Hölle« der Frustration führen, müssen sie klein und realistisch sein! Also nicht: »Ich will zwanzig Kilo abnehmen!« Sondern: »Ich will am Abend nur Brot und Joghurt essen!« Nicht: »Ich will ab sofort ein hundertprozentiger Mönch sein!« Sondern: »Ich will täglich bereiter werden, mich den Herausforderungen meiner Aufgaben zu stellen.« Wenn die Vorsätze konkret und realistisch sind, dann stellt sich bald das aufbauende Erfolgserlebnis ein, dass wir wirklich Schritt für Schritt bessere Menschen werden können. Dann gilt: »Der Weg in den *Himmel* ist gepflastert mit *realistischen* Vorsätzen!«

Benedikt ordnet in der Regel an, dass jeder Mönch vom Abt zu Beginn der *Quadragesima* ein Buch ausgehändigt bekommt. Wir dürfen annehmen, dass es sich damals vorwiegend um Texte der Bibel gehandelt hat, die den Brüdern zur geistlichen Lesung anvertraut wurden. Interessant ist die Anweisung, dass jeder sie von vorn bis hinten lesen soll. Es geht Benedikt nicht so sehr um die Lektüre, als um die Konzentration auf das Geistige an sich. Bei uns in Heiligenkreuz gibt es den Brauch mit der Buchübergabe durch den Abt nicht mehr; jeder muss das für sich selbst regeln und sich eine gute geistliche Lektüre für die Fastenzeit suchen. Ansonsten läuft das Leben in der Fastenzeit normal weiter, wir merken es nur am etwas einfacheren Essen, das an den drei Fasttagen Montag, Mittwoch und Freitag auf den Tisch kommt. Wir betreiben das Fasten nicht aus einer Ichhaftigkeit heraus, damit wir uns selbst besser annehmen können und es uns selbst besser geht. Die Askese des Leibes dient vielmehr unserer Dufähigkeit, oder besser gesagt: unserer Selbstlosigkeit. Der Sieg über die Lust, dauernd etwas in sich hineinzustopfen, soll uns frei machen, unser Innerstes mit Gedanken an Gott zu füllen. Anders gesagt: Für uns ist Fasten kein Selbstzweck, sondern ein wichtiges Werkzeug für die Intensivierung unserer Gottesbeziehung.

Die Karwoche

Ostern ist der Höhepunkt des christlichen Feierkults und der Höhepunkt des Jahres im Kloster. Anders als das Weihnachtsfest sträubt sich das Osterfest beharrlich, von weltlichem Kitsch überformt und zu einem säkularen Kult ausgehöhlt zu werden. Das ergibt sich aus dem Inhalt der beiden Feste, denn der weihnachtliche Blick auf das Christuskind in der Krippe sagt auch Menschen, die nicht an Gott glauben, etwas; das Christkind vermittelt schon ohne den Hintergrund des christlichen Glaubens humane Wärme. Bei den Ostermysterien ist das anders, denn zu Ostern feiert die Kirche etwas, das alle menschlichen Kategorien sprengt: die Auferstehung Christi vom Tod. Ostern ist das Fest der gläubigen Christen. Das ist auch der Grund, warum es in der Woche vor Ostern, der sogenannten Karwoche, schon viele Menschen ins Kloster zieht: Nirgendwo sonst kann man so intensiv die »Mysterien« des Leidens, Sterbens, der Grabesruhe und des Auferstehens Christi mitfeiern als dort, wo wir Mönche gleichsam zeitsynchron das nachfeiern, was vor zweitausend Jahren in Jerusalem mit Christus geschehen ist.

Mit dem Palmsonntag beginnt die heilige Woche. Wir feiern den Einzug Jesu in Jerusalem, in die »Stadt des Friedens«, mit einer feierlichen Palmprozession. Vor dem hohen gotischen Portal der Abteikirche, das geschlossen ist, singt der Kantor den Psalmvers: »Hebt euch ihr Tore, unser König kommt!« Dann öffnen die Novizen die Tore. Unsere Kirche steht jetzt für das Jerusalem, in das Christus vor zweitausend Jahren eingezogen ist um zu leiden, zu sterben und aufzuerstehen. Während des Einzugs in die dann meist noch sehr winterkühle

Abteikirche, deren Altarkreuz mit einem roten Tuch verhüllt ist, jubelt die Schola: »*Gloria, laus et honor tibi sit Rex Christe, redemptor!* – Ehre, Lob und Preis sei dir, König Christus, unsrem Erlöser!«, müssen wir daran denken, wie Christus als ein so ganz anderer König, als man es erwartetet hätte, in die Heilige Stadt eingezogen ist. Er sagt: »Mein Königtum ist nicht von dieser Welt.« Und er reitet nicht auf einem hohen Ross, sondern auf einem demütigen Esel. Der Friede, den er bringt, ist auch ein ganz anderer als der, der mit politischen und diplomatischen Mitteln hergestellt werden kann. Es ist der Frieden der Versöhnung mit Gott.

Der Höhepunkt der Osterfeierlichkeiten ist das Heilige Triduum, das *Triduum Sacrum*. Ein Triduum ist ein Fest, das drei Tage dauert. Die Bezeichnung *Triduum Sacrum* oder *Triduum Paschale* ist sehr alt, schon die antike Kirche bezeichnete damit die Dreitagefeier vom Leiden, von der Grabesruhe und der Auferstehung Christi. Das heilige Dreitagefest umfasst den Karfreitag als Todestag, den Karsamstag als Grabesruhetag und den Ostersonntag als Auferstehungstag. Da wir auch hier den jüdischen Brauch übernommen haben, wonach ein Tag immer schon mit dem Vorabend beginnt, gilt für uns die Abendmahlsmesse des Gründonnerstags als Eröffnung des heiligen *Triduums*. Wir Zisterzienser feiern am Gründonnerstag nicht nur die Messe vom Letzten Abendmahl, sondern auch Fußwaschung. Nach altem Ordensbrauch findet diese nicht erst am Abend in der Messe, sondern schon am Vormittag statt. Nach dem Johannesevangelium wollte Jesus seinen Jüngern bewusst ein Zeichen geben, das einen wichtigen Inhalt vermitteln soll: Er, der bewunderte Rabbi, der Wundertäter und Herr, kniet nieder und verrichtet Sklavenarbeit. »Ich, euer Herr und Meister, habe euch ein Beispiel gegeben, damit auch ihr so tut.« Im Mittelalter wuschen sich die Mönche daher einmal in der Woche gegenseitig die Füße, und zwar in einem eigenen Teil des Kreuzgangs.

Da Christus selbst den Auftrag zu dieser Symbolhandlung gegeben hatte, dachten unsere Väter, dass damit sogar sündenvergebende Wirkung verbunden ist und es sich um ein *sacramentum* handle. Die riechenden Füße des vielleicht gar nicht so sympathischen Mitbruders zu waschen, kann schon den Charakter einer Buße annehmen. Heute kommen zwölf ältere Männer aus den umliegenden Pfarreien, um die zwölf Apostel für die Fußwaschung am Gründonnerstagvormittag abzugeben. Buße ist das Fußwaschen keine, denn die haben ihre Füße meistens schon vorher bestens gewaschen und parfümiert, um sich nicht zu blamieren. Trotzdem ist das Zeichen eindrucksvoll, wenn der Abt und die anderen Mitbrüder niederknien und diesen Gestus vollziehen. Nach der Waschung küssen die Mitbrüder die Füße der »Apostel«. Dann werden sie in unseren Speisesaal geleitet und mit einem kräftigen Mittagessen bewirtet.

Am Abend feiern wir das Letzte Abendmahl, eine feierliche heilige Messe zur Vergegenwärtigung dessen, dass Jesus selbst »in der Nacht, bevor er verraten wurde«, das Abendmahl gefeiert hat. Es handelte sich dabei wohl kaum um das jüdische Paschamahl, obwohl Jesus um der Feier des Paschafests willen nach Jerusalem gezogen war. Doch der Abend, an dem man das Paschamahl einnimmt, ist erst einen Tag nach dem Letzten Abendmahl – und da ist Jesus bereits tot. So will es zumindest die Chronologie des Johannesevangeliums, der die Liturgie der Kirche gefolgt ist.

Jesus stirbt also nicht am Paschafest, sondern am Vortag; er feiert das Letzte Abendmahl aber im Rahmen des jüdischen »Pascha«. Dabei gedachten die Juden des Auszugs Israels aus Ägypten. Das Pascha war das große Fest im Frühling, an dem man die Befreiung aus Ägypten vergegenwärtigte. »Pascha« heißt »Vorübergang«, denn im Mittelpunkt stand das Gedächtnis daran, dass Gott die Familien der Israeliten vor dem Todesengel verschont hat, der jede Erstgeburt von Mensch und Vieh tötete. Das war die zehnte der ägyptischen Plagen. An den Häusern der Israeliten ging der Tod vorüber – davon also »Pascha« –, weil die Türpfosten mit dem Blut eines Lammes bestrichen waren. Drinnen aßen die Israeliten das Paschalamm und ungesäuertes flaches Weizenbrot. Ungesäuert deshalb, weil Gott den Israeliten keine Zeit mehr gab, den Brotteig mit Sauerteig durchsäuern zu lassen, so schnell wollte er sie aus Ägypten hinausführen. Das ist der Grund, warum bei der katholischen Messe flaches Weizenbrot verwendet wird, das den jüdischen Matzen nachempfunden ist, weil es sich um ungesäuertes Brot handelt. »Pascha« ist also das Gedächtnisfest der geschichtlichen Gnadenmacht Gottes.

Der Begriff für das höchste Fest der Christen ist nicht nur in die griechische und lateinische Sprache eingegangen, sondern auch in die meisten anderen: Die Italiener sagen *pasqua*, die Franzosen *paques*, auf Neugriechisch heißt es *Pas-cha*, auf Russisch *Paskha*, auf Niederländisch *Pasen* – in den meisten slawischen Sprachen heißt es »großer Tag« oder »Auferstehung« oder »Große Nacht«. Wie schade, dass sich unsere deutsche Sprache geweigert hat, das hebräische Lehnwort aufzunehmen. Stattdessen verwenden wir den Ausdruck »Ostern«; die Engländer sprechen von Easter. Wie die Germanen auf »Ostern« gekommen sind, ist umstritten: Im 8. Jahrhundert hat Beda Venerabilis »Ostern« vom angelsächsischen Namen der Göttin »Ostara«, der Göttin der Morgenröte, ableiten wollen. Eine Deutung, die Jacob Grimm im 19. Jahrhundert übernommen hat.

Eigentlich schade, dass das höchste christliche Fest in unserer Sprache nach einer teutonischen Göttin benannt ist … Doch mittlerweile hat man an der Erklärung des Beda Venerabilis Zweifel angemeldet: Der Namensforscher Jürgen Udolph will »Ostern« vom nordgermanischen Ausdruck »ausa« ableiten, das bedeutet »Wasser gießen«. Dann würde sich der Begriff Ostern doch schon auf etwas zutiefst Christliches beziehen, da nämlich das zentrale Ereignis der Osternachtsfeier darin bestand, Erwachsenen die Taufe zu spenden.

In katholischen Kirchen wird traditionell nach dem Gloria der Gründonnerstagsmesse die Orgel nicht mehr gespielt und es schweigen auch die Kirchenglocken.

Karfreitag und Karsamstag sind sehr stille Tage. Am Morgen werden die Vigilien feierlich gesungen, es sind die längsten zusammenhängenden Gebete, die es überhaupt gibt; sie dauern dann durchgehend zwei Stunden. Bei den Vigilien werden die Lamentationen gesungen, das sind Textstücke aus dem alttestamentlichen Buch der Klagelieder. Der Karfreitag ist strenger Fasttag. Zur Todesstunde Christi um fünfzehn Uhr beten wir mit hunderten Gläubigen den Kreuzweg auf der barocken Kreuzweganlage.

Die Liturgie vom Leiden und Sterben Christi beginnt um siebzehn Uhr. Höhepunkte sind die Passionserzählung des Johannesevangeliums, die unser Kantor, tief berührend inszeniert, indem sie von vierzehn bis sechszehn Mitbrüdern gesungen wird. Ein weiterer Höhepunkt ist die Verehrung des Kreuzes: Ein verhülltes Kreuz wird feierlich enthüllt mit dem Ruf »*Ecce lignum crucis* – Seht das Holz des Kreuzes, daran der Herr gehangen! Kommt, lasset uns anbeten«. Verschiedene Gesänge begleiten die Kreuzverehrung, darunter die klassischen griechisch-lateinischen Improperien und der Hymnus »*Pange lingua gloriosi proelium certaminis* – Preise, Zunge, und verkünde den erhabnen Waffengang«. Die Liturgie fastet vom Gründonnerstag bis zur Auferstehungsfeier der Osternacht auch musikalisch: Die Gesänge werden a cappella gesungen, da die Orgel in diesen Tagen der Trauer schweigt. Nach der Kommunionfeier wird das allerheiligste Sakrament in die Kreuzkirche neben der großen Abteikirche gebracht, wo das Heilige Grab aufgebaut ist. Die Symbolik dahinter ist die Grablegung Christi: Nach der Kreuzigung ruht der Herr in einem Grab.

Das Osterfest

Der Karsamstag ist der stillste Tag des Jahres; er markiert das Ende der vierzigtägigen Fastenzeit und bereitet auf die Feier der Osternacht vor. Die folgende Nacht, die Osternacht, wird bereits dem Ostersonntag zugerechnet. Die Osternacht heißt lateinisch *Vigilia paschalis* und ist die schönste Liturgie, die die Kirche und damit auch unser Kloster kennt: In ihr feiern wir die Auferstehung Christi. Sie besteht aus der Lichtfeier, die mit der Segnung des Osterfeuers im Stiftshof beginnt. Mit dem Ruf »*Lumen Christi* – Christus ist das Licht« wird dann die Osterkerze in die dunkle Abteikirche getragen. Die Osterkerze ist das Symbol für den auferstandenen Christus, er vertreibt die Finsternis des Todes. Nach dem *Exsultet*, dem berühmten Osterlob, beginnt der Wortgottesdienst mit sieben Lesungen, die wir in der noch finsteren Abteikirche, die vom Widerschein von hunderten Kerzen in den Händen der Gläubigen erhellt ist, hören. Sobald der Abt dann das Gloria anstimmt, geht das Licht an, das blutrote Tuch, das das Auferstehungskreuz über dem Altar verhüllte, gleitet langsam nach unten. Das ist der Augenblick, bei dem ich jedes Jahr eine Gänsehaut bekomme, denn die Kreuzesikone zeigt Christus als den Auferstandenen, der seine durchbohrten Arme weit ausbreitet und mit offenen Augen siegreich dasteht. In diesem Augenblick habe ich oft das Gefühl, gleichsam physisch dem Sieger über dem Tod gegenüberzustehen. Die Osternacht setzt sich mit der Eucharistiefeier fort und endet mit der Speisensegnung am Schluss der Messe. Nach der dreistündigen Liturgie gratuliert unser Abt am Ausgang den herausströmenden Gläubigen und überreicht ihnen ein Osterei: »Der Herr ist auferstanden. Er ist wahrhaft auferstanden.« Besondere Osterbräuche gibt es bei uns im Kloster nicht. Die eigentliche Osterstimmung verbreitet sich bei uns viel mehr durch die Musik, und zwar durch den Brauch, in der Osterzeit besonders oft und besonders viele Halleluja in allen Variationen zu singen. »Halleluja« ist ein hebräischer Jubelruf, der der Bibel entnommen ist. Er kommt im Alten Testament vierundzwanzigmal, im Neuen Testament viermal vor und setzt sich aus »*halal*, lobpreisen« und »Jah«, einer Kurzform des Gottesnamens »Jahwe« zusammen. *Hallelu-Jah* bedeutet also »Jubelt über Jahwe!« beziehungsweise »Lobpreiset Gott!« In der Messliturgie wird das Halleluja vor dem Evangelium gesungen; der Jubelruf soll darauf einstimmen, dass jetzt Christus selbst zu uns spricht. In der Fastenzeit aber »fastet« auch die Liturgie und verzichtet auf das Halleluja. Das Fehlen dieses Jubelrufs nimmt der Feier des Gottesdienstes etwas vom freudigen Gepräge, wir Mönche spüren dieses Defizit an hinausgesungenem Jubel stark. Eine heilige Messe ohne Halleluja-Ruf vor dem Evangelium ist wie eine Geburtstagsfeier ohne Geburtstagstorte, wie ein Festessen ohne Nachspeise … Es fehlt eben etwas! Umso größer ist die Freude, wenn in der Osternacht der Zeremoniär vor den Abt tritt und die feierliche Ankündigung macht: »*Reverendissime Pater, annuntio tibi gaudium magnum, quod est: Halleluja!* – Hochwürdiger Vater, ich verkünde dir eine große Freude, diese lautet: Halleluja!« Die Auferstehung Christi ist geschehen, uns steht der Weg in die Ewigkeit offen: »Halleluja! Preiset Gott.« Dann stimmt der Abt dreimal steigend das Halleluja an, das von den Gläubigen mächtig wiederholt wird. Jetzt ist Ostern.

Die ganze Osterzeit bis hin zu Pfingsten ist dann durch das Halleluja geprägt: Alle Gebete sind von Halleluja-Rufen durchsetzt, alle Antiphonen, die normalerweise zu den Psalmen gesungen werden, werden durch verschieden vertonte Halleluja ersetzt, sodass zwischen den Psalmen immer nur dieser eine urbiblische Jubelruf in den unterschiedlichsten Melodien erklingt. Und an jedes Stück des Gregorianischen Chorals hängen wir ein Halleluja an, um gleichsam alles in den Osterjubel einzutauchen. Es gehört übrigens zum Wesen des Halleluja-

Rufs, dass er gesungen wird, also nicht bloß auf einem Ton rezitiert. Ein nicht-gesungenes Halleluja ist wie ein nicht-gesungener Jodler, das geht einfach nicht. Unser nachösterliches Halleluja-Jubeln dauert fünfzig Tage, bis dann der Osterfestkreis mit dem Pfingstfest beendet wird.

Die Heiligenfeste und Namenstage

Die »normale Zeit« außerhalb von Weihnachtsfestkreis und Osterfestkreis nennt die etwas spröde Fachsprache der Liturgiewissenschaftler einfach die »Zeit im Jahreskreis«. An den gewöhnlichen Sonntagen »im Jahreskreis« hören wir Evangelienstellen aus dem »normalen« irdischen Wirken Jesu, um die Themen, die Jesus in seinen Predigten angesprochen hat, oder um die Zeichen, die er in seinem irdischen Wirken getan hat. Diese Zeit im Jahreskreis liegt zwischen dem Ende der Weihnachtszeit und dem Beginn der Fastenzeit und zwischen Pfingsten, das das Ende der Osterzeit ist, und dem Beginn des Advents. Diese Zeit im Jahreskreis wird freilich oft unterbrochen durch Feste und Gedenktage von Heiligen. Meist handelt es sich um ihren Todestag, denn nach unserem Glauben ist der Todestag eines Heiligen zugleich sein Geburtstag (*dies natalis*) für den Himmel. »Hochfest« heißt lateinisch *Sollemnitas*, davon gibt es zirka zwanzig im Jahr und sie ragen wirklich dadurch heraus, dass sie durch feierlichere Liturgie, durch intensivere Gebete, aber auch durch besseres Essen *sollemn* begangen werden.

Dazu kommen die Gedenktage der Heiligen, die nicht so feierlich begangen werden, denn die Kirche kennt eine Abstufung in der Feierlichkeit, die sich nach der Bedeutung des Heiligen richtet. Mit den Heiligenfesten verbindet sich auch der Brauch der Namenstagsgratulation. Wir erhalten bei unserer Einkleidung einen neuen Namen, und damit auch einen neuen Heiligen als Namenspatron. Diese neue Identität besagt, dass wir einen Heiligen haben, dessen Vorbild uns anspornen soll; zugleich können wir auf seine Fürbitte vertrauen. Im Kloster wird daher nicht der Geburtstag gefeiert, sondern der Namenstag. Der Abt hält dem entsprechenden Mitbruder eine kleine Gratulationsansprache vor dem Mittagessen, lobt seinen Einsatz und überreicht ihm unter dem Applaus der Mitbrüder einen Strauß Blumen und ein Buch, das man sich wünschen durfte. Und: Hohe runde Geburtstage wie den siebzigsten, achtzigsten und so weiter feiern wir sehr wohl! Der Sinn der Namenstagsfeier liegt wohl eher in einer gewissen Demut: Nicht die Person des Gefeierten soll im Mittelpunkt stehen, sondern ein »übernatürlicher« Aspekt. Der Blick richtet sich auf den Heiligen, dessen Schützling hier in unserer Mitte seinen Dienst tut. Da wir in den letzten Jahren so viele geworden sind und auch die Namenstage der Studenten feiern, die in unserer Mitte wohnen, haben wir pro Woche oft zwei bis drei Namenstagsgratulationen. Als wir noch weniger waren, wurde nach dem Mittagessen Torte serviert, das geschieht jetzt nur noch, wenn ein auswärts tätiger Mitbruder seine Namenstagsgratulation im Kloster entgegennimmt. Sonst würden wir vor lauter Feiern gar nicht mehr zum alltäglichen Leben kommen …

Die Pflege des Gregorianischen Chorals im Stift Heiligenkreuz

Unser Chorgebet ist öffentlich, aber nicht für jeden geeignet

Das Chorgebet und die klösterliche Konventmesse im Stift Heiligenkreuz ist immer öffentlich; wir sind zwar ein Kloster, aber wir wollen unsere Liturgie nicht verheimlichen oder verstecken. Ja, wir wollen sogar eine bewusste »Veröffentlichung« unseres Chorgebets – auch schon zu Zeiten, in denen von einem Chart-Erfolg noch keine Rede war. Wir machen in Heiligenkreuz heute durchaus Werbung dafür, dass Gläubige zu unseren Chorgebetszeiten kommen, und auch Führungen werden beispielsweise so angesetzt, dass sie im Erleben der feierlichen Vesper münden. Erst dann wird vielen Besuchern klar, dass sie kein Museum gesehen, sondern einen lebendigen Ort des Gebets besucht haben.

Aber trotz dieser bewussten Öffnung singen wir nicht »für die Menschen«. Was ist damit gemeint? Normalerweise möchte jemand, der singt, anderen Menschen Freude bereiten, er möchte beeindrucken und vielleicht eine bestimmte Stimmung schaffen. Freude bereiten, das wollen wir auch, aber nicht zuerst den Menschen, die zuhören, sondern Gott. Die innere Ausrichtung des normalen weltlichen Gesangs ist eine innerweltliche. Wenn wir hingegen singen, dann ist der Zielpunkt unserer Konzentration außerhalb dieser Welt. Wir fühlen uns daher durch Papst Benedikt XVI. bestätigt, als er bei seinem Besuch im September 2007 (dazu mehr im Kapitel »Heiligenkreuz als ›Oase der Kraft‹«) den Sinn unseres Chorgebets ausdeutete: »Im Leben der Mönche hat ... das Gebet eine besondere Stellung: Es ist die Mitte ihres Berufs. Sie sind von Beruf Betende. In der Väterzeit wurde das Mönchsleben als Leben nach der Weise der Engel bezeichnet. Und als das Wesentliche der Engel sah man es an, dass sie Anbetende sind. Ihr Leben ist Anbetung. So sollte es auch bei den Mönchen sein. Sie beten zuallererst nicht um dieses oder jenes, sondern sie beten einfach deshalb, weil Gott es wert ist, angebetet zu werden. ›*Confitemini Domino, quoniam bonus*! Danket dem Herrn, denn er ist gütig! Denn seine Huld währt ewig‹; rufen viele Psalmen (zum Beispiel Psalm 106,1). Ein solches zweckfreies Gebet, das reiner Gottesdienst sein will, wird daher mit Recht *Officium* genannt. Es ist der ›Dienst‹, der ›heilige Dienst‹ der Mönche. Er gilt dem dreifaltigen Gott, der über alles würdig ist, ›Herrlichkeit zu empfangen und Ehre und Macht‹ (Offenbarung 4,11), da er die Welt wunderbar erschaffen und noch wunderbarer erneuert hat.«

Ich war lange Jahre Pfarrer in einer kleinen Gemeinde im Wienerwald und dort war es natürlich mein Anliegen, dass möglichst viele Gläubige zu den Gottesdiensten kommen. Jeder Pfarrer freut sich, wenn er sieht, dass Gott von den ihm Anvertrauten geehrt wird. Anders sind meine Gefühle jetzt, wenn Menschen zu unserem Chorgebet kommen, manchmal sogar sehr viele. Ich freue mich darüber, aber eben anders: Es ist ja unser Gebet, unser Gesang, der hier aufsteigt. Es sind die Ausdrucksformen der Gottesliebe, die wir als Mönche in einer ganz spezifischen und außerordentlichen Lebensform pflegen. Letztendlich ist es uns egal, ob Menschen kommen oder nicht, denn unser Gebet ist von der Intensität des äußeren Interesses und der Quantität der herbeiströmenden Zuhörer unabhängig. Daher nehmen wir uns auch das Recht heraus, nur die zuzulassen, die bereit und fähig sind, diesem Gesang zu lauschen. Als Pfarrer liebte ich es, wenn Kinder zur heiligen Messe kamen, da hat es mich auch gar nicht gestört, wenn sie unruhig waren und manchmal sogar quietschend durch die Kirche krabbelten. Das Evangelium berichtet, dass Jesus einmal sehr zornig über seine Jünger war, als sie herandrängende und wohl auch unruhige Kinder nicht zu ihm vorlassen wollten. Jesus weist sie zurecht und sagt: »Lasset die Kinder zu mir kommen, hindert sie nicht daran!« (Markusevangelium 10,14). In der Seelsorge, die wir in unseren Pfarreien betreiben, aber auch beim Angebot von Kinder- und Jugendführungen durch das Kloster ist es natürlich selbstverständlich, ganz besonders liebevoll zu den Kinder zu sein. In vielen Pfarreien gibt es eigene Kindergottesdienste, in manchen Kirchen sind sogar »Krabbelecken« eingerichtet, um den Kindern die langen Gottesdienste erträglicher zu machen.

Aber ein Kloster ist genau dadurch definiert, dass es ein *claustrum* ist, etwas »Abgeschlossenes«; und das Chorgebet ist unsere besondere und einzigartige Weise, wie wir Mönche mit voller Konzentration auf Gott hin beten wollen. Ein Kloster ist kein Seelsorgeraum, sondern ein geistiger Kraftort. Und so nehmen wir für uns in Anspruch, dass wir darum bitten, dass nur solche zum Chorgebet kommen, die schweige- und hörfähig sind.

Dass ein Chorgebet in Anwesenheit von Babys oder kleineren Kinder problematisch sein kann, habe ich einmal selbst miterlebt. Damals habe ich eine junge Familie mit ihrem quirligen vierjährigen Kind zum Chorgebet mitgenommen, weil die Eltern es sich so sehr wünschten. Obwohl die Eltern ihr Bestes versuchten, rutsche und quengelte der kleine Junge während der ganzen Komplet herum. Ich merkte, wie sich nicht nur bei mir, sondern auch bei den Mitbrüdern Unruhe ausbreitete. Die Komplet endet nach dem Salve Regina immer mit einem längeren Schweigen, bei dem wir in der finsteren Kirche still niederknien, während die beiden Salve-Regina-Kerzen am Altar gelöscht werden. Ich fühlte mich für die unruhige Stimmung, die durch das Herumgezappel des Kindes entstanden war, verantwortlich und litt innerlich der großen Stille nach dem Gebet entgegen: Würde das Kind da auch so unruhig sein? Und dann: absolute Stille. Aber ich war total angespannt und konnte nicht wirklich beten, obwohl – oder gerade weil – es plötzlich so wunderbar ruhig und von dem Kleinen nichts zu hören war. Ich zählte die Sekunden, denn ich spürte, dass noch etwas Schlimmes kommen musste. Und es kam: Ein Rumpeln, ein tosender Krach – der Kleine war beim Herumklettern auf den Kirchenbänken hinuntergefallen. Dann eine halbe Sekunde atemlose Stille. Und dann brach es los: Das Kind brüllte ohrenbetäubend – man kann es nicht für möglich halten, wie laut jemand weinen kann, gesteigert durch die schallverstärkende Akustik der hohen Abteikirche. Die Konzentration auf das

Gebet war dahin und ich konnte es meinen Mitbrüdern nicht verdenken, dass sie mir beim Hinausgehen Blicke zuwarfen, wussten sie doch genau, wem sie diese schiefgegangene Gastfreundschaft zu verdanken hatten.

Gebet verpflichtet

In vielen Klöstern werden Gäste eingeladen, auch beim Chorgebet laut mitzubeten oder mitzusingen. Für manche Klostergäste ist das eine eindrucksvolle spirituelle Erfahrung, die dort sicher leichter möglich ist, wo das Chorgebet in der Muttersprache gehalten wird. Wir haben aber entschieden, einen anderen Weg zu gehen, weil die Beteiligung von Besuchern bei uns einfach nicht praktikabel ist. Zum einen beten wir Latein, und das ist den wenigsten bekannt; zum anderen rezitieren und singen wir in einer relativ hohen Tonlage, an die man sich erst gewöhnen muss. Wir haben festgestellt, dass Besucher, die nur einmal am Chorgebet teilnehmen, ohnehin keinerlei Interesse haben, einen Text in die Hand zu nehmen: Zu faszinierend und außerordentlich ist das, was einen plötzlich umgibt, als dass man Lust hätte, in einen Text zu schauen und mitzulesen. Man sitzt lieber in einer Klangwolke und bestaunt das Gewoge der weißgekleideten Mönche vorn im Chorgestühl. Nur Gäste, die länger im Kloster verweilen und dann auch immer beim Chorgebet dabei sind, haben oft das Bedürfnis mitzusingen. Solche Gäste erhalten vom Gästepater ein Chorbuch, mit dem sie der Liturgie folgen und die Psalmen mitbeten können. Ich erinnere mich noch, wie ich als Siebzehnjähriger zum ersten Mal für Kloster-auf-Zeit in Heiligenkreuz war; das morgendliche Chorgebet kam mir endlos lang vor, und so begann ich auch halblaut mitzubeten. Beim Frühstück kam dann ein Pater auf mich zu und strahlte mich mit einem breiten Lächeln an: »Hast du beim Chorgebet mitgesungen?« Ich deutete sein breites Lächeln als Anerkennung und antwortete nicht ohne Stolz: »Ja, denn ich habe ja auch Latein gelernt!« Doch da wurde mir klar, dass sein Lächeln einen anderen Grund hat: »Ich dachte schon, dass da hinten in der Bank ein Bär brummt, so komisch hat das geklungen.« Damals war ich über den Brummbär-Vergleich ein wenig beleidigt, mittlerweile kann ich es aber gut verstehen. Wir Mönche bilden in unserem Chorgestühl ganz einfach aufgrund täglicher Praxis einen geschlossenen Klangkörper. Und darum ist es für beide Seiten besser, wenn wir bei unserer Chorpraxis bleiben: Jeder kann gern mitsingen – wenn er bereit ist, auch Mönch zu werden.

Die Musiker des Klosters

Kantor und Schola

Im Kloster gibt es klare Verantwortungsbereiche: An der Spitze steht der Abt, in dem der Glaube sogar Christus selbst sieht. Der Prior ist nicht nur Stellvertreter des Abts, sondern er ist auch der Obere für die Mitbrüder, die sich im Haus befinden. Darüber hinaus sorgt er für den Kontakt mit den Mitbrüdern, die im Pfarrdienst außerhalb des Klosters leben. Es gibt einen dritten Oberen im Kloster, das ist der sogenannte Subprior, sein Name bedeutet wörtlich »der, der unter *(sub)* dem Prior ist«. Außerdem gibt es eine Reihe von Dienstämtern, Offizien. Jeder, der einen wichtigen Dienst ausübt, ist ein »Offiziale«. Zu nennen sind der Ökonom, der Bibliothekar, der Archivar, der Gästepater; die Offizialen erhalten einen Helfer als »Solatium« zugeordnet, für belastende Dienstämter gibt es auch mehrere »Solatien«. Die Bezeichnung kommt vom latcinischen *solatium* und heißt wörtlich »Trost«, da das Solatium dazu da ist, den Offizialen zu unterstützen, also zu »trösten«. Meist werden dazu jüngere Mitbrüder herangezogen. Sehr wichtige Ämter beziehen sich auf die Ausbildung unserer jungen Mitbrüder, was bei uns besonders wichtig ist, da wir zahlreiche Berufungen haben: So gibt es einen »Novizenmeister«, der sich um die Kandidaten und Novizen kümmert; einen »Magister für die Zeitlichen Professen« und einen »Magister für die Studenten«. Daneben gibt es auch noch zahlreiche Offizien, die die Hochschule betreffen, wo es einen Rektor, Vizerektor und viele Mitbrüder als Professoren gibt. Damit das Kloster funktioniert, gibt es ungefähr einmal im Monat eine Besprechung des Abts mit allen Offizialen.

Die Liturgie setzt sich aus der liturgischen Feier mit ihren Riten und Abläufen zusammen und dem Gregorianischen Choral. Dementsprechend gibt es heute zwei wichtige Dienste, die für die Pflege des Gottesdienstes verantwortlich sind: den Zeremoniär und den Kantor. Der Aufgabenbereich des Zeremoniärs betrifft die Handlungen, die bei der Liturgie geschehen, eben die »Zeremonien«. Bei der Feierlichen Liturgie sorgt er für das, was man in der Theaterwelt wahrscheinlich »Choreografie« nennen würde: dass die Assistenten genau wissen, wo sie stehen, wie sie gehen und was sie wann zu tun haben. Unser Zeremoniär nimmt das sehr genau und hält stundenlange Proben; das lohnt sich aber, denn je besser geprobt wurde, desto ruhiger und entspannter entfaltet sich dann die heilige Feier. Da die österreichischen Äbte das Recht haben, die »Pontifikalien« zu tragen, also die Mitra und den Hirtenstab, hat der Zeremoniär die Aufgabe, dem Abt diese Insignien zu reichen, ihm den »Hut« abzunehmen und aufzusetzen. Als solcher Mitra-auf-Mitra-Absetzer tritt er dann bei der Liturgie in Erscheinung; doch sein Officium besteht aus weit mehr: Er muss zu jeder Zeit den Überblick über die Liturgie haben, muss in Gedanken immer einen Schritt voraus sein, muss immer wissen, was wer von den oft bis zu sechsundzwanzig Assistenten als nächstes zu tun hat und so weiter. Kurz: Der Zeremoniär ist in der Regel ein nervenstarker und organisationsfähiger Mensch mit Liebe zur Liturgie. Vorteil dieses Officiums ist, dass der Zeremoniär nur punktuell zu tun hat, nämlich nur zu Hochfesten oder besonderen Feierlichkeiten, denn an den normalen Tagen sind alle gottesdienstlichen Abläufe »eingespielt« und bedürfen keiner besonderen organisatorischen Sorge.

Anders ist es beim »Kantor«; er hat niemals Pause, denn wir singen täglich – und wir wollen täglich schön und richtig singen. Kantor ist der lateinische Name für »Vorsänger«, was nicht heißt, dass der Kantor täglich immer alles vorsingen muss, was vorzusingen ist. Dazu hat er einen Stellvertreter, den »Sukzentor«, und eine ganze Reihe von jungen Solatien. Der Kantor hat aber die Obsorge für alles, was Musik betrifft, und das ist nicht wenig. In den alten Zeremonienbüchern des Zisterzienserordens wird er auch *Magister caeremoniarum*, also »Meister der Zeremonien« genannt, war somit auch für die liturgischen Dienste zuständig. Auch wenn das bei uns der Zeremoniär verantwortet, hat der Kantor trotzdem noch alle Hände voll zu tun. Natürlich sind eine gute Stimme und die Fähigkeit, vom Blatt zu singen, die wichtigsten Voraussetzungen, um Kantor sein zu können. Aber dieses Amt fordert auch andere menschliche und spirituelle Eigenschaften wie Belastbarkeit und das Talent, Gemeinschaft bilden zu können. Alle Kantoren, die ich bisher kannte, waren Gemeinschaftsmenschen, was sich auch darin zeigt, dass alle von ihnen zu leitenden Ämtern im Kloster aufstiegen oder sich in der Seelsorge als gewinnende Führungspersönlichkeiten bewährten.

Der heilige Benedikt nennt das Chorgebet *Opus Dei*, also Gottesdienst; doch das lateinische Wort *opus* bedeutet »Werk« und beinhaltet einen Aspekt der Mühe und der Anstrengung. Und zwar auf verschiedenen Ebenen: Zum einen handelt es sich hier um etwas, das körperliche Kraft erfordert. Unser Kantor Pater Simeon Wester betont immer die »Leiblichkeit« des Singens. Der Choral wird zwar »Gesang der Engel« genannt und die Engel sind definiert als reine, geschaffene Geister; doch wir

Menschen können nun einmal Musik nur mithilfe von materiellen Instrumenten erzeugen. Das Instrument des Gregorianischen Chorals ist die Stimme. Täglich ab fünf Uhr in der Kirche zu stehen, über den Tag verteilt insgesamt etwa drei Stunden miteinander zu singen und zu rezitieren, das ist nicht nur Entspannung. Viele Gäste, die beim Chorgebet zuhören, haben das Gefühl, als wäre das Musik zum »Relaxen«. Uns Mönchen aber geht es manchmal anders, denn wir beten ja völlig unabhängig von unserer seelischen und körperlichen Tagesverfassung. Pater Simeon ist ausgebildeter Sänger, hervorragender Organist und diplomierter Chorleiter. Er hat reiche Erfahrung im Dirigieren. Noch dazu stammt er aus dem Rheinland und besitzt deshalb wohl das Talent, jederzeit eine ansteckende gute Laune verbreiten zu können. Auf der Suche nach seiner Berufung hatte er verschiedene Klöster besucht, aber es hatte bei keinem »gefunkt«. Als er um 2000 den Suchbegriff »Gregorianischer Choral« bei Google eingab, führte ihn das Internet auf unsere Homepage. Ja, Gott leitet auch durch Google, denn er stieß dabei auf die damalige alte Homepage, auf der nur ziemlich apodiktisch formuliert war: »Wir Zisterzienser von Heiligenkreuz pflegen das Chorgebet nach den Normen des 2. Vatikanischen Konzils in lateinischer Sprache. Und wir lieben den Gregorianischen Choral.« Vielleicht war es das Geradlinige, das ihm damals gefiel. Jedenfalls kam er und blieb!
Pater Simeon Wester ist alles, was man sich von einem Kantor erwarten kann, ein Eckstein für unsere Gemeinschaft und ein Segen für unseren Choral. Ohne sein fachliches Können wären die Aufnahmen der CD nie so brillant gelungen. Darüber hinaus schätzen wir ihn nicht nur, weil er etwas von Musik, Stimmbildung und Chorleitung versteht, sondern weil er als religiös glühender und euphorischer Mensch das Feuer der Begeisterung für den Gregorianischen Choral noch stärker in uns entfacht hat. So viel Kraft, wie sie in dieser Persönlichkeit

steckt, braucht auch ein körperliches Fundament: Pater Simeon war früher Wasserballspieler. Wenn er am Samstag Basketball spielt, dann kommt er in seinem Können fast an unseren Pater Philipp-Neri heran, der vor seinem Ordenseintritt in einem professionellen Basketballteam gespielt hat. Wer Gregorianik singt, braucht Kraft. Das Zarte und Ätherische am Choral kommt nicht daher, dass die Sänger die Töne gerade mal hauchen können, sondern es kommt aus dem Zurücknehmen des Kräftigen und Starken, aus dem hörenden Einfügen der Stimme in den Klangkörper der Gemeinschaft.

Zum anderen brauchen wir zum Singen auch psychische Kraft, oder sagen wir besser: mentale Belastbarkeit. Es gibt verschiedene Formen, wie jemand belastet wird. Ästhetisch veranlagte Menschen leiden etwa darunter, wenn die Kerzen am Altar schief stehen, wenn das Ikonenkreuz in unserer Abteikirche fleckig beleuchtet ist, weil mehrere Lampen kaputtgegangen sind. Zeremoniäre sind meistens von einer solchen Form des Leidens heimgesucht; sie ertragen es nicht, Verschmutztes, Ungeordnetes und Linkisches anschauen zu müssen. Noch schlimmer ist aber das Leiden, das einem die Ohren bereiten können. Ich schreibe hier von etwas, das mich selbst nicht betrifft, denn ich singe zwar gern, und wohl auch meistens richtig, aber ich bin nicht allzu musikalisch veranlagt, und daher macht es mir auch nicht wirklich etwas aus, wenn andere falsch singen. Anders gesagt: Ich höre zwar, dass etwas nicht stimmt, aber es schmerzt mich nicht. Bei Musikern ist das anders. Für ihre Fähigkeit, die Schönheit der Musik voll genießen zu dürfen, zahlen sie einen hohen Preis: den Preis des permanenten Leidens an der Unvollkommenheit unseres Mönchsgesangs. Abt Gerhard Hradil, der über Jahrzehnte lang Kantor war, hatte ebenso ein absolutes Gehör wie unser jetziger Kantor Pater Simeon. Und ausgerechnet er stand beim Chorgebet jahrelang neben einem Mitbruder, der fast taub war, und beim Chorgebet

immer einen Halbton darüber oder darunter sang. Man muss dazu wissen, dass wir uns die Mitbrüder, neben denen wir beim Chorgebet stehen, nicht aussuchen können. Wir stehen in der Rangfolge des Eintritts: Man steht immer zwischen dem, der unmittelbar vor einem eingetreten ist und dem, der unmittelbar nach einem eingetreten ist. Die nervliche Belastung, mit einem guten Gehör ausgestattet zu sein, musikalisch zu empfinden und dann stundenlang der Unvollkommenheit des Gesangs der Mitbrüder ausgesetzt zu werden, ist kaum vorstellbar. Beim langen Rezitieren am Morgen in den Vigilien ist es besonders schwierig, den Ton zu halten. Um diese Zeit neigt man besonders dazu, aus Schläfrigkeit, mangelnder Konzentration und Unachtsamkeit oft ins Bodenlose zu sinken. Der Kantor muss dann gleichsam gegensteuern, was manchmal sehr frustrierend sein kann, wenn die Stimmung des Chores allzu träge dem Gesetz der Schwerkraft folgt … In den vielen Jahren meines Klosterlebens habe ich es nur selten erlebt, dass es manchmal einfach nicht mehr ging und auch der eine oder andere Kantor »seine Nerven weggeschmissen« hat. Dann wird eben mal ein Buch hingeknallt, ein lautes Seufzen mitten ins Gebet hinein ausgestoßen oder der Kantor verstummt einfach und überlässt den Gesang der Mitbrüder dem freien Sinkflug. Solcher Protest der Gesangsverantwortlichen ist äußerst selten; er ist nicht nur menschlich völlig verständlich, sondern er erinnert uns daran, dass die Schönheit unseres Gesangs durch eine Art Martyrium unserer Kantoren erkauft ist, und wir ihnen das gar nicht genug vergelten können, dass sie als Musikkundige die Mittelmäßigkeit unseres Singens so heroisch ertragen.
Der Kantor leitet auch die Musikproben. In den letzten Jahren wurde das Proben stark intensiviert, das hängt aber auch damit zusammen, dass die jungen Männer, die jetzt in das Kloster eintreten, nicht mehr so selbstverständlich sangesfreudig sind wie frühere Generationen. Für mich war es immer eine Freude zu

singen. Als ich 1982 eingekleidet wurde, gab es keine große Schulung; ich erhielt nach meiner Einkleidung ein »Set« der notwendigen liturgischen Bücher und wurde einfach auf meinen Platz im Chorgestühl gestellt. Das Mitsingen lernte man gleichsam von selbst. Mittlerweile gibt es eine zwanzigminütige Gesangsprobe am Sonntag, unmittelbar vor der Feierlichen Konventmesse, und Pater Simeon übt täglich mit den Novizen und den interessierten jungen Mitbrüdern für zehn Minuten vor der Vesper. Seit einigen Jahren hat es sich bewährt, dass wir in der Fastenzeit das lateinische Proprium der Messe am Vortag durchsingen – diese Probe ist gleichsam ein besonderes Fastenopfer des Konvents. Da unser Kantor selbst ausgebildeter Sänger ist, sorgt er sich auch um die Stimmbildung von talentierten jungen Mitbrüdern und hat schon einen Pool von guten Sängern aufgebaut, die in der Schola wirken.

Beim Chorgebet singen alle Mönche; bei der Messliturgie jedoch sind manche Gesänge zu anspruchsvoll, die werden dann von der »Schola« vorgesungen. Schola heißt eigentlich nur »Schule«; die *Schola Cantorum* bezeichnete im 6./7. Jahrhundert, als Papst Gregor I. den liturgischen Gesang in Rom neu ordnete, die Gruppe ausgebildeter Sänger beim Gottesdienst. Also im Wesentlichen das, was wir heute bei uns unter Schola verstehen: die Gruppe von Mönchen, die besonders gut und schön singen und daher bestimmte Teile der Messe vorsingen. In den Achtzigerjahren umfasste die Schola zumeist gerade einmal fünf bis sechs Mitbrüder, derzeit sind es zwischen zehn bis fünfzehn Mitbrüder, die Pater Simeon in die Schola berufen hat. Als Kantor leitet er die Schola, stimmt an, singt vor, dirigiert. Bei der Messe steht die Schola an einem eigenen Platz im Chorgestühl, auch um als Songleaders bei den Teilen, die von allen Mönchen gesungen werden, das Tempo und den Ton anzugeben. Das Ordinarium wird immer von allen gesungen, vom Proprium nur der Introitus und die Communio. Sache der

Schola ist es also, das Graduale, das Halleluja und das Offertorium (siehe auch »Das Proprium Missae« S. 153) zu singen. Da auch die Schola ihren Gesang als Gebet versteht, tritt sie zum Gesang immer in die Vierung der Abteikirche, vor die Stufen des Altarraums, und steht mit dem Gesicht Richtung Altar. Für die Aufnahmen der CD »Chant – Music for paradise« hat Kantor Pater Simeon sechzehn vorwiegend junge Mitbrüder ausgewählt, von denen die meisten schon Übung im Singen in der Schola hatten. Es war ein Anliegen der Sänger, dass die Aufnahmen in einer Kirche stattfanden und dass sie dabei genauso wie bei jedem Gottesdienst Richtung Altar singen.

Invitator und Hebdomadar

Das Amt des Kantors und seines Stellvertreters, des Sukzentors, ist ein dauerhaftes Amt, zu dem der Abt ernennt. Daneben gibt es noch eine Reihe von wechselnden Diensten, die für den Ablauf des Chorgebets wichtig sind. Für jede Woche wird ein junger Mitbruder als »Invitator« eingeteilt und ein Priestermönch als »Hebdomadar«.

»Invitator« nennen wir den für jeweils eine Woche eingeteilten Vorsänger. Die Aufgabe des Invitators besteht darin, jeden Morgen die Vigilien mit dem »Invitatorium« zu eröffnen. *Invitare* heißt lateinisch »einladen«, unter Invitatorium versteht man also die Einladung zum Lobpreis Gottes. Am Morgen eröffnen wir den Tag mit dem Vers »*Domine, labia mea aperies* – Herr, öffne meine Lippen!« Im Hintergrund steht, dass wir die Nacht über das nächtliche Stillschweigen gehalten haben, und nun stehen wir um fünf Uhr fünfzehn wieder frisch vor Gott und eröffnen das Chorgebet mit der Bitte um Lippenöffnung. »*Et os meum annuntiabit laudem tuam* – damit mein Mund dein Lob verkünde.« Der höchste Sinn der Sprache liegt für uns darin, sie zu verwenden um Gott zu loben. Dann rezitiert der Invitator den Psalm 95, der eine Einladung zum Gotteslob ist:

Der heilige Benedikt will, dass dieser Psalm langsamer als die übrigen Psalmen gebetet wird, damit die Brüder, die etwas verschlafen haben, die Chance haben, zumindest noch während des Invitatoriums an ihren Platz zu huschen.
Die weitere Aufgabe des Invitators besteht darin, die erste Lesung bei den Vigilien vorzutragen und jeweils den ersten Psalm bei einer Hore anzustimmen. Das ist gar nicht so leicht. Jeder Psalm wird nach einem der acht Kirchentöne angestimmt, der durch die vorangehende Antiphon angegeben wird. Jeder Psalmvers besteht aus zwei Teilen; der Invitator muss beim Anstimmen aus dem Stallum, seinem Platz im Chorgestühl, treten und den ersten Halbvers intonieren; der Chor singt dann den zweiten Halbvers mit der kirchentonspezifischen *Finalis*, so heißt die immer gleichbleibende Melodieformel, mit der der Psalm dann endet. Ich erinnere mich noch mit Schrecken, als ich im Noviziat das erste Mal Invitator war und anstimmen musste. Die Beklemmung, die ich damals erlebte, hängt sicher nicht nur mit meinem Hang zum Perfektionismus und mit meiner Angst vor Blamagen zusammen, sondern es handelt sich um eine Art heilige Scheu, die ich heute auch bei allen jungen Mitbrüdern genauso feststelle, wenn sie noch ungeübt sind im Anstimmen. Das Chorgebet hat etwas Erhabenes und Heiliges an sich, das einem Respekt einflösst; und wenn man dann die ersten Male aus der Reihe der Brüder treten muss, um den Psalm anzustimmen, da ist bei den meisten das Herz in der Hose. Das ist mehr als gewöhnliches Lampenfieber. Im Lauf der Zeit gewinnt man natürlich eine gewisse Routine, aber ein Rest an Nervosität bleibt auch nach vielen Jahren.
Der zweite Wochendienst, der für das Chorgebet notwendig ist, ist der des Hebdomadars; das heißt einfach »Wöchner«, denn das lateinische *hebdomada* bedeutet »Woche«. Als ich das Wort zum ersten Mal gehört habe, musste ich lachen, denn ich hatte »Heb-Dromedar« verstanden. Während immer ein jun-

ger Mönch als Invitator eingeteilt wird, ist es üblich, dass nur ein Priester als Hebdomadar fungiert. Denn der Hebdomadar hat die Aufgabe, die offiziellen Gebete der einzelnen Horen vorzubeten. Vor allem aber eröffnet der Hebdomadar jedes Chorgebet, indem er nach dem Kreuzzeichen ruft: »*Deus in adiutorium meum intende!* – O Gott komm mir zu Hilfe!« Der Chor antwortet: »*Domine, ad adiuvandum me festina!* – Herr, eile mir zu helfen!« Auch das Vortragen der Fürbitten bei Laudes und Vesper ist Sache des Hebdomadars. Ebenso gibt beim Tischgebet im Speisesaal der Hebdomadar den Segen. Der Hebdomadar muss ein Priester sein, denn mit dem Wochendienst übernimmt er die Verpflichtung, zweiundzwanzig heilige Messen in den Anliegen des Klosters aufzuopfern: sieben heilige Messen für die Gemeinschaft, sieben heilige Messen zu Ehren der Gottesmutter Maria, sieben heilige Messen für die armen Seelen und eine für die Stifter und Wohltäter des Klosters. Jeder Priester feiert täglich die Messe und legt dabei Gott ein bestimmtes Anliegen (»Intention«) vor; nach unserem Verständnis ist jede heilige Messe in sich von unendlichem Wert und für die ganze Welt heilsam, was aber nicht daran hindert, Gott konkrete und besondere Anliegen vorzulegen.

Am Samstagabend endet sowohl der Wochendienst des Invitators als auch des Hebdomadars.

Das Chorgebet

Chorgebet und Chorgestühl

Das Chorgebet entsteht aus dem Zusammenspiel von Klang und Gebärde, das heißt: Es gibt bestimmte Haltungen und Riten in der Liturgie des Stundengebets. Der Grund ist, dass wir eine Einheit von Sein und Tun, von Leib und Seele sind, und innere Haltungen auch abhängig sind von der Harmonie von Bewegung und Gesang. Wenn Gäste uns beim Chorgebet zuschauen, so sehen sie zwei Reihen von Mönchen bekleidet mit weißen Gewändern, die einander im Chorgestühl gegenüberstehen und im Gleichtakt Bewegungen ausführen. Da gibt es das Verneigen, das Vortreten, die Drehung zum Altar, das Knien, das Stillstehen … Ich möchte hier kurz die Riten ausdeuten, die wir während des Chorgebets vollziehen.

Schon unsere Kleidung ist Teil unseres Gebets. Ein Zisterzienser trägt einen weißen Habit, darüber einen schulterbreiten schwarzen Streifen, der Skapulier heißt und von einem schwarzen Gürtel, dem Zingulum, zusammengehalten wird. Als unsere Väter sich Anfang des 12. Jahrhunderts von den Klostergebräuchen von Cluny lösten, war es klar, dass sie ihre neue Identität – sie nannten ihr erstes Kloster Cistercium ausdrücklich *Novum Monasterium,* »Neues Kloster« – auch durch ein neues »Outfit« ausdrücken mussten. Zunächst hielt man sich an die Anordnung der Benediktsregel, der es nicht um Mönchsmode ging, sondern einzig darum, dass man die Kleidung »aus dem Stoff anfertigt, wie er sich in der Gegend, wo sie wohnen, findet, oder den man billiger kaufen kann«. (Regula Benedicti 55,7). Am billigsten war ungebleichter, also grauer Stoff, sodass die Zisterzienser zunächst als die »Grauen Mönche« galten. Im Lauf der Zeit wurde die Schürze, das Skapulier aber immer dunkler, die Tunika immer heller. Doch das ist nur das Alltagsgewand, denn zum Chorgebet ziehen wir Zisterzienser eine weiße »Kukulle« über den schwarzweißen Habit. Die Kukulle ist das besondere Chorgewand der Feierlichen Professmönche. Während die Kukulle bei den Benediktinern schwarz ist, ist sie bei uns weiß. Vom Schnitt her ist sie jedoch ähnlich, die Hauptmerkmale sind die Kapuze und die weiten Ärmel.

Das Chorgestühl ist der »Arbeitsplatz« von betenden Mönchen, daher ist es das Merkmal einer Klosterkirche. Chorgestühle finden sich aber auch in Kathedralkirchen, wo die Kleriker zu manchem gemeinsamen Stundengebet zusammenkommen.

Wir sind es gewohnt, dass in den normalen Pfarrkirchen die Gläubigen in gemeinsamer Blickrichtung zum Altar stehen. Das Chorgestühl aber besteht aus zwei Chorseiten, die einander gegenüberstehen, sodass sich die Mönche beim Gebet in zwei Reihen gegenüberstehen. Es gibt Gesänge, die werden gemeinsam von allen gesungen, beim Psalmodieren aber singt einmal die linke, dann die rechte Seite, sodass sich eine Art Pingpong-Effekt ergibt. Das sorgt für Pausen bei der Anstrengung des Singens. Im Chorgestühl stehen oder sitzen wir, und zwar ebenfalls immer abwechselnd. Auch das ist eine Hilfe, denn das Stehen kann sehr anstrengend sein, vor allem während der langen Vigilien am Morgen. Die Sitze sind einfache Klappen, die man herunterlässt, sobald man sich setzt. Es kann passieren, dass man die Sitzklappe nicht sanft genug hinunterklappt, dann schlägt sie mit einem störenden Krach auf. Daher kommt die vulgäre Redewendung: »Halt die Klappe!«, wenn man jemanden zum Ruhigsein ermahnt. In manchen Kirchen findet man an den hochgeklappten Sitzen zusätzliche Konsolen, auf die man sich auch während des Stehens zurücksinken lassen kann; ein solches angelehntes Halbsitzen kennen wir Zisterzienser nicht. Diese Konsolen nannte man übrigens »Misericordien«, vom lateinischen *misericordia* für »Mitleid«. Bei uns sitzt man oder steht man; alten oder kränklichen Mitbrüdern ist es natürlich durchaus erlaubt, die ganze Zeit zu sitzen, aber gerade die sind ja oft am asketischsten, was die Selbstüberwindung betrifft.

Im Chorgestühl stehen wir gemäß unserem Eintrittsalter nebeneinander, aufgeteilt auf zwei Chorseiten. Der Kantor achtet darauf, dass beide Chorseiten ungefähr gleich stark sind, was die gesangliche Leistung betrifft. Wir stehen gemäß der Seniorität, wie es die Benediktsregel im Kapitel 63 festlegt: Nicht das Lebensalter entscheidet, sondern einzig die Rangordnung, die dem Eintritt entspricht. Benedikt wörtlich: »Wer zum Beispiel zur zweiten Stunde des Tages gekommen ist, muss wissen, dass er jünger ist als jener, der zur ersten Stunde des Tages gekommen ist, welches Alter oder welche Stellung er auch haben mag.« (Regula Benedicti 63,8). Natürlich kann es sein, dass ein Mitbruder an der Teilnahme am Chorgebet verhindert ist und sein Platz folglich leer bleibt. Dann rücken wir nach der Eröffnung des Gebets auf, denn das Ziel ist es ja, als einige und geschlossene Gemeinschaft vor Gott zu stehen. Und auch für das Singen ist es wichtig, so dicht wie möglich zusammenzustehen, damit man den anderen gut hört.

Interessant ist die »Theologie« des Chorgestühls. Der Platz, auf dem der einzelne Mönch steht, heißt *Stallum*, auf deutsch wird diese Rundung, die einem vom Nachbarmönch links und rechts trennt, einfach mit »Stalle« übersetzt. Da dies im Lateinischen einfach »Standort« heißt, wird der Begriff auch verwendet, um den »Stall« für die Tiere zu bezeichnen. Bei den mittelalterlichen Mönchstheologen fehlte es auch nicht an Vergleichen zwischen dem Tun der Mönche und dem der Kühe. Wenn die Kuh im Stall steht, verdaut sie das Futter, indem sie es wiederkäut. Ebenso stehen die Mönche beim Chorgebet in ihren Stallen und betreiben *ruminatio*, »Wiederkäuen«. Die Mönche nehmen immer wieder das Wort Gottes, die Psalmen, in ihren Mund und kauen sie in ihren Herzen wieder. Bei den Mönchen bewegt sich also nicht nur der Mund, sondern auch das Herz, wenn sie das Wort Gottes hin- und herwälzen …

Die Mönche des ersten Jahrtausends und des Mittelalters kannten weite Teile der Heiligen Schrift auswendig. Aber bei der Ruminatio ging es nicht um das schulmäßige Memorieren von Bibeltexten, sondern um echtes Gebet. Man legte sich ein aufbauendes Wort aus der Schrift zurecht und wiederholte es still während des ganzen Tages immer wieder, auch bei der Arbeit. Daraus entstand in der Ostkirche das sogenannte Herzensgebet, das ab dem 4. Jahrhundert auch im Westen nachweislich ist.

Beim Einatmen betete man »Herr Jesus Christus«, beim Ausatmen »Sohn Gottes, erbarme dich meiner!« Herzensgebet heißt es, weil es sich um ein stilles, inneres Gebet handelt und dadurch ein Stück Intimität auf Jesus Christus hin wächst. Auch beim öffentlichen Chorgebet, in dem die Psalmen unablässig »wiedergekaut« werden, strahlen einem manchmal einzelne Bibelverse besonders entgegen; plötzlich leuchtet eine Erkenntnis auf, plötzlich fühlt man sich von einem Wort der Ermunterung aufgebaut oder von einer Phrase, die einem bisher nicht aufgefallen war, getröstet. Man hat dann das Gefühl, dass sich der Himmel schon ein stückweit auf Erden öffnet.

Der Barockkünstler Giovanni Giuliani (1664–1744) hat unser Chorgestühl geschaffen. Durch seine künstlerische Gestaltung hat er eine wichtige theologische Aussage in Bezug auf die übernatürliche Dimension unseres Mönchsgebets umgesetzt: Er erinnert uns nämlich daran, dass sich beim Chorgebet Erde und Himmel verbinden. Auf der Erde, da sind wir, die Mönche. Beim Chorgebet stehen wir mit beiden Beinen auf dem Boden der Wirklichkeit. Jeder von uns ist um Christi willen im Kloster, mehr noch: Jeder von uns trägt die Einladung in sich, Christus nachzufolgen und ihn mit seiner Liebe in dieser Welt Gestalt werden zu lassen. In jedem Stallum befindet sich ein großes Relief, das eine andere Station aus dem Leben Christi darstellt. Diese Begebenheiten aus dem Leben Jesu sind nicht bloß Anschauungsobjekte, sondern Erinnerungen daran, dass jeder von uns ein »zweiter Christus« werden soll. Das Leben Jesu zeigt sich hier in verschiedenen Szenen – von der Taufe über die Versuchung in der Wüste, dann einzelne Wunder, schließlich die Leidensstationen und Auferstehung und Himmelfahrt; auf jeder Seite vierzehn Stallen, also insgesamt achtundzwanzig Szenen. Über uns Mönchen hat Giovanni Giuliani kleine Engelsputten und die Büsten von Heiligen dargestellt. Ihre merkwürdige Haltung der Arme und andere Verrenkungen sind leicht zu erklären: Ursprünglich hatten diese Engel Musikinstrumente in den Händen, die im Lauf der Jahrhunderte durch Diebstahl oder Unachtsamkeit verschwunden sind. Die Symbolik ist klar: Wenn wir Mönche auf Erden singen, dann sind auch die Engel mit dabei. In der Benediktsregel findet sich der Hinweis auf das Psalmwort »Vor dem Angesicht der Engel will ich dir Psalmen singen.« (Psalm 138,1). Giuliani hat über die nun instrumentenlos musizierenden Engel noch die eindrucksvollen Büsten von verschiedenen Heiligen gesetzt. Es handelt sich um Darstellungen von Mönchen, Fürsten, Bischöfen und Päpsten, vermutlich alles Heilige des Zisterzienserordens. Den meisten dieser barocken Büsten ist eigen, dass sie den Mund offen haben; manche Heilige schielen auch mit einem verklärten Gesichtsausdruck nach oben. Das bedeutet: Wenn wir hier auf Erden das Chorgebet halten, dann verbinden wir uns mit der »vollendeten Kirche«, mit den Heiligen, die schon am ewigen Lobpreis Gottes teilnehmen. Es gibt also nicht nur die Dimension der Gemeinschaft untereinander, sondern auch die Dimension einer Verbindung mit den Engeln und Heiligen, die im gemeinsamen Gesang mitschwingt.

Wenn wir zum Chorgebet zusammenstehen, dann ist es eine erklärte Absicht der Riten unseres Ordens, dass wir sichtbar als Gemeinschaft agieren, dass wir ein Klangkörper und ein Handlungskörper werden. Schon die einheitlichen weißen Kukullen verweisen auf dieses Miteinander. Mitbrüder, die noch keine Kukulle tragen dürfen, weil sie erst Novizen oder Zeitliche Professen sind, tragen einen weißen Umhang mit Kapuze, um sich dem Gesamtbild einzufügen. Für Individualismus ist jetzt kein Platz, weder beim Singen noch bei den Bewegungen. Das Ziel ist die Harmonie gemeinschaftlichen Tuns, der einzelne Mönch muss jetzt einschwingen in den Rhythmus des Ganzen. Die Riten, die wir beim Chorgebet einhalten, zeigen zugleich symbolisch die Struktur unserer Gemeinschaft: Wir stehen immer unter der Leitung des Abts. Das zeigt sich daran, dass er – oder im Falle seiner Abwesenheit der Prior – das Zeichen zum Beginn des Gebets gibt: Der Abt klopft dabei zweimal kurz auf das Holz des Chorgestühls. Mit diesem »Startschuss« geht es los. Die Führungsrolle des Abts zeigt sich auch daran, dass er bei Laudes und Vesper das Vaterunser vorbetet.

Die Verhaltensformen beim Chorgebet

Dass wir beim Chorgebet ziemlich viel stehen, ist eine Hommage an die Alte Kirche. Sitzbänke gibt es ja erst seit der Barockzeit; noch den mittelalterlichen Kathedralen sind Sitzgelegenheiten fremd. Im alten Römischen Hochgebet bittet der Priester ausdrücklich für die, die »vor dir stehen und dir dienen«. Wir kennen zwei Arten von Stehen: das Stehen »in den Stallen« *(intra stalla)* und das Stehen »außerhalb der Stallen« *(extra stalla)*. Wenn wir in der Stalle stehen, können wir uns hinten anlehnen und seitlich abstützen, was das lange Stehen erleichtert; das Stehen in der Stalle gibt uns auch eine gewisse Geborgenheit und es versteckt uns auch ein bisschen.

Vor Beginn des Chorgebets stehen wir in der Stalle; wir schauen Richtung Altar und versuchen uns innerlich auf das Gebet vorzubereiten. Sobald der Abt anklopft, treten wir aus der Stalle. Dabei ist es alter Ordensbrauch, dass wir die Hände »fallen lassen«. Diese Haltung heißt lateinisch *manibus demissis*. Wir treten ganz vorbehaltlos vor Gott, wir wollen nichts festhalten, wir wollen loslassen und ganz empfangsbereit vor ihm sein. Die Hände einfach seitlich baumeln zu lassen ist ein Zeichen der Hingabe. Wenn unsere Hände in den weiten weißen Kukullenärmeln seitlich herabhängen, erzeugt das keineswegs ein Gefühl von strammer Dienstbeflissenheit, sondern vielmehr der Unsicherheit und des Ausgeliefertseins. Die Absicht ist, Gott zu sagen: »Hier bin ich, verfüge über mich!« Auch bei besonders feierlichen Texten, etwa den Hymnen der Hoch-

feste, ebenso bei den Laudes- und Vesper-Antiphonen besonderer Feiertage, treten wir *extra stalla*.
Am Beginn des Chorgebets treten wir also aus der Stalle, lassen die Hände fallen und bekreuzigen uns. Die Zisterzienser kennen nur das sogenannte große Kreuzzeichen, auch beim Evangelium der Messe, wo im normalen Messritus sonst das »kleine Kreuzzeichen« über Stirn, Mund und Brust üblich ist. Wenn wir uns an Kopf, Bauch und den Schultern bekreuzigen, dann bleibt unsere Hand im Stoff der Kukullenärmel verhüllt. Ein Zeichen der Demut und zugleich ein Zeichen der Ganzheit, denn die weiße Kukulle drückt unsere Christuszugehörigkeit aus. Eine Kukulle ist sehr weit geschnitten, die Ärmel sind besonders weit und hängen in einem bauschigen Bogen nach unten. Wenn ich Jugendlichen unser Gebetsgewand vorführe, dann dürfen sie immer die »Flügelspannweite« meiner Kukulle ausprobieren, indem sie die Ärmel seitlich ausstrecken: Es sind mindestens drei Meter! Symbol für die Weite der Liebe Gottes, die uns einhüllt. Wer von so viel luftigem Stoff umhüllt ist, weiß sich dadurch aber auch gemahnt, selbst weit zu werden in der Liebe. Jedenfalls entsteht für die Zuschauer in den Kirchenbänken der Eindruck eines weißen »Gewoges«, sobald wir Mönche aus den Stallen der beiden Chorseiten treten und uns wie von unsichtbarer Regie geleitet gemeinsam bekreuzigen und tief verneigen.
Der Verneigung kommt eine besondere Bedeutung zu. Jeder Psalm und jedes Canticum, also jedes Lied im Choral, schließt nämlich mit einer »Doxologie«, einer Lobpreisung, von griechisch *doxa,* Ehre«, und zwar auf den dreifaltigen Gott. Die Lobpreisung des *Gloria Patri* ist der Höhepunkt des Gebets. Während in den Psalmen gedankt, gelobt, gebetet, geflucht, oder einfach nur erzählt wurde, ist das abschließende »Ehre sei dem Vater und dem Sohn und dem Heiligen Geist ...« reiner Lobpreis, pure Konzentration auf das Mysterium Gottes

selbst. Die Verneigung zum Gloria Patri besteht eigentlich aus zwei Elementen: dem Vortreten aus der Stalle und dem tiefen Verneigen. Zuerst treten wir also gemeinsam vor, lassen die Hände fallen und signalisieren Gott unsere Bereitschaft; dann erst kommt die Verneigung, und zwar so tief, dass der Oberkörper beinahe waagrecht ist. Diese sogenannte *Inclinatio profunda*, also »tiefe Verneigung«, ist der altkirchliche Ausdruck der Anbetung Gottes. In früherer Zeit verehrte man auch das Allerheiligste Altarsakrament mit einer tiefen Verneigung, erst später entstand der Brauch einer Kniebeuge, wie er heute allgemein üblich ist. Die tiefe Verneigung bei unserem Chorgebet ist aber ebenso Ausdruck unserer Anbetung der Gottheit, wie es die Kniebeuge vor dem Tabernakel ist: Alle Religionen kennen Gesten, in denen sich der Gläubige vor Gott »klein« macht: durch hinwerfen, niederknien oder zusammenkauern. Die Besonderheit im christlichen Glauben liegt darin, dass wir überzeugt sind, dass Gott sich für uns noch viel kleiner gemacht hat, als wir dies je vor ihm tun könnten; wir antworten nur seiner viel radikaleren Erniedrigung, die er vollzogen hat, als er für uns Mensch werden und am Kreuz sterben wollte.

Es gibt aber noch eine andere Art der Verneigung, die eine ganz andere Bedeutung hat: die sogenannte *Venia*. Wieder ein lateinisches Wort! Es bedeutet »Nachsicht«, in dem Fall fast schon »Vergebung«. Keiner von uns Mönchen möchte beim Chorgebet absichtlich falsch singen, doch ebenso ist keiner von uns Mönchen perfekt im Singen. Der Gregorianische Choral ist nicht leicht, die Melodien sind immer anders, die Tagesverfassung eines jeden von uns ist Schwankungen ausgesetzt. Da passieren eben Fehler, und zwar unabsichtlich! Der Choral ist immer einstimmig, sodass man das Falschsingen besonders leicht hört. Dem Sänger tut es in der Regel am allermeisten leid, dass er danebengesungen hat. Aber was tun? Natürlich ist es unmöglich, sich mit Worten zu entschuldigen: Ein »Tut mir leid«

würde noch mehr stören. Darum hat sich bei uns Mönchen ein uralter stummer Ritus entwickelt, wie man schnell und unkompliziert um Vergebung bittet, wenn man falsch gesungen oder angestimmt hat: Der Falschsänger verbeugt sich einfach tief und berührt mit seiner Hand den Boden. Er tippt kurz mit den Fingerknöcheln oder mit dem gerade gehaltenen Buch auf den Boden. Wir nennen das »die Venia machen«. Das Ritual ist ebenso einfach wie psychologisch entlastend, denn so wissen alle anderen, dass ihm sein Fehler bewusst ist und er sich entschuldigt. Einen ähnlichen Brauch gibt es für den Fall, dass ein Mönch zu spät zum Chorgebet kommt: Dann bleibt er einfach kurz in der Mitte der Kirche stehen; das ist eine kleine »Beschämung«, denn so können ihn alle sehen. Er betet dort stumm ein Ave-Maria und geht dann ins Chorgestühl, wo er dann natürlich als letzter in der Reihe steht. Durch das Ave-Maria hat er sich gleichsam beim lieben Gott entschuldigt; wenn er auf seinem Platz angekommen ist, macht er nochmals extra die Venia, um auch den Brüdern zu zeigen, dass es ihm leid tut. Solche rituelle Entschuldigungen empfinden wir gar nicht als demütigend, sondern als einen Segen, denn sie bewirken, dass nicht einmal eine Spur von Missstimmung aufkommt. Jeder singt irgendwann einmal daneben oder verschläft oder kommt aus sonstigen Gründen zu spät: Da ist es einfach entlastend, wenn man die Möglichkeit hat, ohne großes Trara mit schlichten Gesten den anderen gegenüber sein Bedauern auszudrücken.

Das Heiligenkreuzer Brevier

Unser neues Zisterzienserbrevier von 1979

Dass heute Stift Heiligenkreuz ein Zentrum des Gregorianischen Chorals ist, verdanken wir schon den Generationen von Mönchen, die vor uns gelebt haben. Man muss dazu wissen, dass Heiligenkreuz im 19. Jahrhundert genauso von der

Geistesströmung des »Josephinismus« erfasst worden war wie alle anderen österreichischen Stifte. Der Josephinismus ließ die Klöster zwar bestehen, verformte aber ihren Geist: Man war fast ausschließlich auf Seelsorge orientiert und jene Patres, die im Haus lebten, betrachteten sich als »Stiftsherren« und nicht als Mönche. Auch damals war man fromm, aber man pflegte die Andachtsformen der Zeit und keineswegs den Gregorianischen Choral. So gab es weder Chorgebet noch eine eigene Konventmesse: Die Priester zelebrierten einzeln an den vielen Seitenaltären der Kirche, und die Gemeinschaftsmesse, die sogenannte »Konventmesse«, war einfach eine weitere Pfarrmesse. Doch von Frankreich schwappte eine Welle der romantischen Begeisterung für die alten monastischen Ideale nach Deutschland und Österreich über. Erste zaghafte Versuche, den Gregorianischen Choral wiederzubeleben, gab es in Heiligenkreuz bereits 1902. Abt Gregor Pöck (1902–1945) ordnete schon kurz nach seiner Abtswahl die tägliche gesungene Vesper an, 1922 machte er das Tragen der Kukulle verpflichtend. Die Initiative bei dieser Wiederherstellung eines klösterlichen Lebensrahmens in dem josephinischen Stift lag maßgeblich bei Pater Karl Braunstorfer, den Abt Gregor Pöck zuerst zum Novizenmeister und dann zum Prior ernannte. So wurde es in der Zwischenkriegszeit eingeführt, dass die Konventmesse zweimal in der Woche *choraliter* gesungen wird.

1949 gelang es Abt Karl Braunstorfer nach langem Ringen mit den zuständigen Behörden, die barocke Orgelempore abreißen zu lassen, auf der seit Anfang des 19. Jahrhunderts das Chorgestühl regelrecht versteckt war. Die mächtige Orgel wanderte vor in den Hallenchor an einen dezenten Platz. Dann ließ Abt Karl das Chorgestühl an seinem zentralen Platz in der Mitte der Kirche aufstellen. Endlich stand wieder ein Kirchenraum zur Verfügung, der klösterlichen Geist ausstrahlte. Mit der Rückübersiedelung des Chorgebets in das Zentrum der Kirche nach über einhundertfünfzig Jahren verband Abt Karl weitere Reformen. Die Vigilien wurden nicht schon am Vorabend, sondern, wie liturgisch vorgesehen, am frühen Morgen gebetet. Damals fing das Chorgebet um vier Uhr fünfzehn an, zuvor hatte es erst um fünf Uhr dreißig begonnen. Diese Reformen wurden von einem Teil des Heiligenkreuzer Konvents unterstützt, aber nicht von allen. Doch Abt Karl hatte die jungen Mitbrüder auf seiner Seite, und so gelang die »Heiligenkreuzer Liturgiereform«. Abt Karl regierte bis 1969, dann zog er sich aus dem Abtsamt zurück; er starb 1978. Seine Frömmigkeit überstrahlt noch heute so sehr unser klösterliches Leben, dass 2008 der Erzbischof von Wien ein Seligsprechungsverfahren eröffnet hat.

Abt Karl hatte auch von 1962 bis 1965 am 2. Vatikanischen Konzil teilgenommen; er war mit der Überzeugung zurückgekehrt, dass durch das Konzil eine wertvolle Erneuerung der Kirche eingeleitet werden könnte, wenn man seine Normen gewissenhaft umsetzte. Es war klar, dass das Chorgebet erneuert werden musste; zu umfassend waren die Anstöße, die das Konzil für die Erneuerung der Liturgie aus den alten Quellen gegeben hatte. Der Reformbedarf war schon daran sichtbar, dass es zu den vier damaligen Bänden des »Cistercienserbreviers« je einen Ergänzungsband *(Supplementum)* und einen Anhang *(Appendix)* gab, dazu kamen dann noch die Eigenfeste des jeweiligen Klosters. Und aufgrund der Kalenderreform des Konzils kamen etliche Bändchen mit Sonderantiphonen und Sonderhymnen dazu. Die Situation war unerträglich, die Mitbrüder murrten, dass sie täglich eine ganze Bibliothek für das Chorgebet brauchten.

Die Arbeiten an unserem heutigen Stundenbuch begannen 1972 und dauerten bis 1978; an seiner Fertigstellung war ein Dutzend der damaligen Mitbrüder beteiligt. Nach langen Beratungen entschied man sich, etwas ganz eigenes zu machen, sich also weder an die lateinische Version des Römischen Stundenbuchs zu halten, sondern ein wirkliches Zisterzienserstundenbuch zu erstellen. Die einhundertfünfzig Psalmen wurden statt wie bisher auf eine Woche nun auf zwei Wochen verteilt gesungen. Die Chronik berichtet über die Freude, die herrschte, als am 18. Februar 1979 die ersten dreiunddreißig Stück des dicken Stundenbuchs druckfrisch in Heiligenkreuz ankamen. Obwohl Rom das Brevier als »das Zisterzienserbrevier« für den ganzen Orden approbierte, haben es dann so gut wie keine anderen Zisterzienserklöster übernommen. Es war einfach zu spät, denn 1979, also vierzehn Jahre nach Ende des Konzils, hatten bereits die meisten anderen Zisterzienserklöster »ihre« eigenen »Reformen« durchgeführt. Jene Abteien, die auf die Landessprache umgestiegen waren, zeigten überhaupt kein Interesse. Und die wenigen Zisterzienserklöster, die dem Latein und dem Gregorianischen Choral treu geblieben waren, hatten bereits ihre »provisorischen« liturgischen Bücher zusammengestellt – teils Mischungen aus den alten Chorbüchern, teils Kombinationen von Choral und muttersprachlichen Gesängen. Nur das Generalatshaus in Rom übernahm vollständig das Heiligenkreuzer Brevier, sodass zumindest in der zentralen Leitungsstelle des Ordens das Chorgebet auf die Weise gefeiert wird, wie es für den ganzen Orden, der früher durch seine Einheit in den Gebräuchen ausgezeichnet war, vorgesehen war.

Unsere neuen großen Chorbücher von 2006

Die Einführung des Zisterzienserbreviers 1979 bedeutete vorerst leider zugleich den Abschied von den großen alten Chorbüchern, aus denen es sich so bequem beten ließ, weil man ja »handfrei« war: Man hat das große Buch aufgeschlagen vor sich, muss nichts in der Hand halten, kann sich voll auf den Text konzentrieren und muss nur rechtzeitig umblättern. Die neue *Liturgia Horarum Ordinis Cisterciensis* aber gab es nur im

Kleinformat. Ein Missstand, dem wir erst 2006 abhelfen konnten. Mithilfe eines speziellen Notenprogramms für Gregorianischen Choral gelang es, das gesamte Brevier zu digitalisieren und zugleich die Antiphonen in gesetzten Noten einzufügen. Der Abt wollte, dass die neuen Chorbücher nicht nur etwas für die Ohren, sondern auch etwas für die Augen hergeben und künstlerisch gestaltet sein sollten. So beauftragte er den Wiener Künstler Michael Fuchs, einen Sohn des bedeutenden Malers Ernst Fuchs, vier Grafiken für das Psalterium zu schaffen. Alle vier Bleistiftarbeiten zeigen biblische Szenen: Auf der ersten tanzt König David, der »Vater des Psalmodierens«, vor der Bundeslade, während ihn Migdal, die Tochter König Sauls, wegen dieses »unköniglichen« Verhaltens verspottet. Eine zweite zeigt die Begegnung der Frauen Maria und Elisabeth gegenüber dem Magnificat, dem Lobgesang der Gottesmutter Maria aus dem Lukasevangelium. Eine dritte den Priester Zacharias, den Vater Johannes des Täufers, wie er den Namen seines Sohnes auf ein Täfelchen schreibt, passend gegenüber dem Benedictus. Johannes der Täufer, auf den sich das Benedictus ja bezieht, erscheint auf diesem Bild dreimal: als Säugling, als Täufer und schließlich sein Haupt auf der Schale. Das vierte Fuchs-Blatt vor Beginn der Komplet ist dem *Nunc dimittis*, dem Lobgesang des Simeon gewidmet: Simeon preist das göttliche Kind vor seinen Eltern im Tempel.
Alle Noten der Hymnen und Antiphonen konnten nach einigem Tüfteln mit dem von zwei Benediktinern der spanischen Abtei Santo Domingo de Silos entwickelten Programm GREGO neu gesetzt werden. Nach zig ermüdenden und nervenaufreibenden Korrekturen ging das Werk 2006 endlich an die Druckerei. Welche Aufregung im Kloster, als die dreihundert Stück in Form von riesigen Papierblöcken geliefert wurden. Doch dann kam die nächste Hürde, das Binden. Immerhin hatten diese Papierblöcke das Format DIN A3 und sollten ja ein paar

Jahrzehnte, oder besser noch ein paar Jahrhunderte halten. Gott sei Dank hatten wir das Glück, dass der pensionierte Stiftsangestellte Robert Tomaschko ein versierter Buchbinder ist. Er stellte zwei Jahre lang seine ganze Freizeit zur Verfügung, um unentgeltlich sechszig Chorbücher zu binden: vierzig für Heiligenkreuz, zwanzig für die Neugründung Bochum-Stiepel. Als Vorlage dienten uns übrigens die Chorbücher der holländischen Benediktinerabtei Vaals, die uns so gut gefielen, dass wir sie bis ins Detail kopiert haben: Als Vorsatzpapier hat unser Buchbinder strapazierfähiges handgeschöpftes Büttenpapier aus Indien verwendet, in das weiße Seidenfäden eingearbeitet sind. Dann folgte die Fadenheftung der Buchblöcke von Hand; die gehefteten Buchteile nähte er auf stabile Gurtbänder und band diese schließlich zwischen massive Eichenholzdeckel. Das Holz dazu wurde von unserem Forst zur Verfügung gestellt, es stammt aus den Wäldern um Heiligenkreuz und wurde von unserer Tischlerei auf die entsprechende Größe zugeschnitten. Für den Buchrücken wurde schließlich gegerbtes Ziegenleder aus Italien verwendet. In die Deckel wurden Messingstützen eingeschraubt, die das Aushängen der Seiten nach unten verhindern sollen. Damit wir die entsprechenden Stellen schnell finden, hat unser Abt ein System von roten und dunkelblauen Markierungslaschen erfunden, die am Seitenrand angebracht wurden. Zur Herstellung dieser Laschen mussten wir ein eigenes Stanzwerkzeug anfertigen lassen.

Seit dem 1. Adventssonntag 2006 singen wir aus den neuen Chorbüchern. Das ist eine große physische Entlastung, denn die zwölf Kilogramm schweren Chorbücher müssen wir nicht in der Hand halten, sondern sie stehen auf den Schrägen des Chorgestühls vor uns Mönchen; sie fördern außerdem die Gemeinschaft, weil immer zwei Mönche in das Buch schauen, der jeweils rechts stehende hat die Aufgabe umzublättern. Abt Gregor war so glücklich, dass es uns gelungen ist, unser nachkonziliares lateinisches Brevier nun auch in Form eines großen Chorbuchs herauszugeben, dass er ein Exemplar feierlich Papst Benedikt XVI. als Gastgeschenk überreichte. Es sei noch erwähnt, dass sich die Kosten für ein Chorbuch auf zirka zweitausendfünfhundert Euro belaufen. Sie sind aber unverkäuflich – außer natürlich für andere Klöster. Da wir aber sehr viele Anfragen hatten, haben wir eine Kleinausgabe in DIN A5 auf den Markt gebracht, die reißenden Absatz gefunden hat.

Was ist der Gregorianische Choral?

Zur Geschichte des Gregorianischen Chorals

Der Name

Unter dem Gregorianischen Choral versteht man den einstimmigen, von keinen Instrumenten begleiteten liturgischen Gesang in lateinischer Sprache, der vor allem in der Liturgie der katholischen Kirche beheimatet ist. Es handelt sich zumeist um Vertonungen biblischer Texte. Das von Gott geschenkte Wort wird als gesungenes Gebet auf Gott hin zurückgesungen. Diese Musikform soll auf Papst Gregor I. den Großen (540-604) zurückgehen, dessen Name zwei Jahrhunderte später auf den Gesang überging. Es gibt tausende Kompositionen, die unter den Begriff »gregorianische Gesänge« fallen. Was ist der Gregorianische Choral?

Zunächst einmal muss festgehalten werden, dass es den Gregorianischen Choral immer nur im Singular gibt, denn damit bezeichnet man nicht einzelne Lieder und Kompositionen, sondern Gregorianischer Choral bezeichnet eine Weise des Singens, also eine musikalische Form. Es ist daher nicht korrekt, wenn man von Gregorianischen Chorälen spricht. Die Pluralbezeichnung taucht erst im 16. Jahrhundert auf, wo im protestantischen Raum einstimmige, dann aber vor allem mehrstimmige Kirchenlieder entstehen, die man »Choräle« nennt.

Es gibt also streng genommen keine Gregorianischen Choräle sondern nur Gregorianischen Choral. Auch bei anderen Musikgattungen würden wir ja nie auf die Idee kommen, sie in den Plural zu setzen: Madonna singt nicht »Pöppe«, sondern Pop und Deep Purple machen keine »Röcke«, sondern Rock. Und wir Mönche singen eben keine Gregorianischen Choräle, sondern Gregorianischen Choral. Und wenn man schon im Singular von einem bestimmten Stück sprechen muss, dann wäre es korrekt, die liturgischen Fachbezeichnungen »Antiphon«, »Introitus«, »Graduale« zu verwenden, oder im allgemeinen von einem »Gesangsstück in Gregorianischem Choral« zu sprechen. Halten wir fest, dass unter dem Begriff Gregorianischer Choral mehrere tausend Gesänge zusammengefasst werden, die über Jahrhunderte hinweg entstanden sind. Die Komponisten sind uns in den meisten Fällen genauso wenig bekannt wie die Entstehungszeit und der Entstehungsort.

Im Englischen heißt diese Musikrichtung »Plainsong« oder »Plainchant«, das kommt vom lateinischen *cantus planus*, also »ebener Gesang«, und weist auf die Einstimmigkeit hin. Als Universal Music einen Titel für unsere CD suchte, schlugen sie »Chant – Music for Paradise« vor. Dem haben wir gern zugestimmt, schon aus Höflichkeit gegenüber unseren englischen Entdeckern. Freilich war uns klar, dass sich Universal Music damit dem Mega-Erfolg anschließen wollte, den die Benediktinermönche des kastilischen Kloster Santo Domingo de Silos 1994 mit einer Gregorianik-CD erreicht haben. Die CD wurde in den USA unter dem Namen »Chant« herausgebracht, in Europa hieß sie »Canto Gregoriano«.

Die Bezeichnung *cantus gregorianus* kam erst im 9. Jahrhundert auf. Damals wurde Papst Gregor I., der den Beinamen »der Große« trägt, zum Namensgeber für diese Form des Gesangs. Gregor, der 590 zum Papst gewählt wurde, war eine organistions- und entscheidungsfähige Persönlichkeit und entfaltete mitten in der Völkerwanderungszeit all seine Talente zum Wohl der Kirche und zum Wohle Roms. In die Musikgeschichte ist er deshalb eingegangen, weil er sich um die Ordnung und Verschönerung der römischen Liturgie bemühte. Er regelte die »Sängerschule«, die Schola Cantorum, so wirkungsvoll, dass die damals übliche Form des Gesangs bis zum heutigen Tag seinen Namen trägt: Gregorianischer Choral. Gregor, den man schon zu Lebzeiten »den Großen« nannte, starb vierundsechzigjährig am 12. März 604. Sein Gedenktag ist der 3. September, der Tag seiner Bischofsweihe.

Heute wissen wir, dass der Gregorianische Choral in der jetzigen Form vor allem im Frankenreich des 7. und 8. Jahrhunderts seinen Ursprung hat. Es gilt als gesichert, dass er als eine Vermischung von altrömischen Melodien mit gallikanischen Idiomen entstand. Die Zuschreibung zu Papst Gregor I. geschieht im zweiten Drittel des 9. Jahrhunderts, sie ist erstmals in einem »Cantatorium von Monza« nachweisbar, wo es heißt: *»Gregorius praesul ... composuit hunc libellum musicae artis scolae cantorum. –* Der Vorsteher Gregor ... verfasste das nachfolgende Buch musikalischer Kunst für die Schola der Sänger.« Es ist nicht einmal klar, ob mit dem *Praesul Gregorius* überhaupt der Papst gemeint ist, es könnte sich auch einfach um den Leiter der Gesangsschule handeln. Auch das *composuit* ist zweideutig, denn es kann sowohl bedeuten, dass dieser ominöse Gregorius die Gesänge komponiert hat. Dagegen spricht aber, dass erst ab dem 17. Jahrhundert das *componere* im heutigen Sinn von komponieren verwendet wurde. Im 9. Jahrhundert heißt *composuit* einfach nur »zusammenstellen«. Es handelt sich also um die Zusammenstellung schon vorhandener Gesänge durch einen gewissen einflussreichen *Praesul Gregorius.*

Papst Gregor hat also nach heutiger Überzeugung der Historiker und Musikwissenschaftler nicht komponiert. Dennoch ist es nachweislich ab 875 bereits die Überzeugung aller Chronisten, dass es Papst Gregor I. war, dem wir diese Gesänge verdanken: Johannes Diaconus stellt es in seiner vielfach abgeschriebenen und weit verbreiteten Biografie des Papstes ausdrücklich so dar, als habe der Heilige Geist Gregor dem Großen die Gesänge direkt eingegeben. Vielleicht wollte man mit dem Rückgriff auf die Autorität des großen Gregor dem damals im 9. Jahrhundert sich verbreitenden Repertoire an Gesängen eine größere Autorität verleihen.

Die wahrscheinlichsten Theorien

Und wie ist der Gregorianische Choral nun wirklich entstanden? Die Musikwissenschaftler diskutieren diese Frage heiß und verfolgen im Wesentlichen zwei Spuren, die sich wiederum in eine für Laien unüberschaubare Fülle von detaillierten Einzeltheorien zersplittern. Die erste Theorie besagt, dass die Gesänge – oder zumindest der Kern des Repertoires – unter Papst Vitalian (657–672) in Rom entstanden. Für die Ausführung sei der päpstlichen Sängerchor, der Schola Cantorum, eine besondere Rolle zugekommen, diese habe die altrömischen Gesänge überarbeitet.

Die zweite Theoriengruppe lässt im Wesentlichen die Gesänge nach 754 nördlich der Alpen in Frankenreich entstehen und spricht dem Frankenkönig Pippin dem Jüngeren eine bedeutende Rolle zu. Die Franken suchten ja den Anschluss an Rom, und damit auch an die römische Liturgie. Tatsächlich lernte Pippin bei einem Aufenthalt in Rom die römischen Gesänge kennen und war beeindruckt. Er wünschte, dass auch in seinem Reich die Liturgie nach diesem Stil und mit dieser römischen Musik gestaltet werden solle und ließ Kantoren aus Rom kommen, die ihre Gesänge den gallischen Kantoren lehren sollten. Diese These besagt nun, dass, als um 760 die römischen Kantoren nach Hause beordert wurden, die Franken mit ihrem »römischen« Choral allein bleiben. Die Gesänge hätten nun eine Umformung durch die gallikanische Musikalität erhalten. Schon mit Hilfe des Bischofs Chrodegang von Metz (~715–766) versuchte Pippin die Vereinheitlichung der Liturgie; dasselbe Anliegen verfolgte einige Jahrzehnte später Pippins Sohn Karl der Große mit noch größerer Effizienz. Er wollte die engstmögliche Anbindung an die römische Kirche und führte deren Gebräuche und Gesänge in seinem Herrschaftsgebiet ein. Überall entstanden also Singschulen nach dem Vorbild der römischen *Schola Cantorum*, was zu einer Professionalisierung des liturgischen Gesangs führte.

Die Herkunft

Das erste Repertoire des Gregorianischen Chorals und gewisse Umformungen entstanden also im 7. beziehungsweise 8. Jahrhundert; die Ursprünge der Gregorianik reichen aber viel weiter zurück. Es ist nicht vermessen zu sagen, dass dieser einstimmige liturgische Gesang seine Wurzeln im Gesang der jüdischen Synagoge hat. Die junge Kirche hat ja ihre Liturgie nicht erfunden, sondern sie aus dem Vorgegebenen des jüdischen Gottesdienstes weiterentwickelt. Auch der Sabbatgottesdienst in der Synagoge besteht aus Lesungen aus dem Tarnach, der Heiligen Schrift, die wir Christen bis heute mit den Juden gemeinsam haben, dem Alten Testament. Dazu kamen das Singen der Psalmen, die Predigt, das Gebet und der Schlusssegen. Die Psalmen, Schrifttexte und Gebete wurden in einer Art erhöhtem Sprechgesang vorgetragen. Man nennt eine solche Singweise, in der das Gesprochene mit einfachen Melodien unterlegt wird, »Kantillation«. Da die meisten Christen am Anfang früher selbst Juden waren, war es selbstverständlich, dass sie in ihren christlichen Gebeten die Singweisen der Synagogen nachahmten. Wie dieser Gesang genau war, lässt sich nicht rekonstruieren.

Den Mittelpunkt der christlichen Gottesdiensthandlung bildete die Feier der Eucharistie, des »Herrenmahls«, wie es Paulus nennt (1. Korintherbrief 11,20). Diesem wurde der Wortgottesdienst vorangestellt. Heute besteht unsere heilige Messe aus zwei Teilen: aus dem Wortgottesdienst mit Gebet, Lesungen und Fürbitten, und der Eucharistiefeier mit der Vergegenwärtigung des heilbringenden Kreuzestodes und der siegreichen Auferstehung.

Sehr bald wurde die Eucharistiefeier, die dann nach dem lateinischen Entlassruf: »*Ite, missa est!* – Geht, es ist Sendung!« *Missa*, also »Messe«, genannt wird, zur Hautpfeier der Christen. Neben der Messe gibt es aber auch viele andere Formen des gemeinsamen christlichen Betens und Singens. Die Juden beteten dreimal am Tag, daraus entwickelt die junge Kirche eine Vorstufe dessen, was heute unser »Stundengebet« ist. Inhalt dieser den Tag strukturierenden Gebete, die ursprünglich nicht nur von Klerikern, sondern von der ganzen Gemeinde gefeiert wurden, war das Gebet der Psalmen. Wir können annehmen, dass es sich um Wechselgesänge zwischen Liturgen und Gemeinde handelte, um Gesänge mit Akklamationen von Seiten des Volkes oder auch um einfaches Rezitieren der Psalmen; vermutlich hat der Vorbeter je nach Talent vieles improvisiert. Die Ostkirche war jetzt bei der musikalischen Entwicklung tonangebend. In der Pflege der Wechselgesänge entstand das antiphonische Singen: Eine Antiphon gab das Thema am Anfang und am Ende eines Psalms an, dazwischen wurde der Psalm entweder wechselseitig oder durch den Vortrag eines einzelnen zu Gehör gebracht. Der Volksgesang funktionierte so lang, wie man das Latein gut verstand und wie die Melodien nicht zu kunstvoll wurden.

Musik gibt es also schon früh in den beiden Hauptformen des Gottesdienstes, in der heiligen Messe und im Stundengebet. Auch wenn es das Singen und Beten außerhalb der Eucharistiefeier immer gegeben hat, so entsteht doch im 4. Jahrhundert eine Bewegung, die den Auftrag Jesu »Betet ohne Unterlass« zum Lebensprogramm wählen wird: das Mönchtum. Was später unser heutiger Gregorianischer Choral werden wird, entwickelt sich aus dem Bedürfnis, Tag und Nacht zu beten.

Die älteste Notenschrift

Im Gregorianischen Choral fließt also vieles zusammen: erstens die Tradition des jüdischen Synagogengottesdienstes und die musikalische Tradition des Psalmengebets. Zweitens die Vermittlung dieses Psalmensingens über den Umweg des Mönchtums, das vom 4. Jahrhundert an nach Europa drängt. Die Hauptaufgabe der Mönche ist das beständige Psalmodieren; daher werden sie die entscheidenden Träger der gregorianischen Musikreform. Drittens ist die ostkirchliche Liturgie zu benennen, die sich unter dem Eindruck des kaiserlichen Hofzeremoniells besonders feierlich entfaltete und die Gregor der Große als Botschafter des Papstes in Konstantinopel kennengelernt hat. Viertens entsteht das eigentliche gregorianische Repertoire in der Mitte des 8. Jahrhunderts aus einer weiteren Synthese kulturübergreifender Elemente: aus dem Zusammenfluss der altrömischen Vorlagen und ihrer dem lateinischen Sprachfluss innewohnenden Melodik mit dem fränkischen Musikempfinden.

Man muss außerdem wissen, dass die damalige Liturgie keine bloß gesprochenen Gebete kannte, alle Gebete wurden rezitiert oder mit einfachen Melodien unterlegt. Als die Gesänge immer kunstvoller wurden, entstanden Chöre, die im lateinischen auch *Schola* genannt werden. Die Sänger mussten jetzt im Singen »geschult« werden. Zunächst genügten kleine Gruppen von geschulten Sängern, später entwickelten sich größere Chöre und man begann im Mittelalter vom *cantus choralis* zu sprechen. Davon die deutsche Bezeichnung »Gregorianischer Choral«.

Erstaunlich ist, dass diese Gesänge über zwei Jahrhunderte ohne jede Notenschrift weitergegeben werden konnten; eine Notenschrift war ja noch nicht erfunden. Aus der Notwendigkeit heraus, die Einheit der Gesänge zu wahren, entstand die älteste Notenschrift im ersten Viertel des 10. Jahrhunderts. Die ersten verschrifteten Gesänge tauchen in Frankreich auf, dann schlagartig überall. Und trotz der großen geografischen Entfernungen und der unterschiedlichen grafischen Notationsweisen sind die Gesänge erstaunlich einheitlich! Die Bücher sind keine Vorsingbücher, sondern sie dienen als eine Art offizielles Vorlagenbuch, anhand dessen man kontrollieren kann, ob man noch »richtig« singt.

Über oder unter die Texte wurden einfache Zeichen gesetzt, die sogenannten »Neumen«. Das griechische Wort *neuma* heißt einfach »Wink«, »Geste«. Es handelte sich um Hinweiszeichen für den Leiter der Schola. Diese Zeichen geben keine Tonhöhen an, sondern nur eine Art Tonverlauf; erst in späteren Handschriften werden die genauen Melodien fixiert. Bei den Aufnahmen für »Chant – Music for Paradise« stellte sich unser Kantor wie ein Dirigent vor die sechzehn Sänger. Normalerweise singt die Schola ohne dirigiert zu werden. Das erfordert umso mehr, dass man auf die anderen hört und aus den Augenwinkeln heraus umso sensibler ist für das, was die Mitsänger tun.

Musikwissenschaftliches

Von Bewegungsmarken zur Notenschrift

Die ersten Neumen waren gerade mal Bewegungsmarken in Form von Häkchen und Strichen über den einzelnen Silben des lateinischen Textes, was sich sehr bald als unzureichend herausstellte. Guido von Arezzo (~992–1050) erfand zwar nicht die Notenlinien, wie immer wieder fälschlich behauptet wird, aber er vervollkommnete sie zu einem Vierliniensystem im Terzabstand mit zwei Notenschlüsseln (F- und C-Schlüssel). Dieses Vierliniensystem weist nur geringe Ähnlichkeiten auf mit der heute verwendeten Notation auf fünf Zeilen mit Violinschlüssel, Taktgliederung und Vorzeichensystem. Ursprünglich gab es

noch völlig unterschiedliche Notenschriften wie zum Beispiel die »Hufnagelnotation«, bis sich schließlich die wohl in Frankreich entwickelte »Quadratnotation« wegen ihrer Klarheit und Übersichtlichkeit durchsetzte. Die Noten der Quadratnotation sind sehr leicht zu lesen; das ist auch notwendig, weil man ja beim Singen beständig die Augen auf Text und auf Noten haben muss. Ich muss der Vollständigkeit halber erwähnen, dass die Neumen zu Notengruppen zusammengefasst sind, die auch in der Quadratnotation alle sehr unterschiedlich aussehen.
Im 19. Jahrhundert hat sich die Benediktinerabtei Saint Pierre de Solesmes in besonderer Weise um die Wiederentdeckung der alten Gesänge des Gregorianischen Chorals bemüht. Mittlerweile sind viele Handschriften erforscht und für die Deutung der Neumen gibt es den musikwissenschaftlichen Zweig der Semiologie. Heute arbeiten viele Forscher weltweit an der Wiederentdeckung der alten Gesänge, die damals im Frankenreich entstanden sind. Die Noten und Tonhöhen sind überwiegend geklärt, die Feinheiten in der musikalischen Gestaltung überlassen noch ein breites Forschungsfeld. Unser Kantor Pater Simeon, der die verschiedenen musikhistorischen Schulen kennt, war aber immer bemüht, uns von solchen Spitzfindigkeiten fernzuhalten. Ihm war es natürlich ein Anliegen, dass die Schola »richtig« singt, aber noch wichtiger war ihm, dass sie »schön« singt und es den Sängern selbst Freude macht. Und am allerwichtigsten war ihm, dass die Schola »geistlich« singt, dass also Gedanken und Gemüt auf den gerichtet sind, zu dessen Ehre man singt.

Die acht Kirchentöne

Danach entwickeln sich die »acht Töne« des Gregorianischen Chorals, man spricht auch von den »acht Kirchentonarten«. Da die acht Kirchentonarten lateinisch *Modi* – abgeleitet vom Singularwort »*modus* – Weise« – heißen, nennt man diese Musik auch modal. Das einzige, das ich als musikwissenschaftlicher Dilettant davon verstehe ist, dass diese Musik anders ist als die, die sich später in den Dur- und Moll-Tonleitergruppen entwickelt. Ein Modus ist eine diatonische Tonreihe auf einem bestimmten Grundton; der Modus erhält seinen Charakter durch Halb- und Ganztonschritte. Während sich Dur und Moll auf absolute Grundtöne beziehen, kann jeder der acht Modi eines Kirchentons also auf einer beliebigen Tonhöhe beginnen. Es ist die Struktur der Intervalle, die eine Notenskala zu einem Modus macht. Für das Anstimmen der Psalmen ist es wichtig, in welchem Ton eine Antiphon steht, denn danach richtet sich die Psalmodie. Ansonsten merkt ein Nicht-Musikwissenschaftler wenig von der Unterschiedlichkeit der acht Töne.

Syllabischer und melismatischer Gesang

Die Gesänge des Gregorianischen Chorals können »syllabischen« oder »melismatischen« Charakter haben. Diese Unterscheidung ist deshalb erwähnenswert, weil hier auch ungeübte Zuhörer einen Unterschied heraushören können: Syllabisch nennt man jene Gesänge, bei denen auf jeder Silbe nur ein Ton gesungen wird. Auf lateinisch heißt Silbe *syllaba*, daher die Bezeichnung syllabisch. Syllabische Kompositionen wirken schlicht und asketisch, sie sind auch relativ einfach zu singen. Die meisten Hymnen und Antiphonen haben syllabischen Charakter. Die Melodie dient nur dem Wort, malt das Wort gleichsam aus und bringt es zum Schwingen. Feierlicher und »musikalischer« hingegen ist die melismatische Singweise. »Melisma« kommt vom griechischen Wort *melos*, was »Lied« oder »Gesang« bedeutet. Unter einem Melisma verstehen wir mehrere Töne beziehungsweise eine längere Tonfolge, die auf einer einzigen Silbe gesungen wird. Eine dritte Art des Singens ist die Rezitation. Sie bedeutet, dass die Texte einfach auf einem gleichbleibenden Ton gesungen werden. Es ist eigentlich kein

Singen, weil es ja keine dem Text unterlegten Melodien gibt, es wirkt aber durch die Verfremdung des Vortrags feierlicher. Und es hat den Vorteil, dass es bei Weitem nicht so anstrengend ist wie das normale Sprechen!

Choral ist einfach anders

Ich bin unserem Kantor sehr dankbar, dass er uns mit dem musikwissenschaftlichen Fachbegriffen nicht traktiert. Mir genügt es zu wissen, dass der Gregorianische Choral charakterisiert ist als einstimmiger Chorgesang, ohne Takte und andere rhythmisch-metrische Differenzierung; dass die Gliederung der Melodieabschnitte sich nicht nach Takten richtet, sondern allein nach den Texten, die gesungen werden, und dass jeder gregorianische Gesang einem von acht diatonischen Modi zugeordnet werden kann. Vielleicht ist der Choral heute gerade deshalb so faszinierend, weil er von seiner musikalischen Gestalt her außerhalb unserer normalen Erfahrung von Musik liegt. Aber der Choral ist nicht nur heute faszinierend, sondern er war es offensichtlich schon von Anfang an. Wie sonst sollte man sich erklären, dass die Nachwelt die Legende des Johannes Diaconus über die Entstehung des Chorals so bereitwillig aufgenommen und verbreitet hat, dass Papst Gregor der Große hier nicht bloß menschliche Musik komponiert, sondern der Heilige Geist selbst in Gestalt einer himmlischen Taube dem päpstlichen Schreiber auf seiner Schulter sitzend die Melodien eingibt. Die Musikwissenschaft kann die Bausteine des Chorals analysieren, seine Faszination aber kommt aus einer anderen Dimension.

Die Entwicklung der Polyfonie

Spätestens ab dem 13. Jahrhundert setzt eine rasante Weiterentwicklung der Musik ein, sie wird mehrstimmig und instrumental, auch die Kirchenmusik. Der Gregorianische Choral bleibt, aber er ist nur mehr eine Form des gottesdienstlichen Gesangs neben anderen. Es ist beachtenswert, dass die Entstehung der mehrstimmigen Motette ab dem Ende des 12. Jahrhunderts zusammenfällt mit dem Bau der städtischen Kathedralen. Die französische Motette der Notre-Dame-Epoche etwa erweitert den gregorianischen *Cantus firmus* um drei bis vier Oberstimmen. Die logische Folge ist, dass die mehrstimmige Musik nicht mehr so sehr daran interessiert ist, das »Wort« zu transportieren wie der einstimmige Choral. Musik wird immer weniger zu einem Hilfsmittel für das Gebet, sondern sie setzt sich mit ihrer Schönheit gleichsam selbst in Pose. Von da an trennt sich die Musik sehr schnell vom religiösen Kontext: Mit dem 14. Jahrhundert entsteht Musik im großen Stil auch außerhalb des Gottesdienstes, weltliche Musik. Die Mehrstimmigkeit trat einen Siegeszug an, der die schlichten und asketischen gregorianischen Melodien immer mehr zurückdrängte. Ab Mitte des 14. Jahrhunderts werden auch die Gesänge des Messordinariums vollständig mehrstimmig in der Kirche vorgetragen.

Über die Barockzeit und die Klassik des 18. und 19. Jahrhunderts mit ihrer sinfonischen Kirchenmusik braucht hier nicht gesprochen zu werden, auch nicht über das reformierte Kirchenlied, das sich ab dem 16. Jahrhundert entwickelte. Halten wir fest, dass in all diesen Jahrhunderten der Choral immer da war; er spielte zwar nicht die Rolle wie im frühen und hohen Mittelalter, aber er wurde von den Scholen der Kathedralkirchen gesungen, vor allem aber in den Klöstern. Er ist immer der Gesang der Mönche geblieben.

Die Wiederentdeckung durch Solesmes

Bereits mit der Gegenreformation setzt eine choralfreundliche Bewegung ein, die 1614 dazu führt, dass die gregorianischen Messgesänge gesammelt und in einem eigenen Buch herausgegeben wurden, dem *Graduale Romanum*. Die erste Ausgabe des Graduale von 1614 wird auch *Editio Medicaea* genannt, der Name kommt von der Druckerei Medici in Rom. Diese Ausgabe ist berüchtigt, weil sie stark verfälscht und verstümmelt war; Melismen waren einfach ausgelassen oder versetzt. Erst Mitte des 19. Jahrhunderts begann in der französischen Benediktinerabtei von Solesmes ein neuer Aufbruch zur Rückkehr zu den Ursprüngen des Gregorianischen Chorals. Solesmes war der Inbegriff der Verbreitung der »römischen« Liturgie, von hier ging eine Welle der liturgischen Begeisterung aus, die über die zahlreichen wiedererstandenen Benediktinerklöster die Kirche insgesamt befruchtete. Abt Guéranger beauftragte Mönche mit der Erforschung des Chorals. In einem eigenen Verlag wurden seit 1864 viele bedeutende Choralbücher herausgegeben. Im 20. Jahrhundert begründete der Kantor der Abtei, Eugène Cardine, die Kunde von den verschiedenen Schriftzeichen, Semiologie genannt.

1903 stellt Papst Pius X. in einem Schreiben klar, dass der Gregorianische Choral »der« Gesang der katholischen Kirche ist. 1908 erschien eine neue Ausgabe des *Graduale Romanum*, das bis 1973 in Gebrauch war. Die heutige Fassung des *Graduale* stammt von 1973 und wurde wieder von den Benediktinern von Solesmes herausgegeben.

Choral in Todesgefahr

Inmitten all der wissenschaftlichen Akribie geriet der Choral gerade im 20. Jahrhundert in Gefahr, zu einer gut obduzierten Leiche zu werden. Das 2. Vatikanische Konzil (1962–1965) hatte sich die Reform der Liturgie zum Ziel gesetzt. Die Dokumente des Konzils und die Ausführungsbestimmungen betonen, dass Latein die Liturgiesprache der westlichen Kirche ist und bleibt; freilich wird die Landessprache zur fruchtbareren

Teilnahme der Gläubigen in größerem Umfang erlaubt. Für den Choral bestand nach dem Konzil Todesgefahr, vor allem deshalb, weil fast überall die Landessprache als Liturgiesprache eingeführt wurde. Etliche Klöster sind auch einfach bei ihren alten vorkonziliaren Chorbüchern geblieben, was zu erheblichen Schwierigkeiten in der Übersichtlichkeit des Gottesdienstes geführt hat, da die Reform des Stundengebets und des Heiligenkalenders doch massive Änderungen brachte. Das war der Grund, warum sich die Mitbrüder in Heiligenkreuz unter Abt Franz Gaumannmüller im Auftrag des Ordens 1972 dafür entschieden, ein eigenes Zisterzienserbrevier in lateinischer Sprache herauszugeben, in dem die Reformen des Konzils voll berücksichtigt sind. Aus heutiger Sicht kann man nur sagen, dass sich der Eifer gelohnt hat. Aber es waren nicht nur einzelne Klöster, die sich um den Choral bemühten; irgendwie hat ja der Himmel selbst eingegriffen und plötzlich etwas auf die Bühne der Öffentlichkeit gehoben, von dem er offensichtlich nicht wollte, dass es vergessen wird. Ich meine den Hype, der 1994 um das spanische Kloster Santo Domingo de los Silos entstanden ist; und ich meine die Ereignisse, die 2008 unsere Art des Singens plötzlich so populär gemacht hat.

Der Inhalt des Gregorianischen Chorals

Die Psalmen

Die meisten Texte des Gregorianischen Chorals entstammen dem Buch der Psalmen. Benedikt hat das Mönchtum nicht erfunden. Er greift bereits auf die selbstverständliche Tradition der Mönchsväter des 4. und 5. Jahrhunderts zurück, wenn er in seiner Regel das Stundengebet von uns Mönchen *opus dei* nennt, also »Werk Gottes« im Sinne von »Dienst an Gott«. Er versteht darunter auch wirklich ein »Werk«, also eine durchaus anstrengende Arbeit, denn die Mönche sollen sich mehrmals am Tag versammeln, um die Psalmen zu beten. Benedikt gibt klare Anweisungen, in welcher Reihenfolge die Psalmen zu singen sind. Für ihn steht es Anfang des 6. Jahrhunderts außer Frage, dass der wechselweise Gesang der Psalmen die Hauptaufgabe der Mönche ist. Er übernimmt damit eine Erfindung der Mönchsväter, die bereits zweihundert Jahre alt ist.

Wenn man die Bedeutung der Psalmen quantitativ bemisst, dann bestehen schätzungsweise achtzig Prozent der Texte des Chorgebets aus den Psalmen; der Rest sind die biblischen Cantica, die Hymnen, Responsorien, Kurzlesungen, Fürbitten, das Vaterunser und die marianische Schlussantiphon. Aber nicht nur beim Chorgebet nehmen die Psalmen den wichtigsten Platz ein. Die gregorianischen Komponisten haben auch am liebsten auf Verse aus den Psalmen zurückgegriffen, um damit das Proprium der Messe zu komponieren, also Introitus, Graduale, Halleluja, Offertorium und Communio (siehe auch »Die liturgischen Gesänge der Messe« S. 147).

Die ureigenste Gebetsform

Was nun sind die Psalmen, und welche Bedeutung kommt ihnen zu? Das alttestamentliche Buch der Psalmen ist eine Sammlung von einhundertundfünfzig verschiedenen religiösen Gedichten, Liedern und Gebeten aus der Zeit von 1000 bis 150 vor Christus. Die jüdische Überlieferung schreibt die Psalmen König David zu, der im 10. Jahrhundert vor Christus regiert. David war es, der Jerusalem zur Hauptstadt Israels machte, er gilt als »der« König und ist damit eine Gestalt, die auf die übernatürliche Königsherrschaft Christi hinweist. Der Psalter – so nennt man die Sammlung der einhundertundfünfzig Psalmen –

ist das Gebetbuch des alttestamentlichen Bundesvolkes. Den Christen galten sie schon deshalb als heilig, weil Jesus, Maria und die Apostel diese Gebete kannten und beteten. Jesus stimmt am Kreuz kurz vor seinem Tod den 22. Psalm an: »Mein Gott, mein Gott, warum hast du mich verlassen.« In der Urkirche blieben die Psalmen die bedeutendste Form des Gebets: Beim Gemeindegottesdienst, bei der Eucharistiefeier hatten sie ihren festen Platz. Es war vermutlich für jeden Christen selbstverständlich, eine große Anzahl der Psalmen auswendig zu können. Und so ist es durch die Jahrhunderte geblieben.
Das griechische Wort *psalmos* kommt von *psalterion*, was ein Saitenspielinstrument ist. Ob man es mit einer Zither gleichsetzen kann, ist eher fraglich. König David, der nach jüdischer Überlieferung als der Verfasser der Psalmen galt, wird jedenfalls immer mit einer Harfe oder einer Zither dargestellt. Psalm ist also ein Lied, das zum Saitenspiel zu singen ist. Im Hebräischen werden die Psalmen *tehilim* genannt, das heißt einfach »Loblieder«. Im Alten Testament sind uns nur die Texte überliefert, nicht die Melodien.
Die Psalmen sind sehr unterschiedlich, sie sind nicht nach Themen zusammengestellt, sondern einfach durchnummeriert. Leider entspricht die hebräische Zählung nicht der alten lateinischen. Meist ist die lateinische Nummerierung eins hinter der hebräischen zurück. Die heutige deutsche Einheitsübersetzung folgt der hebräischen Nummerierung, unser Heiligenkreuzer Stundenbuch hält sich an die lateinische Bibel. Es gibt eine einzige Gruppe, die halbwegs dasselbe Thema behandelt, dass sind die sogenannten »Wallfahrtslieder«, die Psalmen 120 bis 134; es handelt sich um kurze Psalmen, die wohl von den Pilgern anlässlich der Wallfahrt nach Jerusalem gebraucht wurden. Dort finden sich auch die meisten in den Alltagssprachgebrauch übergegangenen Zitate wie zum Beispiel »Den Seinen gibt's der Herr im Schlaf!«

Der Inhalt der einzelnen Psalmen ist voller Wechsel, da es sich um sehr unterschiedliche Gebete handelt, die mitten aus dem Leben stammen. In buntem Durcheinander drücken die Psalmen alle möglichen menschlichen und religiösen Emotionen und Gedanken aus: euphorisches Lob, verzweifelte Depression, extatische Dankbarkeit, verständnislose Anklage; Jubel und Zorn, Bitte und Dank, Erhebung und Klage, Segen und Fluch. Viele Psalmen besingen die Heilsgeschichte Israels, die Rettung aus der ägyptischen Gefangenschaft; manche sind offensichtlich liturgische Lieder, die bei der Salbung eines neuen Königs zum Einsatz kamen. Die ältesten Psalmen dürften bereits um 1000 vor Christus entstanden sein, also zur Zeit Davids.

Die Überschriften vieler Psalmen geben nicht nur die – leider nicht rekonstruierbare – Melodie an, sondern auch einen Verfasser, in den meisten Fällen David.

Zur Zeit Jesu und der Jungen Kirche haben sich im Tempelgottesdienst bereits fixe Tagzeiten etabliert: Der fromme Jude geht, wenn es ihm möglich ist, morgens, mittags und abends zum Tempel hinauf, um zu beten. Die Psalmen gelten sowohl den Juden als auch uns Christen als »heilige Lieder« und haben sich deshalb überhaupt nicht verändert. Da sie Bestandteil der Bibel sind, gelten sie uns als »inspiriert«, das heißt: Sie wurden unter Anleitung des Heiligen Geistes verfasst und aufgeschrieben. Wenn wir Mönche sie singen, so singen wir also Worte an Gott zurück, die er selbst uns gegeben hat.

Wie wurde das Gebetbuch der Juden zum Gebetbuch der Christen? Schon deshalb, weil die Evangelien berichten, dass Jesus allerorts und immerdar gern betete. Die Christen waren überzeugt, dass er die Psalmen betete oder dass er zumindest seine Zwiesprache mit Gott, seinem Vater, nach den Psalmen gestaltete. Und Beweise dafür, dass er die Psalmen kannte, gab es ja in der Schrift: Am Kreuz stimmt er nach der Darstellung des Markus- und Matthäusevangeliums den Psalm 22 an, und im griechischen Text des Neuen Testaments ist dies sogar auf Hebräisch wiedergegeben: »*Eloi, Eloi, lema sabachtani!* – Mein Gott, mein Gott, warum hast du mich verlassen!« (Markusevangelium 15,34par). Und nach dem Lukasevangelium stimmt der am Kreuz Sterbende einen Vers aus Psalm 32, dem täglichen Abendgebet eines jeden gläubigen Israeliten, an: »In deine Hände empfehle ich meinen Geist.« (Lukasevangelium 23,34.46). Kein Wunder, dass die frühe Kirche die Psalmen als ihr Gebetbuch weiterverwendete und die Mönchsväter sich gleichsam einen geistlichen Sport daraus machten, möglichst viel und möglichst oft die Psalmen zu beten. Das Psalmengebet ist eines der kultur-, geschichts- und religionsübergreifendsten Phänomene der Menschheit.

Die Hymnen

Das Psalmodieren war von Anfang an der Ausgangspunkt für die Entwicklung des Chorals; während es sich dabei um Texte handelt, die direkt aus der Heiligen Schrift entnommen sind, kam im Lauf der Zeit auch menschliche Dichtung hinzu: Ab dem 4. Jahrhundert entstehen Hymnen. Als Hymnendichter haben sich vor allem Ephräm der Syrer (~306–373) und Ambrosius (~339–397) einen Namen gemacht. Ambrosius, der gebildete Mailänder Bischof, gilt als der Begründer der westlichen Hymnendichtung. Er führte Hymnen und Antiphonen ein und machte die Liturgie für die Gläubigen attraktiv. Er wagte es, den Kaiser zur Kirchenbuße aufzufordern. Und als er daraufhin von den kaiserlichen Soldaten in seiner Mailänder Basilika belagert wurde, so will es die Legende, soll er diese Hymnen zum ersten Mal angestimmt haben.

Der ambrosianische Gesang, der anders klingt als der Gregorianische Choral, ist bis heute in Mailand und in einigen Kirchen des Schweizer Kantons Tessin erhalten. Karl dem Großen war es in seinem Bemühen, die Kirchenmusik und Liturgie im gesamten Reich gleichzuschalten, nicht gelungen, die ambrosianischen Musikalien zu vernichten, obwohl er dazu persönlich nach Mailand gekommen war. Die Hymnen erfreuten sich großer Beliebtheit, vor allem in der Volksfrömmigkeit. Anders als bei den anderen gregorianischen Gesangsstücken gibt es hier ja mehrere Strophen, die gleich gebaut sind und immer nach derselben Melodie gesungen werden. Die Melodien sind meist volkstümlich, die strophische Wiederholung hilft, dass sich die Hymnen wie Ohrwürmer einprägen. Heute, nach der Liturgiereform des 2. Vatikanischen Konzils, steht ein Hymnus am Beginn eines jeden Chorgebets und eröffnet gleichsam das Psalmodieren.

Auskomponierte Silben und zierende Auswüchse

Ab dem 9. Jahrhundert brachte die Dichtkunst weitere Gesangsgattungen hervor, die Tropen, das waren lange Notenfolgen, sogenannte »Melismen«, die über die einzelnen Silben komponiert wurden. Diese Melismen wurden immer länger und kunstvoller. Von dem Sankt Gallener Mönch Notker Balbulus (~840–912), was übrigens »der Stammler« bedeutet, wird erzählt, dass er Schwierigkeiten beim Auswendiglernen der langen Melodien eines Halleluja-Jubilus gehabt habe. *Jubilus* wird das Schluss-Melisma des Halleluja genannt. Die Lösung für dieses Problem fand er, als er Manuskripte aus einem französischen Kloster erhielt, bei dem die Melismen mit Versen unterlegt waren. Dem Mönch gefiel die Idee, denn er erkannte, dass auf diese Weise die Melodien besser behalten werden konnten. In der Folge begann man also den Jubilus zu textieren, und in weiterer Folge entwickelten sich aus diesen textierten Tropen kleinen Erweiterungen, die sogenannten Sequenzen. Die Sequenzen waren Reimdichtungen mit einer Fülle von Strophen.

Die kunstvollen Tropen und Sequenzen boten der Schola oder gar einzelnen Solisten die Möglichkeit, ihr musikalisches Können in der Öffentlichkeit vorzustellen. Erstmals in der Kirchenmusik traten Musiker somit als künstlerisch tätige Persönlichkeiten in Erscheinung. Im 12. und 13. Jahrhundert jedoch gab es bereits Unbehagen gegenüber dieser theatralischen Form der Zurschaustellung, und die Tropen wurden aus den Messbüchern gestrichen. Das Konzil von Trient (1545-1563) nahm nur vier Sequenzen in das römische Gesangbuch auf: *Victimae Paschali Laudes* zu Ostern, *Veni Sancte Spiritus* zu Pfingsten, *Lauda Sion Salvatorem* an Fronleichnam und die Totensequenz *Dies Irae* für die Totenmesse. 1727 kam als fünfte Sequenz das *Stabat Mater* für den Gedenktag der Schmerzen Mariens hinzu. Die Zisterzienser haben die Sequenzen immer abgelehnt, auch heute unterscheiden wir uns von der römischen Liturgie, indem wir keine der fünf Sequenzen in der Messliturgie singen. Bei unserem neuen Brevier, das wir nach dem 2. Vatikanischen Konzil erstellt haben, haben wir allerdings zu einem kleinen Trick gegriffen und singen einige Messsequenzen nun als Hymnen der Laudes und der Vesper.

Der Gregorianische Choral im Klosterleben

Das Chorgebet

Während wir die Feier der heiligen Messe mit der gesamten Kirche teilen, ist das Chorgebet etwas Spezifisches, da es nur in den benediktinisch geprägten Klöstern zu finden ist. Ja, man kann sagen: Das öffentliche Chorgebet ist das Markenzeichen einer Mönchsgemeinschaft. Ich muss dazu zwei Anmerkungen machen. Zum einen ist festzuhalten, dass wir Mönche

Was ist der Gregorianische Choral?

auch andere Formen des Gebets kennen und täglich praktizieren: die stille eucharistische Anbetung vor dem allerheiligsten Altarssakrament, das stille persönliche Gebet, die geistliche Betrachtung der Heiligen Schrift in der »Geistlichen Lesung« und natürlich auch den täglichen Rosenkranz. Zum zweiten stellen wir fest, dass das Chorgebet auch deshalb für Gläubige so interessant ist, weil in den letzten Jahrzehnten eine gewisse Verarmung der Gebetsformen in vielen Pfarrgemeinden eingetreten ist. Es gibt in vielen Pfarreien oft nur die Messfeier. Viele außereucharistische Andachtsformen sind ausgestorben. Das macht unser Mönchsgebet umso interessanter. Egal an welchem der dreihundertfünfundsechzig Tage im Jahr man in ein Kloster kommt, man wird dort immer morgens, mittags und abends Mönche beim gemeinsamen Gebet, beim Chorgebet, finden.

Was verstehen wir unter Chorgebet? Das Chorgebet ist die Feier des »Stundengebets« der Kirche durch die Mönche in feierlicher Weise. Da wir Mönche das Stundengebet feierlich und gemeinsam – im Chor – begehen, da wir uns dazu in der Kirche im sogenannten Chorgestühl versammeln, da wir uns dabei gegenüberstehen und es wechselchörig vonstatten geht, nennen wir es Chorgebet.

Das gemeinsame Beten der Psalmen im Chor, also in Rezitation oder Gesang, ist durch eineinhalb Jahrtausende charakteristisch für die benediktinisch geprägten Ordensgemeinschaften. Da die Gebete zu bestimmten Stunden stattfinden sollen, werden sie auch »Horen« (lat. *hora*, die Stunde) genannt. Daher die Bezeichnung Stundengebet.

Auch viele andere Ordensgemeinschaften beten das Stundengebet gemeinsam zu den bestimmten Tagzeiten; der Begriff Chorgebet wird aber spezifisch nur für die feierliche Form des gemeinsamen Betens verwendet, wie wir es in den alten Mönchsorden tun. Und natürlich ist das Stundengebet außerhalb der

Klöster viel kürzer und wird fast immer in der Landessprache gebetet. Das 2. Vatikanische Konzil betonte außerdem vier Tageszeiten: die Laudes, die Mittagshore, die Vesper und die Komplet. Das Morgengebet, die »Matutin« wurde in den nichtklösterlichen Stundenbüchern in »Lesehore« umbenannt; sie kann zu jeder beliebigen Tageszeit gebetet werden. Ab der Diakonenweihe ist jeder Geweihte zum Stundengebet verpflichtet, normalerweise tut er dies privat, man spricht dann vom »Breviergebet«.

Der Ausdruck »Brevier« ist die Bezeichnung für das Buch, in dem die Gebete des Stundengebets aufgezeichnet sind; daher nennt man es auf deutsch auch Stundenbuch. Ein Brevier zeichnet sich durch eine handliche Größe aus, man muss es ja überallhin mitnehmen können. In dem Ausdruck steckt das lateinische *brevis,* »kurz«, da hier kurz zusammengefasst ist, was der Priester, Diakon, die Ordensfrau oder der Ordensmann beten soll. Hingegen nennen wir die großen Bücher, wie wir sie als Mönche zum Chorgebet verwenden, Chorbücher; obwohl sie genauso das Stundengebet enthalten wie die Breviere beziehungsweise Stundenbücher. Die Benennung Chorbücher richtet sich einfach nach der Verwendung, da wir eben nicht bloß das Brevier beten, also nicht bloß privat das Stundengebet verrichten, sondern es öffentlich tun. Das Heiligenkreuzer Stundenbuch, das wir 1972 erstellt haben, haben wir *Liturgia Horarum* genannt, also »Stundenliturgie«; wir nennen es aber auch manchmal einfach »Zisterzienserbrevier«.

Gebet als freudige Pflicht

Die Terminologie ist also sehr differenziert, für Außenstehende wohl sogar kompliziert; man kann daran ablesen, wie zentral diese Gebetsform für unsere monastische Spiritualität ist. Auch im Lateinischen gibt es verschiedene Bezeichnungen für unser Chorgebet. Der heilige Benedikt nennt es *Opus Dei*, was ein in sich schillernder Begriff ist. Mit der katholischen Bewegung *Opus Dei*, die 1928 vom inzwischen heiliggesprochenen Josemaria Escrivá gegründet wurde, hat der alte Ausdruck nichts zu tun. Benedikt meint damit das Chorgebet und interpretiert es als »Werk für Gott«. Sehr aufschlussreich ist auch die Bezeichnung *Officium divinum*, wörtlich übersetzt: »göttlicher Auftrag« beziehungsweise »göttlicher Dienst«. Das Gebet ist also ein »offizieller« Dienst, den die Mönche für die Kirche verrichten, die Erfüllung eines Auftrags: »Betet ohne Unterlass« (1 Thessalonicherbrief 5,17).

Tatsächlich stand die »Pflicht« zum Beten des *Officium divinum* beim Klerus bis vor wenigen Jahrzehnten so dominant im Vordergrund, dass man für das Breviergebet den freudlosen Ausdruck »persolvieren«, »einlösen«, verwendete. Man betete nicht so sehr aus Hingabe das Gotteslob, sondern man löste eine Verpflichtung ein. Vielfach war das Persolvieren wirklich nur ein pflichtbewusstes Runterbeten, bei der man sich einer Belastung entledigt. Benedikt ist diese Vorstellung fremd; natürlich geht er davon aus, dass der Mönch pflichtbewusst am gemeinsamen Gebet teilnimmt, und er trifft auch Anordnungen, wie Brüder beten sollen, die außerhalb des Klosters zu tun haben. Er will aber keineswegs eine geistlose Pflichterfüllung, darum ordnet er ja an, »dass unser Geist mit unserer Stimme übereinstimmt« (Regula Benedicti 19,7), dass also das durch die Ordnung vorgegebene Singen der Psalmen unserem Geist einen Raum öffnet, in dem er wirklich Gott begegnet. Das regelmäßige Chorgebet ist also Dienst, aber es darf keine Diktatur über die Seele ausüben; das wird schon dadurch verhindert, dass das Chorgebet kein Monopol auf unsere Seele hat. Wir beten ja auch anders, still, privat, innerlich, fürbittend. Als ich eingetreten bin hat mir mein Novizenmeister sogar den Tipp gegeben, jeden Tag ebensoviel Zeit für das persönliche Gebet und die geistliche Lesung zu verwenden wie für das gemeinsame Stundengebet.

Die Ordnung des Chorgebets

Das Leben in einem benediktinischen Kloster ist von einer Ordnung geprägt, oder sagen wir besser: von einem geordneten Rhythmus. Herkömmlich hat man diesen mit den beiden Imperativen »*Ora et labora* – Bete und arbeite!« zusammengefasst. Ein Ausdruck, der so nicht in der Benediktsregel steht und den heutige Experten der Benediktsregel gern durch einen dritten Imperativ ergänzt sehen wollen: »*Ora et labora – et lege!* – Bete und arbeite – und lies!« Der Mönch soll aus dem langsamen und betrachtenden Lesen der Heiligen Schrift geistige Nahrung schöpfen. Tatsächlich stecken in der Benediktsregel viele Aufforderungen, dass sich der Mönch auf allen Ebenen seines Geistes mit Gott, mit der Bibel, mit theologischer und geistlicher Lektüre beschäftigen soll. Benedikt hat mit seinem spirituell gemeinten »*Lege* – Lies!« die Grundlage dafür gelegt, dass die Mönche über Jahrhunderte die Avantgarde der Bildung und der Weitergabe des Wissens waren.

Im Kloster lebt man also in einem geordneten Rhythmus von Gebet, Lesung beziehungsweise Studium und Arbeit. Die ersten Jahre, vor allem das Noviziat, dienen wesentlich dazu, sich in dieser Ordnung einzuleben; die äußere Ordnung der Tagzeiten zu seiner persönlichen Lebensordnung werden zu lassen. Es gibt den klugen Spruch: »*Serva ordinem et ordo servabit te!* – Halte die Ordnung, dann wird die Ordnung dich halten!« Tatsächlich gibt es eine Art von guter Gewöhnung, ja, eine gewisse innere Automatik, die sich in einem Mönch entwickelt. Die täglichen Gebetszeiten werden zu einem innerem Halt, zu einer tragenden Struktur der Lebensgestaltung. Nach meinem Gefühl hat ein Mönch gerade aufgrund dieser Ordnung sogar »mehr Zeit« als die Menschen draußen, die ihr Leben oft unstrukturiert vertrödeln. Wie sehr mich benediktinischer Geist geprägt hat, merke ich zur Zeit etwa auch daran, dass mir das

Pünktlichsein in Fleisch und Blut übergegangen ist. Wenn ich zu knapp zu einem Termin komme, werde ich nervös und entwickle ein schlechtes Gewissen. Wie oft aber muss ich als Priester auf andere warten, die nicht pünktlich sind? Und sogar Brautpaare finden nichts dabei, den Pfarrer und die Feiernden eine Viertelstunde lang vor dem Kirchenportal warten zu lassen, bis sie dann gemütlich eintrudeln.

Die Ursprünge der benediktinischen Tagesordnung liegen in den Ursprüngen der Kirche, und zwar genauer: im jüdischen Tempelkult. Wir lesen am Schluss des Lukasevangeliums, dass die Apostel nach der Himmelfahrt Christi weiterhin in den Tempel gehen, »um Gott zu preisen« (Lukasevangelium 24,53), wir wissen sogar, wohin genau sie gegangen sind, nämlich »in die Halle Salomos« (Apostelgeschichte 5,12), und uns wird von Zeiten berichtet, wann sie beten: Petrus etwa steigt »um die sechste Stunde« auf das Dach seines Hauses, um zu beten (Apostelgeschichte 10,9). Für die Juden war es selbstverständlich, im kultischen Gebet bestimmte Zeiten einzuhalten. Und gerade die Liturgie des Tempels war hier sehr strikt.

Die sieben Gebetszeiten

In Kapitel 16 seiner Mönchsregel ordnet Benedikt das Stundengebet des Klosters an, das Chorgebet. Er beruft sich dabei auf ein Wort aus Psalm 119,164 und spricht von sieben Gebetszeiten: »Entsprechend dem Wort des Propheten: ›Siebenmal am Tag singe ich dein Lob‹«. Benedikt weiter: »Diese geheiligte Siebenzahl wird von uns dann erfüllt, wenn wir unseren schuldigen Dienst leisten zur Zeit von Laudes, Prim, Terz, Sext, Non, Vesper und Komplet.« (Regula Benedicti 16,1-2). Zu diesen Gebetszeiten am Tag kommt noch ein großes Gebet in der Nacht, wobei sich Benedikt wieder auf ein Psalmwort beruft: »Und bei Nacht stehen wir auf, um ihn zu preisen.« (Regula Benedicti 16,5; Psalm 119,62). Gemeint sind hier die Vigilien, die sogenannten Nachtwachen, auch »Matutin« genannt. Diese sieben Gebetszeiten bestimmen den Tagesablauf im Kloster. Nach dem 2. Vatikanischen Konzil ist die Prim weggefallen, doch wenn man die Vigilien dazuzählt, kommt man wieder auf sieben Horen pro Tag: Vigilien (Matutin), Laudes, Terz, Sext, Non, Vesper und Komplet.

Die Benennung der Horen, also der einzelnen Gebetszeiten, spiegelt die antike Herkunft wider, in der man die Stunden unterschied in Stunden des Tages und Stunden der Nacht. Die Stunden des Tages begannen ab sechs Uhr, folglich nannte man das Gebet um die dritte Stunde (heute: neun Uhr vormittags) die Terz, von *hora tertia*, »dritte Stunde«. Die Sext ist das Gebet um die sechste Stunde, also zu Mittag; die Non heißt das Gebet um die neunte Stunde, das ist um fünfzehn Uhr. Die genauen Uhrzeiten der Gebete sind heute wie zu allen Zeiten je nach Kloster und oft auch nach Jahreszeit verschieden. Benedikt gibt nur den Rahmen vor.

Die Ordnung in einem mittelalterlichen Kloster, das nach der Benediktsregel lebte, müssen wir uns ungefähr so vorstellen: Die Vigilien fanden etwa um zwei Uhr nachts statt, der Ausdruck Vigilien kommt ja von *vigilare*, »wachen«. Die Laudes wurde um die Zeit der Morgendämmerung gefeiert. Das lateinische Wort *Laudes* bedeutet »Lobpreisungen« und ist ein Pluralwort, daher spricht man von »den Laudes«. Die deutsche Übersetzung ist üblicherweise »Morgenlob«. Die Laudes bildet mit der Vesper zusammen gleichsam den großen Rahmen von Morgen- und Abendlob. Die Konventmesse fiel entweder auf den Vormittag oder unmittelbar nach den Laudes. Die Prim – vom lateinischen *hora prima*, »erste Stunde«, wurde entweder nach der morgendlichen Konventmesse oder zu einer anderen frühen Zeit gefeiert. Diese Gebetszeit wurde durch das 2. Vatikanische Konzil abgeschafft. Die Namen der sogenannten »Kleinen Horen«, die heute noch üblich sind – Terz, Sext und Non – stehen für die Stunde des Tages, zu der sie gefeiert werden. Im Mittelalter stand die Vesper, das Abendgebet, bereits gegen siebzehn Uhr auf dem Programm, also eine Stunde früher als heute üblich. Schließlich fand die letzte Gebetszeit, die den bezeichnenden Namen *Completorium* beziehungsweise Komplet trägt, weil durch sie die Siebenzahl der Horen »komplett« ist, um zirka neunzehn Uhr dreißig statt.

Der Aufbau der Horen

Alle Horen bestehen aus gewissen gleichbleibenden Elementen: aus einem Hymnus, aus Psalmen mit Antiphonen, aus einer kurzen Schriftlesung, einem Responsorium, aus Fürbitten, dem Vaterunser, einer Oration und einem Gruß an Maria. Sie sind also nach den Grundsätzen eines Wortgottesdienstes aufgebaut. Die Heilige Schrift ist in diesem Gebet omnipräsent: in den Psalmen, in der Schriftlesung und im Vaterunser. Ich möchte Sie hier nicht mit Details langweilen, denn es ist durchaus kompliziert. Wir stehen in einer Tradition, die über Jahrhunderte gewachsen ist, und es braucht eben das reale Mitleben im Kloster, die Einschulung durch das Noviziat, bis man sich einigermaßen zurechtfindet. Ich versuche also die Grundstruktur zu skizzieren und erinnere daran, dass jene, die es wirklich genau wissen wollen, doch am besten für ein paar Wochen in ein Kloster gehen sollten. Nichts kann man weniger vom beschriebenen Papier weg lernen als die innere Logik, die in den Gebräuchen der katholischen Liturgie liegt.

Eröffnung

Ganz am Anfang jeder Hore steht der Ruf an Gott: »*Deus in adiutorium meum intende!* – O Gott, komm mir zu Hilfe!«, den der eingeteilte Vorbeter, der Hebdomadar anstimmt. Die Mönche antworten: »*Domine, ad adiuvandum me festina!* –

Herr, eile mir zu helfen!« Das ist für uns keine Floskel, sondern für jeden Betenden ist es zutiefst wichtig, dass er unter dem Beistand Gottes betet. Nach diesem Eröffnungsritual folgt sofort der Hymnus. Die Hymnen sind eine metrische Dichtung, die meist aus vier Zeilen besteht und mehreren Strophen, die immer nach der gleichen Melodie gesungen werden. Der Hymnus steht immer am Anfang der jeweiligen Hore, er gibt gleichsam das Thema der nachfolgenden Hore an. Durch die leichte Melodie, die sich noch dazu in den einzelnen Strophen immer wiederholt, ist es eine feierliche und irgendwie fröhliche Eröffnung des Gebets. Wenn man länger im Kloster ist, dann genügt schon das Ansingen eines bestimmten Festtagshymnus, um eine innere Stimmung in einem aufsteigen zu lassen, die mit dem gefeierten Mysterium verbunden ist.

Den größten Teil des Chorgebets macht der Gesang der Psalmen aus. Die Verteilung der Psalmen schreibt Benedikt so vor: In der Laudes, der Komplet und in den kleinen Horen Prim, Terz, Sext und Non werden je drei Psalmen gesungen. In der Vesper sind es vier. In den Vigilien werden pro Nacht zwölf Psalmen gesungen. Benedikt wich vom Brauch ab, den wir von den Wüstenvätern und anderen Quellen kennen, die Psalmen einfach ihrer Nummerierung nach durchzusingen ohne Rücksicht auf ihren Inhalt. Er wählt bestimmte Psalmen für bestimmte Gebetszeiten aus, was dazu führt, dass sie eine feste Deutung durch ihre Stellung in der Liturgie erhalten. Bei allen Reformen des Stundengebets nach dem Konzil, natürlich auch bei der Reform, die wir an unserem Chorgebet in Heiligenkreuz vorgenommen haben, war das Hauptanliegen, den Inhalt der Psalmen zu berücksichtigen und sie möglichst passend auf die einzelnen Horen zu verteilen. Das ist übrigens durchaus im Sinne Benedikts, der hier ganz offen das Zugeständnis machte: »Sollte diese Psalmenverteilung jemandem missfallen, treffe er eine andere Ordnung, wie er sie für besser hält.« (Regula Benedicti 18,22).

Antiphon

Die Psalmen werden immer von einer Antiphon umrahmt. Das Wort *Antiphon* kommt aus dem Griechischen und bedeutet »das, was vorher erklingt«. Die Antiphon ist meist ein kurzer Vers aus dem Psalm selbst, sie kann aber auch ein liturgisches Festthema angeben; in wenigen Fällen handelt es sich um nichtbiblische Texte. Die Antiphon will die Aussagen der biblischen Worte verstärken oder auf einen bestimmten Aspekt eines Festgeheimnisses aufmerksam machen. Während die Psalmen dahingesungen werden und nur das Ende der Verse, die *Finis*, je nach den acht Kirchentönen variiert, sind die Melodien der Antiphonen anspruchsvoller. Die Antiphon hat auch die Funktion, die Tonart des folgenden Psalms anzugeben. Das Psalmodieren ist etwas sehr Ruhiges: Einförmig wiederholt sich dieselbe einfache Melodie Vers für Vers. Die Antiphon hingegen bringt Abwechslung in das dahinfließende Gebet, erweckt musikalisch und inhaltlich Aufmerksamkeit, umfärbt und deutet den Psalm, an dessen Anfang und Ende sie gesungen wird. Ich habe mir nicht die Mühe gemacht, die verschiedenen Antiphonen zu zählen, die wir im Lauf eines Jahres singen, aber ich vermute, dass es weit über tausend sind.

Cantica

Neben den Psalmen spielen noch andere Bibeltexte eine wichtige Rolle in der Stundenliturgie. Es sind dies die »Cantica«. Das lateinische Wort *canticum* heißt einfach »Lied«, *cantica* ist der Plural, »Lieder«. Cantica sind Loblieder aus dem Alten und Neuen Testament, denn die Heilige Schrift ist voll von vorchristlichen und frühchristlichen liturgischen Gesängen! Es handelt sich gewissermaßen um Psalmen, die außerhalb des Buchs der Psalmen an verschiedenen Orten der Bibel festgehalten sind. In unserem Heiligenkreuzer Brevier beten wir bei den Laudes drei Psalmen und ein alttestamentliches Canticum; bei der Vesper singen wir drei Psalmen und ein Canticum aus dem Neuen Testament. An Festtagen singen wir auch drei alttestamentliche Cantica bei den Vigilien. Den beiden Haupthoren Laudes und Vesper ist auch eigen, dass sie in zwei Loblieder aus dem Evangelium gipfeln: Bei der Laudes singen wir nach den Psalmen das »Benedictus«, das ist der Lobgesang des Zacharias, des Vaters des Johannes des Täufers, der den kommenden Messias preist. Und bei der Vesper singen wir den Lobgesang der Gottesmutter Maria, das »Magnificat« (Lukasevangelium 1,46-55). An besonderen Tagen wird die Komplet noch mit einem dritten neutestamentlichen Canticum, dem *Nunc dimittis* des Tempeldieners Simeon (Lukasevangelium 2,29-32) erweitert.

Doxologie

Jeder Psalm und jedes Canticum wird immer mit einem Lobpreis auf die Dreifaltigkeit abgeschlossen, dem »*Gloria Patri et Filio et Spiritui Sancto!*« Die andere Chorseite antwortet »*Sicut erat in principio et nunc et semper, et in saecula saeculorum. Amen.* – Ehre sei dem Vater und dem Sohn und dem Heiligen Geist. Wie im Anfang so auch jetzt und allezeit und in Ewigkeit. Amen.« Das Gloria Patri trägt den Fachnamen »Doxologie«, das heißt »Lobpreis«. Unser Lobpreis gilt nicht einem metaphysischen Rätsel, das Gott uns durch seine Selbstoffenbarung als Dreifaltigkeit aufgegeben hat, sondern unser Lobpreis gilt der Liebe, die Gott in sich von Ewigkeit ist.

Lectio brevis

In jeder Hore gibt es schließlich eine *Lectio brevis*, eine »kurze Lesung« aus der Heiligen Schrift, die zum Nachdenken anregen soll. Bei den Vigilien gibt es keine kurzen Lesungen, sondern zwei lange. Diese Morgenwache ist etwas sehr Spezifisches für die Mönche. Wo wird sonst Tag für Tag so früh aufgestanden, und zwar auch an Sonn- und Feiertagen, einfach um noch vor Sonnenaufgang Gott anzubeten und zu preisen? Deshalb heißen die Vigilien bei uns Vigilien (Wache) oder Matutin, von *matutina hora*, »Morgenstunde«. Der Charakter der Vigilien, die unser längstes tägliches Chorgebet sind, ist tatsächlich sehr durch die Lesungen geprägt: Die erste Lesung stammt aus der Bibel, die zweite ist meist ein Text eines Kirchenvaters oder eines klugen Kirchenschriftstellers. Sowohl die Lesungen bei den Vigilien als auch die *Lectio brevis* bei den übrigen Horen werden vorgetragen. Die Lesung unterbricht unser Singen und erinnert uns daran, dass es kein Hinbeten auf Gott gibt, wenn man nicht zugleich bereit ist, auf ihn hinzuhören. Auf die Lesung antworten wir mit einem »Responsorium«, das kann entweder ein kurzer Vers sein (»Versikel«), der vom Vorbeter angestimmt wird und auf den der Chor antwortet, oder ein längerer Vers, in dem es nochmals eine Wiederholung durch Vorbeter und Chor gibt. Bei einer besonders feierlichen Vesper von Hochfesten folgt auf die Kurzlesung auch ein großes *Responsorium magnum*, das die Schola vorsingt.

Fürbitten

Am Schluss jeder Hore stehen die Fürbitten, die wir bei den kleinen Horen Terz, Sext, Non und Komplet durch kurze Kyrie-Rufe vorbringen. Bei den großen Horen beten wir für die Anliegen der Kirche und der Welt. Da gibt es schon auch konkrete formulierte Bitten an Gott, etwa, dass er unsere Pläne zur Gründung eines Klosters in Sri Lanka unterstützen möge. Dann folgt das Vaterunser, das bei Laudes und Vesper laut vom Abt vorgesungen wird. Es wird ebenso »kantilliert«, also gesungen, von einem einzelnen Vorbeter vorgetragen, wie die Kurzlesung und die Fürbitten. Wir Mönche stimmen dann in die letzte Bitte ein: »*Sed libera nos a malo.* – Und erlöse uns von dem Bösen.« Es folgt die »Oration«, das offizielle kirchenamtliche Gebet, das gleichsam alles zusammenfasst. Da wir Zisterzienser der älteste marianische Orden der Kirche sind, schließen bei uns Laudes, Vesper und Komplet mit einer Antiphon, die sich an die Gottesmutter Maria richtet. Bei den Laudes singen wir immer das *Sub tuum praesidium*. Das »Unter deinen Schutz und Schirm« ist das älteste Mariengebet der Kirche, es ist schon im 3. Jahrhundert belegt. Bei der Vesper variieren die marianischen Schlussantiphonen je nach der liturgischen Festzeit. Jeden Tag gleich ist aber das *Salve Regina*, »Gegrüßet seist du Königin«, das wir am Ende der Komplet in der abgedunkelten Kirche singen. Das ist gleichsam der Gutenachtgruß an die Gottesmutter Maria, die wir ja nach uraltem Brauch als die Schutzpatronin und Herrin des Klosters verehren.

Die liturgischen Gesänge der Messe

Der Ordo Missae

Während das Chorgebet sozusagen die eigentümliche Gebetsform der Mönche ist, die es nirgends außerhalb der Klöster gibt, ist die Liturgie der heiligen Messe das, was alle Katholiken des lateinischen Ritus kennen. Die heilige Messe wird nach einem bestimmten »Ordo«, also nach einer vorgegebenen Ordnung, die weltweit einheitlich ist, gefeiert. In der frühen Kirche gab es lokal und regional eine Fülle von Riten und abweichenden Ordines, noch im Mittelalter hatte jeder Orden und so manche Region eigene Messbücher und eigene Messriten, so auch die Zisterzienser. Die vielen verschiedenen Messliturgien wurden erstmals in der Geschichte nach dem Konzil von Trient (1545–1563) vereinheitlicht. Faktisch verschwanden damals alle Sonderriten, als 1570 von dem Dominikanerpapst Pius V. ein *Missale Romanum*, was einfach »Römisches Messbuch« heißt, veröffentlicht wurde. Weil Pius V. die Überarbeitung, die sich übrigens sehr stark an der Liturgie seines Ordens, der Dominikaner, orientierte, sieben Jahre nach Abschluss des Konzils von Trient herausgegeben hat, wurde diese Form der Messliturgie nach dem Konzil benannt. Trient heißt auf lateinisch *Tridentinum*, daher spricht man von der »tridentinischen Messe«.

Entwicklungen nach dem 2. Vatikanischen Konzil

Aus verschiedenen Gründen wollte das 2. Vatikanische Konzil (1962–1965) eine Überarbeitung dieser Messform, nachdem schon Papst Pius XII. und Johannes XXIII. ein paar Kleinigkeiten verbessert hatten. Vor allem war man unzufrieden, dass sich die Messe zu stark zu einem Geschäft des Priesters allein entwickelt hatte. Das 2. Vatikanische Konzil wollte einerseits die Schönheit der Liturgie wieder zum Strahlen bringen, indem es Zuwüchse und Auswüchse der tridentinischen Liturgie beseitigte, um den Blick auf das Wesentliche zu lenken. Zugleich wollte es eine aktive und bewusste Mitbeteiligung des Volkes Gottes, der Gemeinde, die zum einen die lateinische Liturgiesprache zu wenig verstand, zum anderen auch sonst nur passiv ein Geschehen konsumierte, das sich vorn im Altarraum abspielte. Das Anliegen des Konzils war es, die aktive und bewusste Teilnahme der Gemeinde, wie es sie in der alten Kirche gegeben hatte, wiederherzustellen.

Im Jahre 1970, also fünf Jahre nach Ende des Konzils, veröffentlichte Papst Paul VI. das neue *Missale Romanum* nach den Normen des 2. Vatikanums. Traditionelle Kreise wandten sich enttäuscht und verwundert von einer ihrer Meinung nach entsakralisierten und entspritualisierten Liturgie ab. Wenn man aber genau liest, was das Konzil wollte, und die Normen studiert, wie dieser »neue« Ritus zu feiern sei, dann wird man feststellen, dass kein Bruch beabsichigt war. Es wurden nur solche Änderungen vorgenommen, die absolut sinnvoll sind. Beispielsweise sagte der Priester bei der tridentinischen Messe das Amen bei der Kommunionspendung selbst. Das Amen ist aber das Bekenntniswort der Gläubigen, die in der Kirche sozusagen immer das letzte Wort haben, indem sie mit dem Amen das Tun des Priesters bestätigen.

Da Paul VI. 1970 den neuen Mess-Ordo verbindlich vorschrieb, galt die tridentinische Messe als überholt. Dazu kam, dass mit der Erlaubnis, die Landessprache zu verwenden, die Mär aufkam, dass das Latein abgeschafft, ja sogar verboten sei. Das ist aber, wie bereits gesagt, nicht richtig. Latein ist auch die Sprache des Neuen Mess-Ordo! Für den damaligen Konvent des Stifts Heiligenkreuz war es dabei selbstverständlich, die Liturgiereform ganz und vollständig zu bejahen und auch mitzuvollziehen. Noch dazu, da der damalige Abt Karl Braunstorfer als Konzilsvater an den Beratungen des Konzils teilgenommen und eine gewisse Begeisterung für die berechtigten Anliegen des Konzils mit nach Hause gebracht hatte. Stift Heiligenkreuz wollte nie etwas mit rückwärtsgewandten Tendenzen zu tun haben. Man wollte sich um eine authentische und traditionsverpflichtete Durchführung der Reformen bemühen: reformieren, ohne zu deformieren. Der Kurs von Heiligenkreuz lautete also, die Entscheidungen des Ökumenischen Konzils und die Ausführungsbestimmungen der nachfolgenden Päpste voll und ganz mitzutragen. Das Ergebnis war die Beibehaltung – und Förderung – des Gregorianischen Chorals durch die Herausgabe eines eigenen nachkonziliaren Zisterzienserbreviers in lateinischer Liturgiesprache. Und schon bald wurde die Pflege der Schönheit und Erhabenheit einer nachkonziliaren Liturgie, nach den Normen des Messbuchs von Paul VI., zu einem Markenzeichen von Heiligenkreuz.

Das Ordinarium Missae

In der Feier der Messe gibt es zwei Gruppen von Gesängen: Die einen werden als Ordinarium bezeichnet, die anderen als Proprium. *Ordinarium* heißt das »Regelmäßige«, das »Übliche«. Das sind die immer gleichbleibenden musikalischen Elemente einer jeden heiligen Messe. Die zweite Gruppe von Gesängen heißt lateinisch *Proprium*, das bedeutet »das Eigene«, »das Besondere«. Das Ordinarium besteht aus fünf feststehenden Gesängen: Kyrie, Gloria, Credo, Sanctus und Agnus Dei, wobei Gloria und Credo nur in Messen gesungen werden, die einen hohen Festrang innehaben. Obwohl auch verschiedene andere Teile der Liturgie in jeder Messfeier immer gleich sind, werden nur die Teile Ordinarium genannt, die feststehende Gesangsstücke der Gemeinde sind.

Kyrie eleison

Das Kyrie, eigentlich *Kyrie eleison*, ist der griechische Ruf »Herr, erbarme dich«. Der Kyrios-Titel wird in der griechischen Überrsetzung des Alten Testaments vielfach verwendet, um damit den unaussprechlichen Gottesnamen Jahwe aus dem Hebräischen zu übertragen. Dieser Titel wird dann von der jungen Kirche auf Christus angewendet. Das Kyrie ist heute weniger ein Bittruf als ein Bekenntnisruf: ein Lobruf, der Christus als Herrn und Gott akklamiert. Es verbreitet eine frohgemute Stimmung des Vertrauens auf die Macht Christi.

Gloria

Das Gloria ist ein psalmartiger Lobpreis, es ist deshalb in der Gregorianik oft sehr psalmodisch vertont, ohne große Melismen. Es handelt sich um einen spätantiken Hymnus aus der byzantinischen Liturgie des 6./7. Jahrhunderts, der vor allem das Christusbekenntnis doxologisch ausformuliert. Dass der

Lobpreis auf Christus im Mittelpunkt steht, zeigt schon das *Gloria in excelsis Deo* – Ehre sei Gott in der Höhe«, das der Engelsverkündigung über der Krippe von Bethlehem entnommen ist. Es beinhaltet auch eine Reihe von Christus-Rufen: »Herr, eingeborener Sohn, Jesus Christus; Herr und Gott, Lamm Gottes, Sohn des Vaters.« Und das Gloria bekennt, dass alles Heil durch Jesus Christus gekommen ist. Das Gloria wurde ursprünglich beim Stundengebet gesungen und dann in die römische Messliturgie übernommen, zuerst nur, wenn der Papst selbst der Messe vorstand, dann bei der Bischofsmesse allgemein, und heute wird es bei allen festlichen Messen an Sonn- und Feiertagen verwendet, nicht aber in der Fastenzeit.

Credo

Das Credo ist eigentlich kein Gebetstext, sondern eine Bekenntnisformel, ein Glaubensbekenntnis. Während in den deutschsprachigen Gottesdiensten meist nur das kurze sogenannte »Apostolische Glaubensbekenntnis« gebetet wird, kennt das lateinische Ordinarium nur die Vertonung des »großen Glaubensbekenntnisses«. Diese geht auf die beiden ersten Ökumenischen Konzilien von Nizäa (325) und Konstantinopel (381) zurück und wird daher »nizänokonstantinopolitanisches Glaubensbekenntnis« genannt. Der Glaube entfaltet sich als Bekenntnis zu den drei göttlichen Personen: Der Vater wird als Schöpfer bekannt, der Sohn als wahrer Gott, der »um unseres Heiles willen« Mensch geworden ist, der Heilige Geist wird als »Herr und Lebensspender« bekannt. Es handelt sich um einen sehr komplexen theologischen Text, in dem die frühe Kirche gleichsam um jeden Satz, ja um jede Formulierung, gerungen hat. In der römischen Liturgie wurde es erst 1014 auf Drängen von Heinrich II. bei dessen Kaiserkrönung in den Mess-Ordo eingefügt. Das gesungene Credo strahlt die Feierlichkeit eines gesungenen Psalms aus, die Abwechslung zwischen Kantor/ Schola und Chor/Volk gibt ihm so etwas wie »kirchliche Fülle«. Wenn wir das Credo singen, so fühlen wir sehr stark, dass wir als Glaubende nicht allein sind, sondern zusammengeschlossen in einer großen Gemeinschaft von Bekennenden.

Sanctus

Das Sanctus steht am Übergang zum Eucharistischen Hochgebet, dem wichtigsten Gebet bei der Katholischen Messe, da dort des Todes und der Auferstehung Christi gedacht wird und er sich selbst in den Gestalten von Brot und Wein sakramental vergegenwärtigt. Nach der Bereitung der Gaben singt der Priester die sogenannte Präfation, das »Vorwort« zum Hochgebet; diese variiert je nach Kirchenjahr und preist das Heilshandeln Gottes. Am Schluss jeder Präfation steht die Einladung, »mit den Engeln und Heiligen« einzustimmen in den Lobpreis der göttlichen Herrlichkeit. Dann folgt das Sanctus, und zwar mit den Worten aus der Thronvision des Propheten Jesaja »*Sanctus, Sanctus, Sanctus, Dominus Deus Sabaoth* – Heilig, heilig, heilig, Gott Herr aller Mächte und Gewalten!« (Jesaja 6,3). Da das Sanctus dreimal wiederholt wird, spricht man auch vom »Trisagion«, vom »Dreimal heilig«, da heilig auf Griechisch *hagios* heißt. Die Kirchenväter haben den dreimaligen Heilig-Ruf als Lobpreis auf die Dreifaltigkeit verstanden. Der zweite Teil des Sanctus leitet dann bereits mit dem Hosanna-Ruf und das *Benedictus qui venit* weiter auf Christus, der durch die anschließende Wandlung gegenwärtig wird: »Gesegnet sei, der da kommt im Namen des Herrn, Hosanna in der Höhe.«

Agnus Dei

Das Agnus Dei dient als Begleitgesang zur Brechung der Hostien, die nach katholischem Glauben der wahre Leib Christi sind. Die dreimalige Anrufung Christi als »Lamm Gottes«

stellt einen direkten Bezug zum Letzten Abendmahl und damit zum jüdischen Paschamahl her. Wie die Juden damals für das Pascha ungesäuertes Brot verwendeten, so werden auch für die Messfeier weiße Hostien verwendet. Das Zerbrechen dieser flachen, trockenen Hostien erinnert an die Kreuzigung Christi, der zur selben Stunde vor den Stadtmauern Jerusalems stirbt, als man im Tempel die Paschalämmer schlachtet. Die älteste Bezeichnung für das, was wir heute heilige Messe beziehungsweise Eucharistiefeier nennen, lautet daher »Brechen des Brotes« (Apostelgeschichte 2,42; vgl. Lukasevangelium 24,30). Der Tod Christi galt den Gläubigen als das eine und einzige Opfer, das alle blutigen Tieropfer von Menschen hinfällig macht: als ein Opfer, in dem Gott von sich aus die Welt versöhnt. Daher wird schon in einem uralten liturgischen Ruf im 1. Korintherbrief 5,7 Christus angerufen als das »Paschalamm«: »Als unser Paschalamm wurde Christus geschlachtet.« Im Johannesevangelium findet sich dann die Bezeichnung »Lamm Gottes« im Mund des Täufers Johannes, der schon am Beginn des öffentlichen Wirkens Jesu ihn als das Opferlamm ausdeutet, »das die Sünden der Welt hinwegnimmt« (Johannesevangelium 1,29). Dreimal wird Christus als »Agnus Dei«, als »Lamm Gottes« angerufen, zweimal wird er um sein Erbarmen gebetet, die dritte Anrufung lautet: »Gib uns deinen Frieden.«

Das Proprium Missae

Neben den stets gleichbleibenden Gesängen des Ordinarium entwickelte sich ein reiches »Proprium«; das sind jene Gesänge, die bei jeder Messe, je nach liturgischem Festgeheimnis abwechseln. Das Wort *proprium* kommt aus dem Lateinischen und bedeutet soviel wie »das Eigene«. Es umfasst den Introitus, das Graduale, den Tractus oder das Halleluja, das Offertorium und die Communio.

Introitus

Das lateinische *introitus* heißt »Einzug«. Ursprünglich war der Introitus ein gesungener Psalm, der den Einzug des Bischofs in die Kirche am Beginn des Gottesdienstes begleitete. Vom Haupteingang aus durchschritt der Zelebrant mit dem Klerus die Kirche in einer Prozession, während der Chor den Introitus sang. War die Prozession am Altar angekommen, wurde das Gloria Patri angestimmt. Diese Form des Introitus' wurde vermutlich im 5. Jahrhundert eingeführt, als christliche Basiliken in größerem Umfang gebaut wurden. Der Introitus ist der wichtigste Teil des Proprium, denn er gibt gleichsam das Thema der gottesdienstlichen Feier an. Da jeder Sonntag und jedes Fest einen eigenen Introitus hatte, begann man, diese nach den Anfangsworten des Introitus zu benennen. Berühmt ist etwa der Introitus der Adventmesse »*Rorate caeli desuper* – Tauet ihr Himmel von oben«, was dazu führte, dass man später generell jede Adventmesse »Rorate-Messe« genannt hat. Literarisch berühmt wurde der Sonntag nach Ostern, an dem der Introitus »*Quasimodo geniti infantes* … – Wie neugeborene Kinder …« (1. Petrusbrief 2,2) gesungen wird. Nach dem Roman *Der Glöckner von Notre Dame* von Victor Hugo wurde das missgebildete Kind, das später zum buckeligen Glöckner der Pariser Kathedrale werden sollte, am Sonntag nach Ostern aufgefunden – und erhielt deshalb den Taufnamen nach dem Introitus »Quasimodo«. Der Introitus ist ein Prozessionsgesang. Er ist sehr feierlich komponiert und wird nach einem Vers, den Kantor und Chor im Wechsel singen, von allen wiederholt.

Graduale und Halleluja

Nach der Lesung folgt das Graduale (beziehungsweise Responsorium, Antwortgesang), nach der zweiten Lesung das Halleluja. In der Fastenzeit gibt es kein Halleluja, an seine Stelle tritt stattdessen der Tractus. Bei der deutschsprachigen Feier der heiligen Messe hat man mit Recht das Graduale durch einen sogenannten »Antwortpsalm« ersetzt: nämlich ein Psalm, der von einem Kehrvers durchbrochen wird. Das entspricht ziemlich genau dem, was das Graduale sein wollte: Ein Gedanke aus den Psalmen wird herausgegriffen und verstärkt so nochmals den Text aus der Heiligen Schrift, der gerade vorgetragen wurde. Beim Graduale singen Kantor und Schola im Wechselgesang, ebenso wie beim deutschen Antwortpsalm Vorsängerin beziehungsweise Vorsänger und Gemeinde wechselweise singen.

Das gregorianische Halleluja ist immer eine überaus feierliche Komposition: Die Schola singt das Halleluja, das natürlich melismatischen Charakter hat, vor, und alle wiederholen es. Dann folgt der Vers, den die Schola singt; am Schluss folgt wieder das Halleluja durch alle. Das am Anfang und am Ende gesungene Halleluja heißt auch »Jubilus«, wir hören unser deutsches Wort »Jubel« mit. Der Jubilus des Halleluja drückt immer Freude aus, und zwar konkret die Freude der Gläubigen, dass Christus im anschließenden Evangelium selbst zu seiner Kirche sprechen wird. Die römische Liturgie kennt außer Graduale und Halleluja auch noch in bestimmten Fällen die Sequenz als mehrstrophige Reimdichtungen vor dem Evangelium; die wurde von den Zisterziensern aber nicht übernommen.

Offertorium

Das Offertorium ist der Gesang zu Bereitung der Gaben, es kommt von *offere*, was soviel wie »darbringen« bedeutet. Daher kommt unser deutsches Wort »opfern«. Er erklingt, wenn die Gaben von Brot und Wein zum Altar gebracht werden; in den meisten Gemeinden wird dann auch die Kollekte eingesammelt. Nach den spirituellen Weisungen der Liturgie sind die Gläubigen in dieser Zeit auch eingeladen, ihre Nöte und Anliegen gleichsam auf den Altar zu legen und sich so mit dem Opfer Christi zu verbinden. Das Offertorium ist meist kurz und kennt – außer in der Totenmesse – keinen Kehrvers. In der deutschsprachigen Liturgie ist es meist durch ein »Lied zur Gabenbereitung« ersetzt.

Communio

Die Communio ist der letzte der vier Proprium-Gesänge. Ursprünglich handelte es sich um eine Antiphon, die mit einem Psalmvers gesungen wurde; der Vers ist im Lauf der Zeit aber weggefallen. Sie heißt eigentlich *Antiphona ad Communionem*, also »Antiphon zur Kommunion«, da sie während der Austeilung der heiligen Kommunion an die Gläubigen gesungen wurde. Heute singen wir die Communio erst nach der Kommunionspendung, was auch gut passt, da sie gleichsam unsere Dankbarkeit für die empfangene Gabe des Leibes und Blutes Christi ausdrückt. Wichtig ist, dass die Communio kein Auszugsgesang ist, sondern unmittelbar vor dem Schlussgebet gesungen wird.

Was ist das Besondere an den Zisterziensern und ihrem Choral?

Eine Reform des benediktinischen Mönchtums

Mönchtum und Zisterzienser heute

Gregorianischer Choral ist Mönchsgesang. Es ist für mich bedrückend, dass viele Menschen, wenn sie das Wort »Mönch« hören, nur mehr an orangegekleidete tibetische Mönche denken. Das Bewusstsein, dass das christliche Mönchtum unsere westliche europäische Kultur über eintausendfünfhundert Jahre lang spirituell und kulturell geprägt hat – und weiter prägt –, ist für meinen Geschmack zu stark verdämmert. Wir Zisterzienser sind Mönche, und es gibt uns schon seit über neunhundert Jahren in fast jedem europäischen Land; vor allem aber sind wir in Österreich nicht aus der kulturellen und geistlichen Landschaft wegzudenken.

Mönche und Ordensleute

Zunächst eine Begriffsklärung: Nicht jeder katholische Ordensmann ist ein Mönch, sondern zu den »monastischen Orden«, also den Mönchsorden, zählen streng genommen nur die Benediktiner und Benediktinerinnen (Ordensabkürzung OSB), Zisterzienser und Zisterzienserinnen (Ordensabkürzung OCist), Trappisten und Trappistinnen (OCSO), die Kamaldulenser und die Kartäuser. Alle diese Orden haben ihre Wurzeln im Mittelalter. Der übergeordnete Sammelbegriff für die Angehörigen aller übrigen Orden – also zum Beispiel Franziskaner, Dominikaner, Jesuiten, Salesianer, Steyler Missionare, Karmeliten, Lazaristen, Prämonstratenser, Augustiner-Chorherren und so weiter – lautet korrekterweise nicht »Mönch«, sondern »Ordensmann« beziehungsweise »Ordensleute«. Die nichtmonastischen Orden sind ab dem 13. Jahrhundert entstanden, einen Schub von Ordensgründungen gab es im 16. Jahrhundert (zum Beispiel Jesuiten und so weiter) und dann wieder im 19. Jahrhundert (zum Beispiel Salesianer Don Boscos und so weiter). Das Wort »Mönch« hängt mit dem Griechischen *monos* zusammen, was einfach »allein« heißt; es kann aber auch im Sinn von »einzigartig« interpretiert werden. Zum Mönchtum gehört wesentlich die Gebundenheit an ein konkretes Kloster. Mönche ziehen im Unterschied zu den Ordensleuten der neueren Orden nicht predigend und seelsorgend in der Welt umher, sondern leben im Kloster in einem abgeschlossenen Bereich, der Klausur heißt und in der Regel für Fremde nicht zugänglich ist. Die Spiritualität der Mönchsorden ist vor allem durch das »zweckfreie« Gebet in der Gemeinschaft gekennzeichnet. Das erfordert einen großen Zeitaufwand. Es ist klar, dass die jüngeren Orden diese monastische Lebensführung aufgegeben haben. Wenn man den ganzen Tag über Schulunterricht erteilt, Kranke pflegt, sich um Hilfsbedürftige kümmert oder sonstwie den Fulltimejob der Seelsorge ausübt, kann man eben nicht »auch noch« mehrere Stunden am Tag mit dem gemeinsamen feierlichen Gebet verbringen. Die neuen Orden haben deshalb anstelle des ausgedehnten Chorgebets intensivere geistige Gebetsformen entwickelt, wie etwa die stille persönliche »Betrachtung«. Wir Zisterzienser sind Mönche, unser Orden zählt zu den alten monastischen Orden der Kirche. Wir leben in Gemeinschaft, wir sind aus den Benediktinern hervorgegangen, aus unserem Orden ist dann nochmals im 19. Jahrhundert der Orden der Trappisten hervorgegangen, die sich heute wieder gern »Zisterzienser der Strengen Observanz« nennen.

Auch der Choral macht den Unterschied

Ich möchte hier über den Zisterzienserorden schon deshalb sprechen, weil wir im Mittelalter eine eigene Singform des Chorals entwickelt haben, die bis heute erhalten ist. Was auf unserer CD »Chant – Music for Paradise« zu hören ist, ist originaler

Choral in der Singweise der Zisterzienser. Freilich ist wohl nur wenigen von den hunderttausenden Hörern unserer CD aufgefallen, dass unser »Choral« anders klingt als der, den die Benediktiner singen. Aber immerhin sind doch einige Anfragen diesbezüglich eingegangen, warum etwa unser Salve Regina anders gesungen wird als das auf der CD der Benediktinermönche von Santo Domingo de Silos. Die gregorianischen Zisterziensermelodien sind deshalb anders, weil unser Orden sich von Anfang an von den Benediktinern unterscheiden wollte, und das führte dazu, dass es durch Bernhard von Clairvaux (~1090–1153), unseren großen Ordensvater, zu einer massiven Überarbeitung des gregorianischen Repertoires kam. Für einen ungeübten Laien klingt alles ziemlich gleich. In Spanien haben mir die Mitarbeiter von Universal Music von einem lustigen Missgeschick erzählt, das dort der Firma EMI passiert ist: Nach dem erdrutschartigen Erfolg der »Canto Gregoriano«-CD der Benediktiner von Santo Domingo de Silos wurde ein Jahr später, 1995, eine zweite CD auf den Markt gebracht, die ebenfalls guten Absatz fand. Allerdings geschah ein Fehler: Man packte irrtümlich die erste Original-CD unter dem neuen Cover in die neuen Hüllen und lieferte sie aus. Erst als die erste Tranche von mehreren zehntausend Exemplaren schon ausgeliert war, merkte EMI den Irrtum und produzierte fortan die neue Aufnahme. Das Lustige war, dass es keine einzige Beschwerde gab. Wohl deshalb, weil die Menschen den Choral insgesamt wie einen Klangteppich empfinden, bei dem alles mehr oder weniger gleich klingt.

Leben nach der Regel Benedikts

Wir Zisterzienser sind eine Form des benediktinischen Mönchtums, man könnte sogar sagen: wir sind reformierte Benediktiner. Wie die Benediktiner leben wir nach der Regel des heiligen Benedikt. Weltlich gesprochen könnte man sagen, das diese das wohl beste Firmenkonzept ist, das je aufgestellt wurde. Denn welche Firma gibt es schon, die fast eintausendfünfhundert Jahre Bestand hat. Ich möchte kurz die Grundzüge unseres Lebens schildern. Dazu ist ein Blick auf den heiligen Benedikt (~480–547) unerlässlich.

Benedikt trägt einen Namen, der zugleich eine Eigenschaft aussagt. »Benedictus« heißt auf lateinisch »der Gesegnete«. Benedikt ist also der Gesegnete Gottes. Papst Gregor der Große (~540–604) hat uns eine recht plakativ-märchenhafte Lebensbeschreibung Benedikts hinterlassen. Demnach wird Benedikt um 480 in Nursia, heute Norcia, in den Abruzzen nordöstlich von Rom geboren. Seine wohlhabenden Eltern schicken ihn nach Rom zum Studium, wo er ein uns unbekanntes Erlebnis hat, das ihn dazu führt, sich auf die Suche nach einem gottkonzentrierten Leben zu machen. Benedikt verlässt die Stadt und seine Eltern, um allein Gott zu suchen.

Zunächst verbringt er eine Zeit in einer Asketengemeinschaft an der Kirche zu Enfide, heute Affile; das ist ihm nicht »steil« genug und er zieht sich von dort in eine Höhle bei Subiaco zurück. Nach drei Jahren strengen Einsiedlerlebens stellte er sich den Mönchen von Vicovaro, auf deren Drängen hin, als Leiter, als »Abt«, zur Verfügung. Doch dort gibt es große Probleme. Er ist seinen Mönchen nämlich schon bald zu streng, sodass ihn seine Mitbrüder loswerden wollen. Sie wissen sich gemäß den Erzählungen von Papst Gregor nicht anders zu helfen und greifen zu radikalen Mitteln: Benedikt soll mit einem Becher vergifteten Weins beseitigt werden. Als dieser jedoch den Krug mit einem Segensspruch segnet, zerspringt der in tausend Scherben. Der zersprungene Becher ist ein Symbol der stets gefährdeten Brüderlichkeit im Kloster geworden, darum wird Benedikt immer mit diesem Attribut dargestellt. Aus dem zersprungenen Becher kriecht die Schlange der Bosheit. Benedikt geht von Vicovaro weg und gründet 529 auf einem Berg im Süden Roms das Kloster Montecassino. Bis zu seinem Tod am 21. März 547 leitet er die Mönchsgemeinschaft von Montecassino als Abt. Die nachhaltigste Leistung Benedikts besteht in der von ihm verfassten Regel, nach der noch heute alle Benediktiner und Zisterzienser leben. In dreiundsiebzig Kapiteln ordnet Benedikt das Klosterleben: Die Benediktsregel fordert geistige Haltungen ein, leitet zum mitbrüderlichen Umgang an und gibt auch ganz praktische Anordnungen für fast alle Lebensbereiche, zum Beispiel, dass jeder Mönch ein Schreibzeug braucht (in der heutigen Zeit also einen Computer), dass man nach einem Streit noch vor dem Schlafengehen Frieden schließen soll, er ordnet an, wo und wie oft man gemeinsam beten soll und so weiter. Gemeinsames und privates Gebet, geistliche Lesung und Handarbeit sind die Hauptelemente des benediktinischen Ordenslebens. Mit der Ausbreitung des Mönchtums in Europa findet auch seine Regel Beachtung, aber erst Kaiser Karl der Große veranlasst am Beginn des 9. Jahrhunderts durch den gelehrten Diakon Alkuin, dass die Benediktsregel die alleinverbindliche Mönchsregel für alle Klöster wird. Die sieben wichtigsten Kennzeichen des Klosterlebens nach der Benediktsregel sind:

Die Stabilität

Benedikt lebt in der Völkerwanderungszeit. Das Christentum hatte sich seit dem 4. Jahrhundert kontinuierlich und flächendeckend im Römischen Imperium ausgebreitet, sodass alles schon christlich ist. Aber der Glaube braucht Zeit, bis er in den Seelen der Menschen Wurzeln geschlagen hat, er braucht Beständigkeit, lateinisch *stabilitas*. Auch das Mönchtum muss erst die kulturellen Formen finden, in denen die Hingabe an Gott dauerhaft gelebt werden kann. Benedikt gibt im 1. Kapitel seiner Regel einen Überblick über die Arten von »Asketen« der damaligen Zeit: »Eremiten«, die völlig zurückgezogen in Wäldern und Höhlen leben, und die Mönchs-Typen, die er »Sarabaiten« und »Gyrovagen« nennt. Benedikt skizziert sie äußerst unvorteilhaft: Das sind Asketen, die keinen Oberen haben außer ihren eigenen Willen. Sie sind »in sich selbst eingesperrt« (Regula Benedicti 1,9), weil sie in ihren religiösen Übungen nur das tun, was ihnen gerade gefällt. Sie ziehen von einem Kloster zum anderen, sind unstet und daher »Sklaven ihrer Launen und der Gaumenlust«. Dem setzt Benedikt eine vierte Art von Mönchen dagegen, für die er seine Regel schreibt. Diese »Zönobiten«, vom griechischen »*koinos, gemeinsam*«, leben beständig in ein und derselben Gemeinschaft. Sie halten die *stabilitas*. Auch heute gelobt jeder Benediktiner- oder Zisterziensermönch bei der Profess die *Stabilitas loci*, die Ortsbeständigkeit. Er bindet sich an ein konkretes Kloster mit seinem konkreten Aufgabenbereich. Das heißt auch, dass ein Mönch nicht ohne Weiteres in ein anderes Kloster seines Ordens wechseln kann. Zur Zeit Benedikts ist die *Stabilitas* ein großer Vorteil, denn sie wird dazu beitragen, dass die Klöster eine Art fixe Zentren im Wandel der Kulturen und im Lauf der Zeiten sind.

Die Priorität des Gebets

Gebet ist für Benedikt die Hauptaufgabe des Mönchs neben Arbeit und Lesung, er nennt es *opus dei*. Er versteht darunter nicht das private Gebet, sondern das öffentliche und gemeinsame Gebet der Psalmen, das Chorgebet. Dieses gemeinsame Gebet ist das *officium* der Mönche, ihr Dienst an der Kirche. Nichts soll dem Chorgebet vorgezogen werden; die Verbindung mit Gott unterliegt also nicht der Lust und Laune jedes einzelnen, sondern der festgesetzten Ordnung des Klosters.

Die Leitung durch den Abt

Die zentrale Figur im Kloster ist der Abt. Das lateinische Wort *Abbas* kommt vom hebräischen *abbah* und heißt »Vater«.

Der Abt wird zwar aus der Reihe der Brüder gewählt, aber nach der Wahl vertritt er die Stelle Christi in der Klostergemeinschaft. Jeder Mönch ist ihm zu unbedingtem Gehorsam verpflichtet. Der Abt ist die oberste Instanz des Klosters in allen Fragen.
Bei der Feierlichen Profess legt der Mönch seine gefalteten Hände in die Hände des Abts. Das ist derselbe Gestus, wie er im Mittelalter bei der Übergabe eines Lehens üblich war: Der Mönch begibt sich vertrauensvoll in die Leitungsgewalt des Abts, von dem er glaubt, dass ihm hier Christus gegenübertritt. Das Feindbild Benedikts ist der Eigenwille, der Mensch auf »Egotrip«. Sich der Leitung des Abts anzuvertrauen ist wie ein Befreiungsschlag des Mönchs, um der Tyrannei seiner Subjektivität zu entkommen.

Die Handarbeit

In der heidnischen Antike war manuelle Arbeit zutiefst verachtet. Benedikt sieht die Arbeit schon deshalb positiv, weil auch Christus selbst mit seinen eigenen Händen gearbeitet hat. Er schätzt die Arbeit auch als viel wichtiger ein, als dies noch die ägyptischen Mönchsväter wenige Jahrzehnte zuvor getan haben: Die konzentrierten sich ganz auf das Beten, und nur, um eine Ablenkung zu haben, flochten sie zum Beispiel Körbe – die sie dann wieder händisch auflösten!
Arbeit ist für Benedikt auch vom Resultat her sinnvoll. Zugleich hat das Tätigsein aber auch einen spirituellen Sinn: In Kapitel 48 seiner Regel heißt es, dass die Arbeit deshalb wichtig ist, weil sich ohne sie das gefürchtete *otium*, die »Faulheit«, einstellt.
In Faulheit und Trägheit sieht Benedikt dämonische Gefahren für die Seele. Nur aus dem Zusammenspiel von spiritueller Seelenkultur (*ora*) und körperlicher Arbeitskultur (*labora*) ergibt sich eine gesunde monastische Lebensform.

Das Maß

Schon vor der Regel Benedikts gab es Mönchsregeln. Diese waren, so sagt uns die Forschung, radikal streng. Die Benediktsregel hat sich ab dem 9. Jahrhundert deshalb so universal durchgesetzt, weil sie so ausgewogen ist. Wir erinnern uns, dass Benedikt selbst das Maßhalten erst lernen musste: Als Einsiedler in Subiaco war er so abgeschieden, dass er sich aus dem Leben der Kirche »ausgeklinkt« und die Feier des Osterfests vergessen hatte; und die Gemeinschaft von Vicovaro hatte er mit seinen asketischen Vorstellungen so überfordert, dass seine Mitbrüder ihn eliminieren wollten.

Die Regel Benedikts ist ein Meisterwerk der Anleitung, wie man den Weg zwischen Lauheit und Extremismus gehen kann. Sie warnt vor fanatischem Übereifer, der einen selbst und die ganze Gemeinschaft überfordern kann. Alle Übertreibungen sind gefährlich: beim Gebet, beim Fasten, beim Studium und so weiter. Wenn man die Latte zu hoch legt, muss man am Schluss frustriert unten durchlaufen. »*Virtus stat in medio.* – Die Tugend liegt in der Mitte.«

Berühmt für die benediktinische Kunst des Maßhaltens ist die Anordnung der Regel, dass Wein zwar im Prinzip überhaupt nichts für Mönche sei. Weil man aber die Mönche so schwer davon überzeugen kann, erlaubt Benedikt täglich jedem eine *Hemina* Wein. Vielleicht ist es kein Zufall, dass man bis heute nicht herausfinden konnte, wie viel denn eine *Hemina* eigentlich ist. Vielleicht hat Benedikt absichtlich eine Fantasiebezeichnung für den Tagesbedarf an Wein gewählt, damit jedes Kloster selbst bestimmen kann, ob ein Mönch nun täglich ein Achtel, ein Viertel, oder sogar mehr Wein braucht.

So hat man es jedenfalls durch die Jahrhunderte gehalten; in den bierbrauenden bayrischen Klöstern wurde angeblich von der einen *Hemina* Wein auf gleich mehrere Maß Bier pro Tag umgerechnet …

Die Gastfreundschaft

Benedikt versteht ein Kloster als »anziehendes Zentrum«. Die stabile Gemeinschaft der betenden und arbeitenden Mönche ist keine Zentrifuge. Die Mönche sollen daher nicht draußen herumlaufen, sondern sie sollen im Kloster leben und ihre Arbeiten innerhalb beziehungsweise im Radius des Klosters verrichten. Ein solches Zentrum entfaltet dann erstaunliche zentripetale Kräfte: Es zieht Menschen an. Benedikt prophezeit nicht nur »Gäste werden dem Kloster nie fehlen!« (Regula Benedicti 53,16), sondern er will auch, dass Gäste kommen. Diese sollen »wie Christus aufgenommen werden«.

Die Großzügigkeit

Von den vielen Charakteristika des benediktinischen Geistes soll noch jenes genannt werden, das mittelbar zu der wirtschaftlichen Blüte geführt hat, die man unseren alten österreichischen Stiften noch ansieht. Grund dafür ist eine zutiefst richtig gemeinte Anordnung, die Benedikt in seiner Regel gibt, in der er vor der Habgier warnt: Die Habgier sei ein schreckliches Übel, vor dem sich der Mönch in jeder Hinsicht hüten muss. Daher ordnet er an, dass die Mönche großzügig sind und alle Produkte des Klosters etwas billiger verkaufen müssen als dies die weltlichen Hersteller tun können.

Benedikt fügt an genau dieser Stelle sogar noch den kurzen Halbsatz ein, der dann zu eine Art Motto des Benediktinertums geworden ist: »*Ut in omnibus glorificetur Deus* – Damit Gott in allem verherrlicht werde.« (Regula Benedicti 57,7). Benedikt hat hier unabsichtlich eine Art Preisdumping erfunden. Noch heute gilt: Wer billiger verkaufen kann, bekommt mehr Käufer und verdient auch mehr.

Und da die Produktionskosten aufgrund der billigen Arbeitskraft, die von den genügsamen Mönchen kam, gering waren, wurden alle Benediktinerklöster, in denen man ausdrücklich nicht habgierig sein wollte, gerade aufgrund dieser praktizierten Großzügigkeit wohlhabend. So jedenfalls war es auch bei den Zisterziensern der Fall, die 1098 entstanden, weil man eben wieder ganz die ursprünglichen Ideale der Benediktsregel halten mochte.

Die zisterziensische Bewegung

Die Anfänge des Zisterzienserordens

Wer und was sind die Zisterzienser, was wollen sie, wie sind sie entstanden? Wir Zisterzienser sind Benediktiner, verstehen uns als Mönche nach der Ordnung des heiligen Benedikt. Benedikt verehren wir zusammen mit Bernhard von Clairvaux als »unseren Heiligen Vater«. Täglich lesen wir vor der Komplet einen Abschnitt aus der Regel, die Benedikt verfasst hat. In den dreiundsiebzig Kapiteln der Regula Benedicti skizziert er mit sehr konkreten Anweisungen eine Lebensform, die von einem großen Geist beseelt ist. Eine der zentralen Weisungen der Regel lautet: »*Christo omnino nihil præponant ...* – Die Mönche sollen nichts höher stellen als Christus« (Regula Benedicti 72,11).

Im Fokus des Mönchtums steht die Nachfolge Christi, der uns zur gegenseitigen Liebe und zu einer Orientierung auf das Letzte auszeichnet. Benedikt nennt das Kloster eine »Schule für den Dienst des Herrn« (Regula Benedicti, Prolog 45). Benedikt lehrt, dass wir im Abt die Anwesenheit Christi glauben müssen und ihn deshalb ehren und lieben (Regula Benedicti 73,8: *honore et amore*) sollen. Dieser Respekt gegenüber dem Abt führt nicht nur dazu, dass wir dem Abt in seinen Weisungen gehorchen, sondern drückt sich auch in einem liturgischen Ritus beim Chorgebet aus: Der Abt steht an der ersten Stelle der Brüder. Wenn ein Mönch zum Gebet eilt, verneigt er sich tief vor dem Abt. So ehrt er in ihm die Leitung unserer Gemeinschaft durch den unsichtbaren Christus.

Reformkloster Cîteaux

Unser Orden entstand mit der Gründung eines benediktinischen Reformklosters im Jahre 1098. Damals prägte der gewaltige, zentralistisch regierte Klosterverband von Cluny geistig und auch kirchenpolitisch das europäische Klima. Cluny war im 9. und 10. Jahrhundert ein Synonym für Kirchenreform. Als der Cluniazenser-Mönch Hildebrand unter dem Namen Gregor VII. auf den Papstthron gelangte, vesuchte er die Kirche vom Würgegriff der Politik zu befreien. Der Einfluss von Cluny war vor allem ein geistlicher; Cluny verbreitete das Ideal: »Zuerst Gott, dann der Kaiser! Zuerst das Sacerdotium, dann das Imperium!« Vom Klosterverband der Cluniazenser ging eine ungeheure geistige Strahlkraft aus gegen die Verweltlichung der Kirche, gegen die Beherrschung und Instrumentalisierung der Kirche durch Kaiser und Adel. Cîteaux, das erste Kloster unseres Ordens, begann gerade erst so richtig zu blühen und zu gedeihen, als der Investiturstreit im Wormser Konkordat von 1122 beendet wird, und zwar siegreich für die Kirche! Ohne den rettenden Befreiungsschlag des Investiturstreits, der wieder nur möglich war durch Cluny, wäre die zisterziensische Bewegung mit ihrem tiefen Hang zur Mystik nicht möglich gewesen. Cluny hatte den Boden bereitet für die brodelnde Frömmigkeit, die ab dem 12. Jahrhundert zu einer Fülle von Ordensgründungen führen sollte. Die Erneuerungsbewegung zwischen dem 11. und 13. Jahrhundert fasst man heute gern unter der Bezeichnung *Vita-apostolica*-Bewegung zusammen, weil es insgesamt um das Ideal eines evangeliumsgemäßen Lebens ging.

Bei den Clunianzensern gab es die Gefahr, sich selbst dieser heraufdrängenden neuen Charismatik nicht zu öffnen und im Alten zu erstarren. Denn die Cluniazenser gehörten gewissermaßen zum Establishment: Ihre Klöster waren so Stützen für die Kultivierung und Kolonisierung des Landes, sie standen unter königlichem Schutz und wurden von ihm und vom Adel auch finanziell gestützt. Die Klöster hatten dazu noch regelmäßige Einkünfte durch Pfründe, durch Messstiftungen und den zehnten Teil von Leibeigenen und Bauern. Die Sorge um die Existenzsicherung blieb ihnen weitgehend erspart. Die Folge davon war, dass die Handarbeit eher als Hobby oder Beschäftigungstherapie betrieben wurde, dafür aber wurde der Gebetsdienst verstärkt.

Die Cluniazenser lebten nicht mehr in der Harmonie von Gebet und Arbeit, sondern waren zu einer Art »Gebetsbeamten« geworden. Es kam zu zahlreichen Versuchen, das cluniazensische Mönchtum zu reformieren; einer davon sollte besonders erfolgreich sein: die Zisterzienser.

Die Geschichte von uns Zisterziensern beginnt mit einem Mann namens Robert von Molesme (1028–1111). Dieser war Abt des Reformklosters Molesme, einer kleinen Kolonie cluniazensischer Mönche. Robert, der der Gründer von Cîteaux werden sollte, war zunächst einfach abgestoßen von der allgemeinen Vernachlässigung der Handarbeit und dem Mangel an Armut und Einfachheit. Er versuchte gemäß seinen Idealen eine strengere Beachtung der Regel Benedikts einzuführen, hatte aber wenig Erfolg. Nur sein Prior namens Alberich unterstützte ihn, sonst gab es bei einem Großteil der Mönche heftigen Widerstand. Die Auseinandersetzungen endeten damit, dass Robert 1098 mit einer kleinen Gruppe von Reformwilligen von Molesme wegging. In einem abgeschiedenen Sumpfgebiet nahe bei Dijon bauten sie ein neues Kloster. Dieses Klösterchen wird einfach *Novum monasterium*, also »Neues

Kloster«, genannt, bald erhält es den Namen »Cistercium«, im heutigen Französischen heißt es »Cîteaux«. Davon leitet sich der Name »Zisterzienser« ab. Am 21. März 1098, das ist das Fest des heiligen Benedikt, nach dessen Regel sich die kleine Gruppe ohne Abstriche zu leben vornimmt, begann das strenge klösterliche Leben. Robert konnte jedoch nicht lang bleiben, da die Klostergemeinschaft in Molesme ihren Abt zurückhaben wollte und dafür sogar die päpstliche Rückbeorderung Roberts erwirkte. So kehrte der Gründerabt von Cîteaux schon ein Jahr später wieder nach Molesme zurück.

Cistercium profiliert sich als neuer Klostertyp

In Cîteaux wurde der bisherige Prior Alberich Abt. Die Forderungen des Novum Monasterium waren: Lebensorientierung an der Benediktsregel, Ablehnung der Arbeitsleistung durch Leibeigene, Verzicht auf die Annahme von Schenkungen kultivierter Liegenschaften und strenge Abgeschiedenheit. Das höchste Ideal ist die Eigenarbeit, wie aus den alten Quellen unseres Ordens hervorgeht. Zur Unterscheidung von den dunkel gekleideten Cluniazensern führte schon Abt Alberich ein neues Gewand ein aus ungebleichtem, also grauem Stoff, weshalb die Mönche von Cîteaux bald »graue Mönche« genannt wurden. Später wird sich diese Kleidung wandeln zu einem weißen Habit mit schwarzem Skapulier und Kapuze, dazu als Chorgewand eine weiße Kukulle mit weiten Ärmeln. Als Abt Alberich am 26. Januar 1108 starb, wurde Stephan Harding (~1059–1134) zum Nachfolger gewählt. Stephan entstammt angelsächsischem Adel und war hochgebildet. Die Gelehrsamkeit und die juristische Ausbildung Stephans waren ein Segen für das noch kleine Kloster. All seine Sorge galt der Liturgie: Er versuchte eine authentische Ausgabe der ambrosianischen Hymnen und der gesamten Heiligen Schrift herauszugeben.

Die zisterziensische Bewegung

1098 wurde Cistercium zwar als erstes Kloster gegründet, doch als eigentliches Gründungsdatum des Ordens muss das Jahr 1119 gelten, denn in diesem Jahr bestätigte Papst Calixt II. in der Bulle *Ad hoc in Apostolicae Sedis* die von Abt Stephan 1114 ausgearbeitete Grundverfassung des Ordens, die *Charta Caritatis*, wörtlich übersetzt »Gesetz der Liebe«.

Die erste verfasste Ordenskultur

Abt Stephan Harding ist damit eine Art Erfinder von dem, was wir heute Orden nennen. Zur damaligen Zeit waren die Benediktinerklöster nämlich keineswegs zentral organisiert, sondern faktisch war jedes Kloster eine Welt für sich. Stephan will, dass alle neuen Klöster nach »derselben Regel, mit denselben Gebräuchen und in derselben Liebe« leben. So konzipiert er die Zisterzienser als den ersten zentral organisierten Orden der Christenheit. Das Ziel war die maximale Einheit im Lebensstil, in der Liturgie und in der Befolgung der Benediktsregel. Dieser Einheitlichkeit dienen die drei Prinzipien der »Filiation«, der »Visitation« und des Generalkapitels. Filiation heißt, dass jeder Abt für die von seinem Kloster aus gegründeten Töcherklöster (*filia*, Tochter) verantwortlich ist. Durch regelmäßige Besuche (*visitatio*, Besuch) soll er eventuelle Abweichungen von den zisterziensischen Gebräuchen korrigieren. Ferner mussten sich alle Äbte einmal im Jahr um das Kreuzerhöhungsfest, das ist der 14. September, im Mutterkloster Cîteaux einfinden, um dort gemeinsam zu beraten. Das erste Generalkapitel fand 1116 statt. Tatsächlich war Cîteaux bis zu Aufhebung im Zuge der Französischen Revolution das zentrale Kloster des Ordens.

Strukturiertes Wachstum

Unter dem maßgeblichen Einfluss des heiligen Bernhard waren von Cîteaux aus die ersten Neugründungen erfolgt: La Ferté 1113, Pontigny 1114, Clairvaux 1115, dem Bernhard als Abt vorsteht, sowie im selben Jahr Morimond. Diese vier ersten Gründungen bilden mit dem Mutterkloster Cistercium den Kern des neuen Ordens, sie sind die sogenannten »Primarabteien«. Heiligenkreuz ist übrigens eine direkte Tochter von Morimond und somit eine Enkelin von Cîteaux.

Heute findet das Generalkapitel alle fünf Jahre statt, in der Zwischenzeit wird der Orden von einem gewählten Generalabt, der in Rom residiert, geleitet; freilich ist dessen Funktion heute mehr repräsentativ als exekutiv. Ab dem 16. Jahrhundert wurden die Klöster einzelner Regionen zu sogenannten »Kongregationen« zusammengefasst. Heute gibt es dreizehn Kongregationen, die verschieden strukturiert, mehr oder weniger aber lose Verbände sind, sodass rechtlich gesehen jedes Kloster selbständig ist.

Trotz der hervorragenden Leitung des Neuen Klosters durch die drei Äbte Robert, Alberich und Stephan wäre Cistercium eines von vielen unbedeutenden Reformklöstern der damaligen Zeit geblieben, wäre da nicht etwas Unvorhersehbares geschehen: Ein ungeahnter Aufschwung trat ein, als 1112 ein junger burgundischer Adeliger um Aufnahme in das Kloster bittet. Er wird als Bernhard von Clairvaux einer der bedeutendsten Zisterzienser und Heiligen seiner Zeit.

Strenge und Wachstum

Die Strenge, der sich die aus wohlhabenden, oft adeligen Kreisen entstammenden Männer aller Altersstufen in Citeaux aussetzten, war eindrucksvoll: Sie trugen einfache Kleidung aus rauer Wolle, begnügten sich mit bescheidener Nahrung – Fleisch, Fisch, Eier, Weißbrot, Butter und Käse wurden nicht gegessen. Außer Salz gab es keine Gewürze. In den arbeitsreichen Monaten des Sommers reichte man täglich zwei Mahlzeiten, meist Kohl, Bohnen, Hirsebrei oder trockenes Schwarzbrot. Vom 15. September an über den ganzen Winter bis Ostern wurde tägliche nur eine Mahlzeit eingenommen. Als einmal das Mehl ausgegangen war, begnügten sich die Mönche mit gekochten Buchenblättern. Die Härte des Beginns war vom Wunsch getrieben, die Benediktsregel möglichst authentisch zu befolgen. Die Zisterzienser bauten ihre Kirchen entsprechend der harten und nüchternen Lebensweise: Es entstand eine ausgewogene, zum Himmel strebende Architektur ohne Ornamente, Bilder und Skulpturen.

Der Alltag des Zisterziensermönchs war mit Gebet, Arbeit und geistlicher Lesung ausgefüllt. Man schlief im ungeheizten Dormitorium auf hölzernen Planken nebeneinander. Habit und Gürtel wurden beim Schlafen nicht abgelegt, um jederzeit für das Gebet bereit zu sein, das gemäß der Benediktsregel schon um zwei Uhr morgens zu beginnen hat und siebenmal am Tag die harte Arbeit unterbricht.

Das Chorgebet wurde genau nach den Anweisungen des heiligen Benedikt in den Kapiteln 8 bis 18 und 20 der Benediktsregel reformiert. Das spirituelle Streben nach Einfachheit führte dazu, dass die frühen Zisterzienser jede Form von »gekünsteltem« Gesang ablehnen.

Die Reformen zeigen Erfolg

Das größte Novum der Zisterzienser war die Handarbeit, die damals als eine Tätigkeit des unfreien Standes galt. Adelige waren es nicht gewohnt selbst zu arbeiten, sich bei der Feldarbeit dem Wechsel der Natur auszusetzen und sich die Hände schmutzig zu machen.

Und eben darin bestand das Ideal von Cîteaux! Ausdrücklich wollte man auf die Arbeitsleistung von Leibeigenen ganz und gar verzichten. Bernhard erzählt, dass die Zisterzienser an manchen Tagen sogar die Messe ausfallen ließen, weil die Ernte so drängte.

Der Orden breitete sich explosionsartig aus, denn ein Zisterzienserkloster zu stiften konnten sich auch »kleine Adelige« leisten. Die Gründung eines Klosters muss man sich vorstellen wie heute die Ansiedelung eines Wirtschaftsbetriebs: Es belebte die Region, brachte »billige« Arbeitskräfte in Gestalt der Mönche und sicherte noch dazu, was für den mittelalterlichen Menschen das Allerwichtigste war, das Heil der Seele. Die Zisterzienser hatten einen ausgezeichneten Ruf, galten als fromm und anspruchslos und waren wegen ihrer gewaltigen ökonomischen und technischen Leistungen berühmt. Außerdem konnte man ihnen auch unbrauchbares Land in sumpfigen Gegenden anbieten, weil sie aus der Not eine Tugend zu machen verstanden und die Wasserkraft für ihre klösterlichen Wirtschafts- und Industrieanlagen nutzten.

So wurden im Gebiet des heutigen Österreich noch zu Lebzeiten des heiligen Bernhard die Klöster Rein (1129), Heiligenkreuz (1133), Zwettl (1138), Viktring (1142, heute aufgelöst), Baumgartenberg (1142, heute aufgelöst) und Wilhering (1146) gegründet. Als Bernhard nach einem langen und aufreibenden Leben 1153 in Clairvaux stirbt, zählt man bereits dreihundertdreiundvierzig Zisterzienserklöster in ganz Europa. Zu dieser Zeit waren bereits ein Papst (Eugen III.) und mehrere Dutzend Bischöfe aus dem Orden hervorgegangen; etwa siebzig Mönche aus Clairvaux führten den Abtsstab.

Bernhard von Clairvaux

Bernhard von Clairvaux ist nicht nur deshalb interessant, weil der Choral, wie wir ihn heute singen, auf ihn zurückgeht. Er ist als Gesamtpersönlichkeit faszinierend. Ohne ihn gäbe es keine Zisterzienser, und es wäre eigentlich legitim, dass wir nach ihm benannt wären: »Bernhardiner«. Tastsächlich gibt es auch eine italienische Frauenkongregation, die sich »Bernhardinerinnen«

nennt, in unserem Sprachraum hätte das aber schon wegen der Gleichnamigkeit mit einer Hunderasse keine Chance. Bernhard wurde 1090 auf dem Schloss Fontaines-lès-Dijon geboren und erfährt eine gläubige Erziehung; trotzdem kam seine Berufung zum Mönchtum überraschend. Das Berufungserlebnis ereignete sich auf dem Weg zum Kampf um eine belagerte Burg. Auf halbem Weg bog Bernhard zu einer Kirche ab; er war wie weggetreten, betete mit erhobenen Armen und brach in Tränen aus. Was war passiert? Bernhard selbst beschreibt später in einer Predigt nicht die äußeren Umstände, sondern nur seine innere Erfahrung: Wie er zuvor hart und innerlich kalt war, und wie er nicht zu lieben verstand. Und dass dann in ihm etwas aufgebrochen ist beim Gebet. Bernhards Verwandte glauben an eine kurzfristige Verwirrung, als er sie damit konfrontierte, in das eben neu gegründete Reformkloster Cistercium eintreten zu wollen. Sie versuchen ihn davon abzuhalten. Doch der Ergriffene wird nun selbst zum Ergreifenden: Nicht den Brüdern, Verwandten und Freunden gelingt es, Bernhard zum Bleiben in der Welt zu überreden, sondern umgekehrt: Bernhard überredet sie, und zwar alle! 1112 pocht der Zweiundzwanzigjährige mit dreißig Freunden und Verwandten an die Klostertür von Cîteaux, darunter sein Vater, alle seine Brüder ... Dieser Zustrom von Berufungen war der Aufschwung für Cîteaux. Von da an erlebte der Orden eine ungeahnte Blüte, sodass Bernhard mit Recht nach den Vätern Robert, Alberich und Stephan als der vierte Gründer angesehen werden kann.

Eine mitreißende Persönlichkeit

Bereits 1115 wurde Bernhard als Abt zur Neugründung des Klosters Clairvaux ausgesandt. Bald zählte die Gemeinschaft in Clairvaux siebenhundert Mönche, sodass man in ganz Europa neue Klöster zu gründen begann. Bernhard war eine begeisternde, anziehende und mitreißende Persönlichkeit. Sein schärfster Widerstand galt dem bisher dominierenden cluniazensischen Mönchtum, dessen Luxus und Untreue zur Benediktsregel er heftig kritisierte. Bernhard lebte die Askese, die er von seinen Mönchen verlangte, selbst so entschieden, dass er sich durch seine Härte und sein stetes Fasten ein unheilbares Magenleiden zuzog, dem er schließlich mit dreiundsechzig Jahren erliegen sollte. Sein scharfer Geist und seine feurige Art machten ihn zur einflussreichsten Persönlichkeit des Jahrhunderts: Er bereitete Synoden und Konzilien vor, ging gegen Irrlehren vor und bekämpfte heftig den Rationalismus des Petrus Abælard. Als es durch einen undurchsichtigen Vorgang zur Wahl von zwei Päpsten kam, verschaffte er dem rechtmäßigen die Anerkennung, kritisierte aber auch scharf die Verweltlichung des römischen Papsttums. Als ein Zisterzienser, Eugen III., den Papstthron bestieg, scheute er sich nicht, ihm ein Buch zur Weisung zu schreiben: »*De Consideratione* – Was ein Papst bedenken muss!« Bernhard, selbst nicht mehr als Abt eines Klosters, wagt es dort, dem Papst gleichsam ins Stammbuch zu schreiben, was er zu bedenken hat, freimütig sagt er dem Papst seine Meinung. Und das zu einer Zeit, als sich das Papsttum so ziemlich auf dem Höhepunkt der geistigen und weltlichen Macht befindet. Freilich: Bernhard geht es dabei nicht nur um eine Kirchenmissstandskritik, sondern um die Seele seines Freundes und Schülers, des Papstes Eugen. Er fordert ihn zur *consideratio* auf, dazu, inmitten des Amts das Entscheidende nicht zu übersehen: die göttlichen Dinge, die er betrachten muss. Diese Konzentration auf das Göttliche ist das Kennzeichen der Zisterziensischen Spiritualität insgesamt.

Ein Kämpfer für den Glauben

Der Blick auf die Belange Gottes führt freilich auch zu einer Interpretation der irdischen Wirklichkeit, die wir heute nicht wirklich teilen können: Bernhard meint, dass aufgrund der

Übergriffe, die im Mittelmeerraum gegen die christliche Bevölkerung geschehen waren, man zu einer »Wallfahrt in Waffen« nach Palästina aufbrechen müsse, um das Heilige Land zu befreien.

Ab 1146 predigt er im Auftrag von Papst Eugen III. den Kreuzzug; sein Beitrag zum 2. Kreuzzug (1147–1149) ist für uns Heutige das dunkelste Kapitel in der Biografie Bernhards. Leider hatte er großen Erfolg: Ludwig VII. erklärt sich 1146 in Vézelay zur Teilnahme am Kreuzzug bereit, Freiwillige aus Frankreich, Flandern, England und Norditalien schlossen sich an. Bernhards suggestive Kraft war so stark, dass sich sogar die Menschen in Flandern und in der Gegend des Rheins von seiner Predigt mitreißen ließen, obwohl sie seine Sprache nicht verstanden. Selbst der deutsche König Konrad III. ließ sich von der Kreuzzugspredigt Bernhards am Weihnachtstag 1146 im Dom von Speyer so sehr begeistern, dass er sich das Kreuz der Kreuzfahrer anheftete.

Bernhard sah in den Kreuzzügen eine Wallfahrt in Waffen, für ihn galt das Sterben für den Herrn als höchster Verdienst. Für die Tempelritter verfasste er eine eigene Regel, er sieht in ihnen geistliche Menschen, die sich von allen Ausschweifungen und Lastern fernhalten müssen, um mit der Waffe zum Schutz der Pilger im Heiligen Land wirken zu können. Zur Sympathiewerbung für Bernhard ist aber auch zu erwähnen, dass er mit beeindruckender Demut die Schuld auf sich nahm, als der 2. Kreuzzug durch Korruption und Fehlplanung kläglich scheiterte.

Zu erwähnen ist auch, dass Bernhard eine für die damalige Zeit außerordentliche Haltung gegenüber den Juden einnahm. Als es in der Folge der Kreuzzugseuphorie im Rheinland zu Pogromen kam, schritt er ein und verweist darauf, dass die Juden »lebende Zeichen« seien: »Die Juden dürfen nicht verfolgt, nicht getötet, ja nicht einmal vertrieben werden.«

Mit Leib, Herz und Seele im Dienst der Heiligen Schrift

Bernhard musste überall predigen, er war etwa drei Viertel seines Lebens außerhalb des Klosters. Wohin er kam, strömte das Volk zusammen, um den schmalen Mönch in der abgetragenen Kutte zu sehen. Und doch wollte er vor allem Mönch sein, zumindest seinen Mönchen ein guter Abt und Vater. So beklagt er heftig, dass er im Auftrag von Papst und Bischöfen so viel außerhalb des Klosters in der Welt herumziehen muss. Er nennt sich die »Chimäre seiner Zeit«, also das fabelhafte Mischwesen, das weder ganz das eine noch ganz das andere ist. Für sein monastisches Ideal des Lebens der Gottesliebe in der Abgeschiedenheit eines Klosters konnte er derartig viele junge Männer begeistern, dass er als »der Schrecken der Mütter und jungen Frauen« galt. Einer seiner Biografen berichtet, dass Mütter um ihre Söhne fürchteten, Gattinnen um ihre Männer und Freunde um ihre Freunde, wenn Bernhard predigte, da er sie alle ins Kloster zog. Seinen Mönchen predigte Abt Bernhard ohne Unterlass von den hohen Werten des Glaubens; über dreihundert seiner Predigten, eine Reihe von Abhandlungen und fünfhundertfünfundvierzig Briefe geben davon Zeugnis, dass Bernhard mit Recht von der Kirche als Kirchenlehrer, *doctor ecclesiae*, verehrt wird. Sein Denken kreist vor allem um die Heilige Schrift und ihre Auslegung: Das Ziel ist die Erfahrung Gottes und seiner Liebe mit dem Verstand und dem Herzen. Theologische Neuerungen sind ihm suspekt, da er selbst ganz aus der tausendjährigen Tradition der Kirchenväter schöpft. Die aufbrechende rationelle Theologie, wie sie ihm in Abælard entgegentrat, hat Bernhard daher mit allen Mitteln bekämpft.

Von den Anstrengungen seines mönchischen und kirchenpolitischen Wirkens aufgerieben, hager und abgemagert, starb Bernhard von Clairvaux am 20. August 1153 in seinem Kloster. Seine Mönche mussten ihn heimlich in den Morgenstunden begraben, da sie sonst der Menschenmassen, die ihn noch ein letztes Mal sehen wollten, nicht hätten Herr werden können. Bernhard wurde schon 1174, einundzwanzig Jahre nach seinem Tod, heiliggesprochen. Später haben große Geister wie Thomas von Aquin und Dante Alighieri, aber auch Martin Luther, ihren Respekt und ihre Verehrung für Bernhard zum Ausdruck gebracht. Das schönste Lob aber hat ihm wohl die heilige Hildegard von Bingen in einem Brief von 1146 gemacht: »Du bist Sieger in deiner Seele und richtest andere zum Heile auf. Du bist der Adler, der in die Sonne blickt.«

Die »strengeren Zisterzienser« oder Trappisten

Den Zisterzienserorden gibt es heute noch in einer anderen Version, als »Trappisten«. Im Lauf der Geschichte hat sich der Zisterzienserorden in zwei Zweige geteilt, wir sind der »Ordo Cisterciensis« (Abkürzung OCist), also einfach der »Zisterzienserorden«, und die Trappisten sind der »Ordo Cisterciensis Strictioris Observantiae« (Abkürzung OCSO), übersetzt mit »Zisterzienserorden von der Strengen Observanz«, oder im Volksmund »Trappisten«. Der Name kommt von dem französischen Zisterzienserkloster La Trappe und geht auf die Persönlichkeit des Abts Armand Jean Le Bouthillier de Rancé zurück. Dieser war seit 1637 Abt der Abtei La Trappe, die damals allerdings sehr verweltlicht war. 1657 erfährt er angesichts seines sündigen Lebens eine tiefe Bekehrung, die ihm vor allem die Notwendigkeit der Buße, der Demut und der strengen Askese bewusst macht. Er reformiert sein Kloster grundlegend, möchte eine Rückkehr zur ursprünglichen Einfachheit und Strenge der Zisterzienser, führt aber auch »barocke« Frömmigkeitsformen wie Selbstgeißelung, fast beständiges Schweigen und strengstes Fasten ein. Diese Form der »Observanz«, also der klösterlichen Beobachtung, wurden von anderen Klöstern übernommen. Durch die Französische Revolution wurden diese Reformzisterzienser vertrieben und mussten von einem Ort zum anderen ziehen, was dazu führte, dass sie ihre Ordensobservanz unter dem Einfluss des Novizenmeisters Augustin de Lestrange in andere Länder exportierten. Nach den Regeln, die Augustin de Lestrange 1794 verfasst hatte, bildete sich ein Zusammenschluss von verschiedenen reformierten Zisterzienser- und Zisterzienserinnenklöstern unter dem Namen »Kongregation Unserer Lieben Frau von La Trappe«. Diese Klöster waren weiterhin dem Generalabt der Zisterzienser unterstellt, doch es entwickelten sich immer größere Spannungen: Die »reformierten« Zisterzienser lebten aufgrund der Regeln von Rancé und Lestrange weit strenger als die alten Zisterzienserklöster, die die Jahrhunderte überdauert hatten und in vielen Ländern auch gezwungen gewesen waren, Seelsorge nach außen zu betreiben. Die Säkularisation in Deutschland beziehungsweise der Josephinismus in Österreich/Ungarn hatte ja nur Zisterzienserklöster weiterbestehen lassen, die entweder große Schulen führten oder Pfarreien seelsorglich betreuten. Die Trappisten hielten die pastoral aktiven alten Zisterzienser für dekadent. Diese wiederum beargwöhnten die Frömmigkeitsformen der Reformierten und hielten ihnen vor, dass ihre Form der Askese nicht der »weisen Mäßigung« der Benediktsregel entsprach.

Die Abspaltung

Die Spannungen führten dazu, dass Papst Leo XIII. die Kongregation von La Trappe 1892 von den Zisterziensern trennte und zu einem eigenen Orden erhob, der seit 1902 den schon genannten Namen »Zisterzienserorden von der Strengen Observanz« trägt. Obwohl es damals große Spannungen zwischen den »herkömmlichen« Zisterziensern und den neuen, »strengeren« Zisterziensern gab, kam es doch gerade in dieser Zeit zu einer vorbildlichen Zusammenarbeit im Zusammenhang mit der Wiederbelebung des Gregorianischen Chorals: Viele Liturgische Bücher wurden vom Generalabt der Zisterzienser gemeinsam mit dem Generalabt der Trappisten approbiert. Das damalige Zisterzienserbrevier, das es auch in der Form von großen Chorbüchern gab, wurde in der belgischen Trappistenabtei Westmalle gedruckt und in beiden Orden verwendet. Die Trappisten tragen ebenso wie wir den schwarzweißen Habit, zumeist aber keinen Gürtel aus Stoff *(Zingulum)*, sondern aus Leder.

Der Orden breitete sich im 20. Jahrhundert und in der Zwischenkriegszeit erfreulich aus, der berühmteste Zisterzienser von der strengen Observanz ist ohne Zweifel der Amerikaner Thomas Merton (1915–1968). In Österreich und Deutschland spielen die Trappisten keine große Rolle, hier gibt es jeweils nur ein Trappistenkloster: Engelhartszell in Oberösterreich und Mariawald in der Eifel, dazu kommen die beiden deutschen Trappistinnenabteien Maria Frieden in Dahlem und Gethsemani in Dannenfels. Unter anderem in Frankreich, Spanien und den USA sind die Trappisten zahlreich vertreten; der Orden ist vom Personalstand doppelt so groß wie unser Zisterzienserorden. Es gibt weltweit zirka einhundert Männerklöster mit über zweitausendvierhundert Mönchen und zirka siebzig Frauenklöster mit zirka zweitausend Frauen. Nach dem 2. Vatikanischen Konzil haben die Trappisten viele radikale Formen ihrer Askese, die von Rancé und Lestrange stammten, gelockert und befinden sich auf der Suche nach ihren mittelalterlichen Wurzeln in der Spiritualität der frühen Zisterzienser.

Die Spiritualität der Zisterzienser

Zisterziensische Spiritualität ist die letzte Blüte der spätantiken Frömmigkeitshaltung, die dann von der rationalistischen Scholastik abgelöst wurde. Ich möchte hier einige Charakteristika wiedergeben, die auch für unser Verständnis des Zisterzienserchorals wichtig sind.

Frömmigkeit

Die Frömmigkeit der Zisterzienser ist monastische Frömmigkeit des Wortes Gottes. Das »*Ora et labora et lege!* – Bete und arbeite und lies!«, wie die korrekte Zusammenfassung der Benediktsregel heißen müsste, hat allerhöchste Bedeutung für die Mönche. Nicht nur, weil sie die Bibel handschriftlich kopierten, sondern weil das Wort Gottes als geistliche Nahrung aufgefasst wurde, die man in sich aufnehmen und verdauen muss. Bernhard predigt oft über die *ruminatio* des Wortes Gottes, also das »Wiederkäuen« der Bibelverse beim gemeinsamen Chorgebet und in der Stille während des Tages.

Das Memorieren war ja aber auch die wichtigste Methode des Wissenserwerbs, so führte die *ruminatio* dazu, dass die Mönche die Schrift in großen Teilen auswendig kannten. Das sieht man sofort anhand der Predigten und Traktate unserer Zisterzienserväter: Sie sind über weite Strecken eine Art assoziativer Aneinanderreihung von Zitaten aus der Heiligen Schrift. Daher liegt den Zisterziensern der Gregorianische Choral natürlich ganz besonders, weil er ja »gesungenes biblisches Wort« ist.

Liebevolle Ergebenheit

Das zweite ist eine neue emotional-affektive Spiritualität: Das Wort, dem die Liebe der Zisterzienser gilt, ist aber nicht nur die Schrift, sondern tiefer noch das »menschgewordene Wort« Jesus Christus. Er ist der Mittelpunkt.

Bislang verehrte man Christus vor allem im Bild des unnahbaren Weltenherrschers, nun verlagern sich die Akzente: Man blickt anbetend auf die konkrete Menschheit Christi. Die Menschlichkeit Christi tritt in den Vordergrund. Bernhard ist der erste, der – ein Jahrhundert vor Franziskus – eine *theologia crucis*, eine Theologie des Kreuzes, entwickelt. Die Niedrigkeit des menschgewordenen Gottessohnes, sein Hinabsteigen in die Entbehrungen des menschlichen Lebens, in die Qual des Kreuzes – das entflammt die Liebe Bernhards: »Jesus kennen, Jesus den Gekreuzigten, das ist der Kern meiner Philosophie.« Daher wird Bernhard gern dargestellt, wie der Gekreuzigte sich zu ihm hinabneigt und ihn liebevoll umarmt. Die Frömmigkeit der Zisterzienser war weniger eine Huldigung eines hoheitlichen Gottherrn als die liebevolle Ergebenheit zum gekreuzigten und mitleidsvollen Jesus.

Affektive Zuneigung

Drittens tritt an die Stelle der Liebe die »Verliebtheit«: Die Christusfrömmigkeit Bernhards war sehr affektiv, gemütsbetont und emotional, sein Predigt- und Redestil ebenso, sodass er später als *Doctor mellifluus,* als »honigfließender Lehrer« apostrophiert wurde. Das Neue, das die zisterziensische Bewegung in Gang gebracht hat, kann man als »Erfahrungstheologie« bezeichnen. Die nüchternen Väter von Cîteaux und vor allem der Asket Bernhard sind von einem geradezu euphorischen Bedürfnis nach Gotteserfahrung geprägt. »*Experientiam magis require*«, schrieb Bernhard in einem Brief an Kleriker. Das heißt: Verliert euch nicht in spitzfindiger theologischer Gedankenakrobatik, sondern »sucht mehr die Erfahrung (Gottes)«! Warum war die Frömmigkeit der Zisterzienser so affektiv und emotional?

Es muss hier sicher ein psychologischer Faktor erwähnt werden, der wahrscheinlich zur Entstehung einer derart euphorischen Frömmigkeit des »Verliebtseins« in Gott beigetragen hat: Die Zisterzienser lehnten es von Anfang an ab, Kinder ins Kloster aufzunehmen, wie dies ansonst gang und gäbe war. Die Zisterzienserklöster wollten keine Versorgungsstation für nachgeborene Adelige sein. Damit fiel der Umstand weg, dass jemand, der immer schon im Kloster lebte, gleichsam in den Ordensstand hineinwachsen konnte – oder eben lebensunerfahren und entscheidungslos hineinrutschte. Bei den Zisterziensern ereignet sich etwas Neues, die Erfahrung einer Berufung aus dem weltlichen Leben weg: Die Neueintretenden sind »gestandene« Männer mit Lebens- und Liebeserfahrung. Unter den dreißig Gefährten, die Bernhard 1112 nach Cistercium mitbrachte, waren etliche schon verheiratet gewesen. Man kann sagen, dass die Gottesliebe der Zisterzienser von der Frauenminne der damaligen Zeit schöpft und zur »Gottesverliebtheit« wird.

Eigener Hände Arbeit

Ein vierter Aspekt ist die Wertschätzung des *labor proprius*, der »eigenen Arbeit«. Auch in der täglichen schweren körperlichen Arbeit sehe ich einen Grund für die mystische Emotionalität, die unsere Väter auszeichnet. Die Mönche, die Lehenswirtschaft, Verpachtung und Leibeigenschaft kategorisch ablehnten, packten selbst an. Es ist wirklich harte Arbeit, da man ihnen meist nur minderwertiges Land geschenkt hatte. Europa hatte im 12. Jahrhundert bereits eine hohe Bevölkerungsdichte, das trockene gute Land war schon lang an den Landadel oder die alten benediktinischen Klöster verteilt. Darum liegen die Zisterzienserklöster immer im Tal, die weit älteren Benediktinerstifte meist auf dem Berg. Man musste aus der Not eine Tugend machen, und so erfand man neue Techniken, um die Wasserkraft zu nutzen. Jedenfalls: Die Zisterzienserväter waren körperlich angefordert und ausgelastet. Hier kommt wohl das alte Wort von der »*mens sana in corpore sano*« zum Tragen: Ein gesunder Körper hat einen gesunden Geist, einen Geist, der sich dann im Gebet sehr leicht zu Gott erhebt. Ich möchte die Formulierung wagen: Die Zisterzienser sind die »grüne«, »alternative«, vorfranziskanische Frömmigkeitsbewegung des 12. Jahrhunderts.

Marienfrömmigkeit

Der fünfte Aspekt ist die Marienfrömmigkeit, die sich aus der Verehrung der Menschlichkeit Christi ergibt. Maria ist der Aquädukt, die Wasserleitung, durch die uns Christus zugekommen ist, durch die uns folglich auch heute alle Gnade zufließt. Bernhards Marienminne war von glühender Begeisterung. Über dem Portal der Abteikirche des Mutterklosters Cîteaux war der Spruch eingemeißelt: »*Salve, sancta parens, sub qua Cistercius Ordo militat et toto tamquam sol fulget in orbe!*« Das heißt: »Sei gegrüßt, heilige Gottesgebärerin, unter dir dient der Orden von Cîteaux und glänzt auf dem ganzen Erdenrund gleich der Sonne.« Es war die Zeit des Rittertums und der Frauenminne, welche auch die Marienfrömmigkeit der Mönche prägt. Die Zisterzienser verbreiten auch maßgeblich die Anrufung Mariens als »Unsere Liebe Frau«. Die Verehrung der Muttergottes war aber keine »Erfindung« der Zisterzienser, diese brachten sie vielmehr schon aus dem Reformkloster Molesme mit. Tatsächlich wurden und werden seither alle Zisterzienserkirchen dem Geheimnis der *Assumptio*, der »Aufnahme Mariens« in den Himmel geweiht. Noch heute schließen wir Laudes, Vesper und Komplet mit einer marianischen Schlussantiphon ab. Das Salve Regina nach der Komplet ist besonders feierlich. Es ist eine Komposition des Hermann von der Reichenau aus dem 10. Jahrhundert, das zunächst als Antiphon zu den vier damaligen großen Marienfeiertagen gesungen wurde. Seit dem Beschluss des Generalkapitels von 1218 wird dieser Gruß an die Himmelskönigin am Schluss der abendlichen Komplet, als letztes gemeinschaftliches Gebet am Tag, gesungen. Dem heiligen Bernhard wird sogar – legendär – die Erweiterung des Salve Regina um die abschließenden Anrufungen Mariens zugeschrieben. Bei seinem Einzug in den Dom von Speyr soll er in mystischer Verzückung am Schluss weitergesungen haben: »*O clemens, o pia, o dulcis Virgo Maria!*« So schließt seither das Salve Regina – und damit jeder Tag eines Mönchs – mit diesem enthusiastischen Zuruf Bernhards an die Gottesmutter: »O gütige, o milde, o süße Jungfrau Maria!«

Der Zisterzienserchoral

Auf der Suche nach dem ursprünglichen Choral

Die Zisterzienser waren für ihre Zeit eine Revolution der Frömmigkeit, sie sind ein echter Reformorden und markieren den Aufbruch in eine neue Art von Ordensleben und Spiritualität. Im Kontext dieser neuen und besonderen Frömmigkeit wagen sie auch, den damals schon als ehrwürdig geschätzten Choral von Grund auf zu reformieren. Die Reform des Chorals beziehungsweise die Entwicklung des spezifischen Zisterzienserchorals erfolgt in zwei Wellen, die ich schon deshalb kurz darstellen muss, weil diese Umgestaltungen des Chorals erstmals in der Geschichte der Kirche dazu geführt hat, dass innerhalb eines Ordens einheitlich derselbe Choral gesungen wurde. Bis heute, denn was auf der CD »Chant – Music for Paradise« zu hören ist, das ist Zisterzienserchoral pur.

Reformen in Liturgie und Choral
Cistercium wollte sich von Cluny von Anfang an durch eine Neugestaltung der Liturgie unterscheiden. Überwucherungen sollten gekürzt werden, um die Ausgewogenheit zwischen Gebet und Arbeit wiederherzustellen. Als Maßstab galt zuerst die Benediktsregel, in der in den Kapiteln 8 bis 18 und im Kapitel 20 klare Anweisungen für die Gestaltung der Liturgie gegeben werden. Daher strich man alle fünfzehn überkommenen Zusatzoffizien und -gebete. Weil Benedikt an mehreren Stellen die Hymnen des Ambrosius anordnete, meinten die Väter, man

müsse zu allen Horen immer nur die ambrosianischen Hymnen singen. Es darf nicht verschwiegen werden, dass die Zisterzienser in der Folge mit schwersten Vorwürfen konfrontiert wurden: nicht nur, dass sie zu wenig fromm seien, sondern auch, dass sie von der römischen Tradition abwichen. Auch auf anderer Ebene war Abt Stephan Harding von der Idee getrieben, dass manches Überkommene fehlerhaft sein könne und dass man es in seiner ursprünglichen Reinheit wiederherstellen müsse. So ließ er 1109 sogar die lateinische Bibel revidieren, da ihm der lateinische Vulgatatext fehlerhaft erschien. Für diese Neuübersetzung, teilweise aufgrund des hebräischen Urtextes, zog er sogar Rabbiner heran. Dieselbe Korrektur sollte nun auch beim gregorianischen Repertoire erfolgen. Damals war man der Auffassung, dass die »originale« Form des Choralgesangs in der Schule von Metz zu finden sei. Tatsache ist, dass zur Zeit Pippins des Großen, als die Verschmelzung des altrömischen Repertoires mit dem gallikanischen Gesangsstil begann, der Metzer Bischof Chrodegang eine Schola Cantorum gründete, und dass hundert Jahre später in Metz der Liturgiker Amalar von Metz wirkte. Von daher rührte also die Fama, dass in Metz der Choral am authentischsten überliefert sei. Man schickte also Brüder nach Metz, um die Antiphonarien zu kopieren – und erlebte eine sehr große Enttäuschung: Was man dort fand, war ein durch und durch entstellter Choral, den man nun nach Cîteaux transferiert hatte. Die von Abt Stephan Harding angestoßene zisterziensische Gesangsreform ging also kräftig daneben, beziehungsweise führt zu einer so großen Unzufriedenheit, dass sie unweigerlich nach einer neuen Reform verlangte.

Reform der Reform

Vor allem Bernhard, der 1112 in Cîteaux eingetreten war, konnte sich mit diesen musikalischen Missständen nicht abfinden. Er schreibt selbst über den Choral, wie er ihn in den Klöstern des Ordens vorgefunden hatte: »Wir fanden den Text des alten Metzer Antiphonars an vielen Stellen derart verkommen und vernachlässigt vor, dass er durch viele Fehler wie mit apokryphen Muttermalen entstellt war und seinen Lesern daher nicht nur Überdruss, sondern sogar Abscheu einflößte. So lehnten die Novizen, die in kirchlichen Schulen ausgebildet worden waren, das Antiphonar sowohl wegen des Textes, als auch wegen der Notation voll Widerwillen und Desinteresse ab. So wurden sie beim Gotteslob immer saumseliger und schläfriger.« Offensichtlich wartete man aber den Tod des großen Abts Stephan Harding ab, denn erst 1134, unmittelbar nach seinem Hinscheiden, erhält Bernhard vom Generalkapitel den Auftrag zu einer Reform des Gesangs im Zisterzienserorden. Bernhard ist dabei nicht anders verfahren, als das in heutiger Zeit geschieht: Er bildete eine wissenschaftliche Expertengruppe von Musikern und Liturgikern, sammelte die vielen verschiedenen Vorlagen und erstellte dann mit den korrigierten und veränderten Kompositionen ein neues Antiphonar. Im Zisterzienserorden gab es immer das Ideal der Einheitlichkeit. Die Kommission entdeckte bald, wie unvorstellbar groß die Divergenzen zwischen den zusammengetragenen Notenbüchern waren. Bernhard schreibt mit polemischem Unterton, dass die Antiphonarien gerade mal in den Fehlern übereinstimmen, in sonst aber nichts; dass nicht zwei verschiedene Provinzen denselben Choral singen. Durch die vielen Abweichungen fühlte man sich umso mehr ermutigt, frei umzuändern, ja, nach Notwendigkeit auch Neues zu schaffen.

So entstand ein Antiphonar, von dem Bernhard schreibt, dass es »nach Gesang und Text untadelig ist. Wer daraus singt, wird es bestätigen können, wenn er sich in diesen Dingen auskennt.« Die Kommission brauchte für die Entwicklung des Zisterzienserchorals dreizehn Jahre, sie wurde 1147 abgeschlossen. Die Reform fand auf dem Generalkapitel 1147 keine ungeteilte

Zustimmung, setzte sich jedoch kraft der ungeheuren Autorität von Bernhard dann doch sehr schnell durch und hat bis zum heutigen Tag in unserem Orden Bestand. Ja, sie wurde als so erfolgreich empfunden, dass sie hundert Jahre später von den Dominikanern nachgeahmt wurde: Der Dominikanergeneral Humbert von Romans († 1277) setzte ähnliche Musikreformen durch und ließ einen eigenen Dominikanerchoral schaffen; als Grundlage diente die überarbeitete Gregorianik der Zisterzienser.

Die programmatische Umgestaltung zum »Zisterzienserchoral«

Die Überprüfung und Verbesserung der vorgefundenen Gesänge war rigoros. Sie erfolgte wiederum gemäß dem Ideal des Ordens, der Schönheit nicht durch eine Aufblähung, sondern durch eine Reduzierung der Ausdrucksformen zu erreichen versuchte. In der Zisterzienserarchitektur etwa lehnte man alles Ornamentale und Dekorative ab; der Eindruck der Kirchen und Klosterräume sollte nicht durch verspielte Details und verwinkelte Komplexität hervorgerufen werden, sondern durch nüchterne Einfachheit. In demselben Maß, wie man Bilder und Statuen verbot, konnte sich eine andere Schönheit entfalten: eine Schönheit, die aus der Einfachheit der Linien, der Höhe des Raums, der Symmetrie der schlichten Formen entstand. Diese Schönheit versuchte man auch durch die bernhardinische Gesangsreform in den Gregorianischen Choral zu übertragen und änderte bedenkenlos die Gestalt der Melodie dort, wo sie diesem Ideal nicht entsprach! Natürlich musste man hie und da auch Kompromisse machen, denn es gab auch Kantoren, denen die eine oder andere Stelle aus den alten Antiphonarien besser gefiel. Ich versuche kurz, die vier musikologischen Hauptpunkte der zisterzienischen Gregorianik-Reform zu schildern:

Erstens versuchten sie, die modale Einheit zu verwirklichen, das heißt: Sie vereinheitlichten die Melodiegestalt der Kirchentöne so, dass ein Modus nicht in einen anderen Modus wechselte. Deshalb sollten Anfangston und Schlusston *(Finalis)* gleich sein. Viele Gesänge, die nach der Überlieferung im IV. Ton waren, wurden in den VII. Ton gesetzt. Die vielen Endungsvarianten der acht Modi wurden eingeschränkt auf maximal zwei. Für den zweiten, fünften und sechsten Ton gibt es im Zisterzienserchoral gar nur eine Möglichkeit der Finalis.
Dem Prinzip der modalen Einheit entsprach es zweitens, das sogenannte b-molle beziehungsweise b-rotundum soweit wie möglich auszuschließen, da eine zu häufige Anwendung sehr leicht die Melodik des jeweiligen Kirchentons verändern kann.
Das dritte Anliegen war die Einschänkung des Tonumfangs auf zehn Töne. Am auffälligsten ist der Unterschied zwischen römischer beziehungsweise benediktinischer Gregorianik und unserem Choral, wenn man die Notentexte in den unterschiedlichen Gesangsweisen nebeneinander legt: Der Zisterzienserchoral hat oft viel weniger Noten, die Melismen sind vielfach abgekürzt. Die Reformkommission hatte zum Ziel, dass der Tonumfang eine Dezime, zehn Tonstufen, nicht überschreiten sollte. Man berief sich dazu sogar auf die Bibel, wo es in Psalm 144,9 heißt: »Ich will dir auf der *zehn*saitigen Harfe spielen.« Der verringerte Tonumfang war außerdem leichter zu singen, man musste nicht so hoch hinauf. Und auch bei der Verschriftung kam man leichter mit den vier Notenlinien aus. Konsequent kürzten die Reformer die Melismen des jeweiligen Jubilus der Hallelujas; und wo die Melodien als zu gekünstelt empfunden wurden, hat man einfach neu komponiert. Außerdem wollten unsere Väter in einer »männlichen« Stimmlage singen, die würdig klingt und die Andacht fördert.
Und viertens reformierte man in diesem Zusammenhang auch einiges vom Inhalt her: In ein und demselben Tagesofficium

durfte ein liturgischer Text nicht zweimal vorkommen. Außerdem wurden als zu lang empfundene Hymnen aufgeteilt. En passant führte man auch neue Officien ein. Typisch für Bernhard, der in vielen Ansprachen das Hohelied des Alten Testaments als Ausdruck der Liebesbeziehung zwischen Gott und der Seele beziehungsweise Christus und Maria gedeutet hatte, war, dass er die Muttergottesfeste mit Antiphonen bereichern ließ, die aus dem Hohenlied stammten.

Tradition seit dem frühen 12. Jahrhundert

Als das Antiphonar fertig war, wurde es im Orden verbreitet und gemäß dem Prinzip der Einheitlichkeit im Orden wurde dafür gesorgt, dass es in allen Klöstern Verwendung fand. Zwischen 1173 und 1191 wurde für jedes Kloster ein Exemplar zusammengestellt, also eine Vorlage, die alle notwendigen Texte und Gesänge enthielt. Die erhaltenen mittelalterlichen Codices bezeugen tatsächlich eine homogene zisterziensische Überlieferung, auch wenn es durchaus zu lokalen Variationen kam. So entstand mit dem ersten europumfassenden Orden auch zum ersten Mal eine europaweit identische Form des Gesangs.

Die Gesangstradition des Zisterzienserchorals ist bis heute ungebrochen, auch wenn man in der Gefolge des Konzils von Trient versucht hatte, die Zisterzienserliturgie stark zu »romanisieren«. Unter Generalabt Claude Vaussin († 1670) hatte man 1668 das *Graduale Romanum* in der so fehlerhaften *Editio Medicea* von 1614 übernommen. Diese doppelte Entstellung unserer Tradition – durch römischen Choral und noch dazu durch fehlerhaften! – ist mittlerweile überwunden (siehe dazu auch das Kapitel »Die Wiederentdeckung durch Solesmes« S. 127).

In der Umstellung nach dem 2. Vatikanischen Konzil haben wir alle vorhandenen Stücke des Zisterzienserchorals in das Heiligenkreuzer Zisterzienserbrevier übernommen und durch geeignete Kompositionen ergänzt. Für die Feier der heiligen

Messe verwenden wir das *Gradule Cisterciense* von 1899. Derzeit sind wir dabei, auf dem Computer ein neues *Kyriale Cisterciense* für die diversen Ordinarien zu erstellen. Da wir mit manchen nach dem Konzil übernommenen oder in den Siebzigerjahren komponierten Antiphonen nicht zufrieden sind, plant Pater Simeon die Erstellung neuer Antiphonarien. Ein Wunschtraum wäre es auch, das *Graduale Cisterciense* neu, gemäß der Messordnung des 2. Vatikanischen Konzils, herauszugeben. Jedenfalls kann man sagen, dass die bernhardinische Choralreform weiterlebt. Mit dem Erfolg von »Chant – Music for Paradise« ist daher auch etwas von der tiefen mystischen Begeisterung hinausgegangen, die unsere gottverliebten Väter im 12. Jahrhundert angetrieben hat und die im Zisterzienserchoral musikalische Gestalt angenommen hat.

Wie kam es zu dem Erfolg von »Chant – Music for Paradise«?

Gott hat uns gut vorbereitet

Mönch sein heißt nicht, sich zu verstecken

Als unsere CD so erfolgreich wurde, waren besonders die Journalisten aus dem angloamerikanischen Raum erstaunt darüber, dass wir Mönche Interviews gaben, Pressekonferenzen hielten und einige von uns sogar in Fernsehsendungen Rede und Antwort standen. Oft habe ich Fragen gehört wie: »Ist es Ihnen überhaupt erlaubt, mit uns Journalisten zu reden? Stört das nicht Ihre klösterliche Abgeschiedenheit? Dürfen Sie das trotz Ihres ›Schweigegelübdes‹?« Abgesehen davon, dass die Idee von einem Schweigegelübde wirklich nichts anderes ist als ein Hirngespinst (es gibt in den katholischen Orden kein Schweigegelübde und es hat auch nie so etwas gegeben!), zeigten die Fragen oft eine große Unkenntnis über die Situation und das Profil von unseren Zisterzienserklöstern in Österreich.

Tatsächlich besteht das Ideal der Benediktiner und Zisterzienser im »verborgenen« Leben im Kloster, aber die Klostermauern sind keine absolute Grenze. Unsere Zurückgezogenheit ist eine freiwillige. Sogar vom alten Mönchsvater Antonius (251–356) wissen wir, dass er sich vom Bischof Athanasius von Alexandrien aus seiner Wüsteneinsamkeit rufen ließ, um in der Stadt gegen die Irrlehre des Arius zu predigen. Und ebenso sieht unsere benediktinische Tradition schon immer vor, dass es gleichsam eine Form von »Apostolat« nach außen gibt, vor allem in der Fürsorge für durchreisende Gäste.
Bei uns in Österreich kam dann noch etwas dazu, das uns weltoffen und apostolatsfreudig gemacht hat: die Übernahme von Seelsorge in Pfarreien, die man dem Kloster »inkorporiert«, also einverleibt hat. Das Stift Heiligenkreuz betreut heute achtzehn Pfarreien, vor einigen Jahrzehnten waren es noch ein paar

mehr. Wir sind auf der einen Seite echte Mönche, die die benediktinische Klosterdisziplin hochhalten, auf der anderen Seite als Priester auch echte Seelsorger, die auf die Menschen zugehen wollen. Wie es geschichtlich dazu gekommen ist, muss ich kurz schildern.

Die Veränderungen unter Kaiser Joseph II.

Eine Besonderheit der österreichischen Mentalität ist, dass sie nicht zur Radikalität neigt. Das heißt: Wir Österreicher bevorzugen die Anpassung und den Kompromiss. Das gilt auch im religiösen Bereich. Wir lieben die Gemütlichkeit und daher ist uns auch jede Form von Zelotismus, von übersteigertem Glaubenseifer, und Fanatismus fremd. Die negativen Folgen dieser Prägung liegen auf der Hand: Wir sind religiös lau und manchmal sogar gleichgültig. Doch hier soll es um die positiven Konsequenzen gehen. Da wir skeptisch sind gegenüber jeder Form von religiösem oder antireligiösem Eifer oder Übereifer, hat es in Österreich keine Phänomene gegeben, wie wir sie in anderen Staaten kennen: Frankreich etwa hat die meisten Heiligen in der Kirchengeschichte hervorgebracht, war zugleich aber die Geburtsstätte eines ausgeprägten Atheismus. Während in Frankreich während der Französischen Revolution fast alle Klöster aufgelöst wurden, regierte in Österreich der fortschrittliche Kaiser Joseph II. (1780–1790), der dem aufgeklärten Geist seiner Zeit vor allem auf bürokratischem Wege gerecht werden wollte.

Joseph II. gründete Krankenhäuser, öffnete kaiserliche Gärten als Parks dem Volk, ordnete die Armenfürsorge an – und wollte ein echter Volkskaiser sein. Für ihn hatte Frömmigkeit zweckmäßig und praktisch das soziale Wohl zu fördern, sonst ließ er sie nicht gelten. Aus heutiger Sicht muss man zugeben, dass der Kaiser mit seinen drakonischen Regulierungen der Kirche – seinen Kirchenreformen und Klosteraufhebungen – zugleich der antikirchlichen Wut, die sich zusammengebraut hatte, den Wind aus den Segeln nahm. Während sich in Frankreich nach dem Ausbruch der Revolution 1789 ein brutaler Kirchenkampf zusammenbraute, der zur Vernichtung vieler Klöster und auch zum Tod von vielen Priestern und Ordensfrauen führte, blieb dieses Schicksal den österreichischen Klöstern erspart. Jene Stifte, die Josef II. nicht auflöste, zwang er, aktiv Pfarr- oder Schulseelsorge zu übernehmen. Natürlich waren manche Klöster damals ganz versessen darauf, Pfarreien in die Betreuung zu übernehmen, weil dies der einzige Weg war, um der Aufhebung zu entgehen.

Alle großen österreichischen Stifte betreuen seither Pfarreien; alle haben folglich einen Konvent, der aus zwei Flügeln besteht. Unser Abt Gregor verwendet gern das Bild von den beiden Lungenflügeln, aus denen unsere Gemeinschaft atmet: Da sind die Mitbrüder »drinnen« im Kloster, die klösterlich leben, ganz nach dem Ideal der Benediktsregel, und da sind die Priestermönche die in der Seelsorge »draußen«.

Kloster und Öffentlichkeit – das passt gut zusammen

Als Universal Music uns für das Projekt einer Choral-CD auswählte, da kam oft die Frage: »Und würden die Mönche auch Interviews geben? Und darf man bei ihnen auch filmen?« Mich muteten diese Fragen skurril an, denn das war ja für uns selbstverständlich. Wir wollen uns nicht verstecken, wir haben auch nichts zu verbergen. Unsere Lebensform zielt zwar auf Zurückgezogenheit ab, sie ist aber eine öffentliche Form der Spiritualität mitten in der großen weltweiten katholischen Kirche. Und warum sollen wir den Menschen draußen vor den Toren des Klosters nicht zeigen, wie wir leben, wie wir beten und arbeiten? Nicht nur mein »Of course!«, sondern auch die Homepage mit ihren vielen Einsichten in die Schönheit unseres Lebens überzeugte Universal dann, dass sie es nicht mit einer

Gemeinschaft zu tun hat, die das Interesse der Öffentlichkeit nur als lästig empfindet.

Die »Veröffentlichung« unseres Betens war uns schon immer wichtig. Abt Gregor ermutigte uns immer, Führungen so anzusetzen, dass sie in ein Gebet, etwa das Mittagsgebet um zwölf Uhr oder die Vesper um achtzehn Uhr münden. Die Faszination, die das optisch und akustisch erlebte Chorgebet ausübt, gibt uns da wohl recht.

Wir sind also keine Mönche, die sich verstecken. Unmittelbar nach der Wahl von Abt Gregor am 11. Februar 1999 zum siebenundsechzigsten Abt des Stifts Heiligenkreuz ernannte er mich zum »Verantwortlichen für die Öffentlichkeitsarbeit«. Bisher hatte es ein solches Dienstamt nicht gegeben. Und es war damals schon höchste Zeit, denn Heiligenkreuz ist ja auch eine touristische Sensation, und so bestand meine Tätigkeit in den ersten Jahren vorwiegend darin, das Kloster im Bereich des Fremdenverkehrs richtig zu platzieren. Ich erinnere mich an unzählbar viele Kurzbeschreibungen und Kurzartikel über das Stift, die ich damals für diverse Kloster- und Fremdenführer verfassen musste. Bisher war dies »von irgendjemandem« gemacht worden. Mein Anliegen war natürlich von Anfang an auch, das Kloster als Kloster zu präsentieren: also nicht nur den Kreuzgang und die Architektur und die Kunstschätze zu beschreiben, sondern vor allem auf die Lebendigkeit unserer Gemeinschaft und die uns beseelende Spiritualität hinzuweisen.

Austro-Pop in Heiligenkreuz 2002

Das Jahr 2002 bedeutet eine Zäsur in unserem Umgang mit der Öffentlichkeit. Im Jahre 1002 hatte Kaiser Heinrich II. mit seiner Gattin Kunigunde dem damaligen Babenberger Heinrich II. ein Stück Land geschenkt, das im Gebiet des heute sogenannten »Wienerwaldes« lag. Der Wienerwald ist eine der berühmtesten Landschaften Österreichs. Unmittelbar vor den Toren Wiens gelegen, ist er ein wichtiges Naherholungsgebiet. Die Landeshauptleute von Niederösterreich und Wien wollten die Tausendjahrfeier mit großer Festlichkeit begehen und riefen ein »Millennium Wienerwald« aus, dessen Hauptfeier bei uns im Stift Heiligenkreuz stattfinden sollte. Wir mussten zunächst schmunzeln, denn der Titel »Millennium Wienerwald« war ein bisschen hoch gegriffen für die Schenkung eines anonymen Stücks Land. Immerhin wurde uns dann aber bewusst, dass der Name »Wienerwald« in einer Urkunde von 1332 zum ersten Mal vorkommt: In unserem Stiftsarchiv wird eine Urkunde aufbewahrt, in der Herzog Albrecht mit Datum vom 29. März 1332 dem Stift Heiligenkreuz ein bestimmtes Recht überlässt, dort findet sich zum erstenmal der Ausdruck »Wienerwald« und zwar in Verbindung mit dem Namen Heiligenkreuz: *Sancta Crux in silva viennensi*. Und so passte die Feier dann doch ganz gut zu uns. Seither nennen wir uns auch nicht mehr »Heiligenkreuz bei Baden«, wie dies bisher üblich war, sondern »Heiligenkreuz im Wienerwald«, denn Städte mit dem Namen »Baden« gibt es viele, während »Wienerwald« ein Landschaftsgebiet ist, das von jedermann lokalisiert werden kann und das zudem in der Kultur- und Literaturgeschichte unseres Landes eine große Rolle spielt.

Millenniumsfeier mit Popkonzert

Die Planung für das »Millennium Wienerwald« begann. Man dachte an ein Ganztagesprogramm mit viel Folklore, viel Volkskultur und viel Geselligem. Das Ganze drohte, wie ein gewöhnliches Dorffest im Schatten eines Stifts abzulaufen, und das war mir zu wenig. Mein Anliegen war es, vor allem junge Leute nach Heiligenkreuz zu bringen, und alle stimmten zu, dass man das nicht mit Volksmusik und Schuhplattlern tun kann. Von Seiten des Abts und des damaligen Priors kam das

Anliegen, ganz authentisch klösterlich zu bleiben: Der schenkende Kaiser Heinrich II. war zufällig ein Heiliger, den man folglich auch als Heiligen verehren kann. So entstand der bunte Mix eines Programms, das zwischen einer riesigen Festmesse zu Ehren des heiligen Kaisers Heinrich, einem folkloristisch gestalteten Festakt mit den beiden Landeshauptleuten und einem üppigen Unterhaltungsprogramm, an dem sich alle umliegenden Gemeinden, Vereine und Gruppierungen beteiligten, seinen Höhepunkt in einem Popkonzert fand. Auf der Suche nach einem Zugpferd für die Jugend hatte ich meinen Lieblingssänger Rainhard Fendrich ins Spiel gebracht, von dessen »coolen« Liedern, die oft eine sehr humorvolle kritische Note enthielten, ich begeistert bin. Fendrich sagte zu. Unsere Betriebsleiter Arnold Link und Josef Glanz legten sich mit Begeisterung ins Zeug und stellten mit den Verantwortlichen des Landes Niederösterreich eine perfekte Organisation auf die Beine. An diesem 16. Juni 2002 kamen dreißigtausend Menschen, davon allein zwanzigtausend am Abend zu dem Konzert von Rainhard Fendrich auf einer riesigen Bühne im Äußeren Stiftshof.

Diese Massenveranstaltung zeigte nicht nur, wozu unsere Betriebsleiter mit unseren Mitarbeitern fähig waren, sondern auch, wie positiv die Menschen das aufnahmen. Es war ein herrlicher Sommerabend, die Menschen waren begeistert. Die gelungene Millenniumsfeier nahm uns auch jede Angst vor dem Organisieren. Freilich: Damals ging es noch nicht um den Choral, sondern nur um die Gesamtwahrnehmung der menschenfreundlichen Offenheit von uns Mönchen. Übrigens sollte fünf Jahre später ein wichtiges Detail des Fendrich-Konzerts bei der Gestaltung des Papstbesuches eine Rolle spielen: Die Riesenbühne für Fendrich war vis-a-vis von der Barockfassade des Stifts aufgebaut, davor drängten sich zwanzigtausend Fans. Abt Gregor hatte die originelle Idee, dem Konzert von einem Erker aus bei-

Wie kam es zu dem Erfolg von »Chant – Music for Paradise«?

zuwohnen, der sich in einem Turm der barocken Klosterfassade befand. Er schwebte also – mit einigen anderen Mitbrüdern, die ihm dort Gesellschaft leisteten – über der Menge und nahm von einer Art Loggia aus gut gelaunt an dem Popkonzert teil. Als wir fünf Jahre später den Papstbesuch organisieren mussten, hatte unser Bauamtsdirektor sofort die richtige Idee: Damit der Papst von möglichst vielen Menschen gesehen werden und möglichst viele segnen kann, müssen wir ihn in diesen Erker bringen. »Schon damals hat der Abt ausgeschaut wie der Papst, wenn er den Segen gibt!«, hatte Herr Link gesagt. Und die Idee hat sich dann großartig bewährt, der Segen des Papstes am 9. September 2007 von der Loggia aus ist unvergesslich!

Neue Ideen erwachen

Durch die gute Stimmung, die die Medienvertreter bei der Millenniumsfeier in Heiligenkreuz allerorts feststellen konnten, war das Interesse erwacht. Die Journalisten wussten nun auch: Dieser Ort mit seinen vielen jungen Mönchen und seiner uralten Atmosphäre ist interessant. Und: Dort sind wir willkommen! Und außerdem hat uns die tolle Atmosphäre der Millenniumsfeier Mut gegeben zu weiteren Initiativen: Am 1. Mai 2003 hielten wir den ersten »Klostermarkt« ab. In eigens dafür angefertigten Verkaufshäuschen konnten über dreißig Stifte, Klöster und Ordensgemeinschaften ihre speziellen Produkte anbieten. Von Anfang an war der Klostermarkt ein Hit. Unsere anfänglichen Skrupel, ob eine solche Verkaufs- und Verköstigungsveranstaltung denn zu einem geistlichen Ort passt, wurden durch die Begeisterung der herbeiströmenden Menschenmassen zerstreut. Heute ist der Klostermarkt am 1. Mai eine feste Institution, die zwischen zwölf- bis zwanzigtausend Menschen anzieht. Ich erinnere mich noch, wie ich in der Nähe stand, als eine Gruppe von Leuten Abt Gregor anschwärmte: »Endlich tut das Stift etwas für uns!« Als die Leute weg waren wandte sich der Abt mit leicht verblüfftem Gesichtsausdruck an mich: »Ist das nicht eigenartig. Da beten wir Tag und Nacht für die Menschen. Und erst dann merken die Leute, dass wir ›etwas für sie tun‹, wenn wir ihnen Essen und Trinken anbieten!« Für mich war das nicht so verwunderlich, denn ich war ja acht Jahre lang Pfarrer und weiß daher, wie wichtig es ist, dass die Kirche beides anbietet: einerseits eine Verbindung mit Gott durch Gebet und Frömmigkeit, andrerseits aber auch Veranstaltungen, die einfach die Geselligkeit und die Gemeinschaft untereinander fördern. Wer des Glaubens froh ist, der darf ruhig auch des Lebens froh sein.

Eine erste CD: »Heiligenkreuzer Choral«

Diese Öffnungen unserer Gemeinschaft auf die Menschen zu, die durch das »Millennium Wienerwald« 2002 und den ersten Klostermarkt 2003 erfolgt waren, haben uns gut getan, weil wir sehr viele positive Reaktionen bekamen. Plötzlich sprachen die Menschen von »unseren« Zisterziensern in Heiligenkreuz. Wir selbst haben gemerkt, dass dadurch die Substanz des klösterlichen Lebens keineswegs beeinträchtigt wurde, denn diese Veranstaltungen waren punktuell und bedeuteten keinerlei Beeinträchtigung der Gebetszeiten. In dieser Situation tauchte die Idee zu einer Choral-CD auf. Die Initiative ging vom damaligen Leiter der Abteilung Hörfunk des ORF Niederösterreich, also des öffentlich-rechtlichen Rundfunks, aus. Schon bei einigen vorangegangenen Radioübertragungen von Messen hatte unsere Schola offensichtlich »einen guten Eindruck« gemacht; tatsächlich waren zu dieser Zeit mehrere neue stimmkräftige und musikbegeisterte junge Männer neu ins Kloster eingetreten, sodass der damalige Kantor Pater Maximilian Heim eine harmonische Schola zusammenstellen konnte. Zudem hatte sich in Gestalt der Niederösterreichischen Versicherung auf Initiative von Vizedirektor Johannes Coreth ein Sponsor für das Projekt gefunden; der ORF wollte mit dieser CD zugleich ein repräsentatives Weihnachtsgeschenk für seine Freunde herstellen.

Erste Publikumserfolge mit dem gesungenen Gebet

Diese CD sollte einen Aufbruch darstellen. Schon damals war klar, dass wir nicht Musik um der Musik willen machen. Wir wollten, dass nicht bloß schöne Melodien hinausgehen, sondern unser Zeugnis des Gebets. Unser Abt Gregor hatte die Formulierung geprägt, dass Gregorianischer Choral »gesungenes Gebet« ist. Das gefiel und wurde als Titel gewählt: »Heiligenkreuzer Choral – Gesungenes Gebet.« Die Aufnahmen sollten an zwei aufeinanderfolgenden Tagen stattfinden, und zwar einmal bei einem öffentlichen Konzert und dann, in gleicher Besetzung, ohne Publikum. Am 28. und 29. August jeweils um neunzehn Uhr dreißig fanden die Aufnahmen in der großen Abteikirche statt. Wir hatten das ganze einfach »Musikalische Besinnungsstunde – Gesungenes Gebet« genannt. Hunderte Menschen waren zum ersten Abend gekommen, der ORF kam mit großer Ausrüstung angefahren und hatte den Altarraum mit einer Unzahl von Mikrofonen bestückt. Natürlich konnte man mit dieser Aufnahme nicht viel anfangen, denn obwohl sich das Publikum andachtsvoll und ehrfürchtig verhielt, war Räuspern und Husten zu hören. Erst am nächsten Tag fand unter Ausschluss der Öffentlichkeit die eigentliche Aufnahme statt. Sie gelang perfekt. Frater Simeon Wester, damals noch Zeitlicher Professe, hatte die Musikstücke mit den Sängern einstudiert, Pater Maximilian Heim leitete die Schola. Wir trauten uns damals noch nicht zu, nur Choral zu singen, weil wir fürchteten, dass eine solche CD zu einförmig klingen könnte, und so mischten wir gregorianische Gesänge mit Orgelimprovisationen von Frater Simeon. Da der Zisterzienserorden damals des achthundertfünfzigsten Todestages des heiligen Bernhard gedachte, las Abt Gregor passende Texte aus den mystischen Schriften unseres Ordensvaters. Bei den gregorianischen Stücken hatte Kantor Pater Maximilian gleichsam die »Highlights« des Chorals ausgewählt: ein bunter Mix aus Introiten, Hymnen und marianischen Antiphonen, die dem Zyklus des Kirchenjahres entnommen waren. Im Booklet zur CD betonten wir, dass alle Gesänge zum bleibenden Bestand unserer Liturgie gehören: »Sie sind die tatsächliche Form unseres Gebets und nicht nur musikalische Aufführungsstücke. Die klare und erhabene Schönheit der Melodien, welche die uralten Mauern unserer Abteikirche seit fast neunhundert Jahren durch den Gesang der Mönche erfüllen, geben Zeugnis von der hohen Berufung, die uns Zisterziensern anvertraut ist: im nie endenden Lobpreis Gott die Ehre zu geben.« Dass wir dieselbe Botschaft fünf Jahre später an ein Millionenpublikum würden verkündigen können, hatten wir damals nicht geahnt. Die CD war ein Erfolg, zehntausende Stück wurden verkauft, der ORF Niederösterreich erhielt viel Lob für die gute Aufnahmequalität und auch dafür, dass man endlich einmal eine Weihnachts-CD außerhalb des üblichen Rahmens produziert hatte. Der einstimmige Choral wurde als Abwechslung empfunden gegenüber den pompösen Orchestermessen, die üblicherweise auf dem Programm standen. Und wir hatten endlich eine musikalische Visitenkarte, durch die wir der Welt zeigen können: Schaut, so schön ist unser uraltes gesungenes Gebet.

Ein Oscar im Kloster

Spannung entsteht, wenn Gegensätzliches aufeinandertrifft. So geschehen im Frühjahr 2007, als unser Kloster plötzlich mit der uns geografisch und geistig so fernen Glanz- und Glamourwelt in Verbindung gebracht wurde, weil Florian Henckel von Donnersmarck den Oscar für den Film *Das Leben der anderen* gewann. Florian ist einer der beiden Neffen unseres Abts; beide Neffen sind unterschiedliche Persönlichkeiten, doch beide, auch Sebastian, haben eine unsterbliche Begeisterung für den Film. Abt Gregor erzählt immer mit allen Anzeichen blanken Entsetzens, wie Florian von Horrorfilmen und sogenannten Slasher-Movies schwärmte, in denen literweise Filmblut fließt... 1998 lernte ich Florian zum ersten Mal kennen, damals veranstalteten wir auch erstmals »Silvester alternativ«, also Jugendtage über den Jahreswechsel. Er war damals fünfundzwanzig Jahre alt und kam auf Einladung seines Onkels für ein paar Tage ins Kloster. Mich beeindruckte vor allem, dass hier endlich jemand vor mir stand, zu dem ich aufschauen musste, denn mit meinen 1,92 Metern kam ich an Florian mit seinen 2,05 Metern nicht heran. Florian hatte natürlich schon enorme kosmopolitische Erfahrung: Er hatte sein Leben in New York, Berlin, Frankfurt am Main, Brüssel, Sankt Petersburg und Oxford verbracht, zuletzt hatte er in München an der Hochschule für Film und Fernsehen studiert und ein Regiepraktikum bei Richard Attenborough gemacht. Doch außer dem netten Kurzfilm *Der Dobermann* hatte er zu diesem Zeitpunkt noch keine beruflichen Erfolge aufzuweisen.

Schützenhilfe beim Trainingsprojekt

In den folgenden Jahren kam Florian immer wieder für ein paar Tage; besonders segensreich für unser Haus war sein Aufenthalt im Frühjahr 2000. Damals hatten ein paar Mönche, darunter auch ich, den Wunsch, einen Fitnessraum im Kloster einzurichten. Wir hatten bereits eine kleine Kammer »requiriert« und ein paar Turngeräte aufgestellt. Die Idee war schon damals, dass wir Mönche im Kloster dringend einen körperlichen Ausgleich brauchen. Da die klassische Gartenarbeit wegen der praktischen Maschinen, die dort mittlerweile eingesetzt wurden, keine körperliche Herausforderung mehr darstellte, waren wir auf der Suche nach etwas anderem. Von einem ehemaligen Ministranten hatte ich ein paar alte wackelige Fitnessgeräte samt einem rostigen Set Hantelscheiben gekauft und mit einem unserer Theologiestudenten das Training begonnen. Da mir diese Form des Trainings zusagte, hatte ich mir Prospekte von Fitnessgeräten besorgt, doch die Preise waren hoch. Ich fürchtete, dass ich keine Chance hätte, vom Pater Ökonom eine solche Summe für Sportgeräte zu erbitten. Doch dann kam wieder einmal Florian und fragte seinen Onkel, den Abt: »Wo ist eigentlich euer Gym?« Abt Gregor verdutzt: »Was ist ein ›Gym‹?!« Als Florian erklärt hatte, dass ein Gym ein Fitnessraum für Kraftsport und sonstige Sportarten ist, dass es heute schon zur ganz normalen Lebenskultur gehört, »in ein Fitnessstudio« zu gehen, dass es überdies gefährlich sei, wenn die vielen jungen Mönche hier nicht ausreichend die Möglichkeiten haben, sich sportlich zu betätigen, überlegte der Abt kurz: »Geh doch zu Pater Karl, der hat da in einer Abstellkammer so merkwürdige Geräte.«

So begann ich mit Florian in dem »Sportraum« mit dem steinzeitlichen Equipment zu trainieren. Ebenso wichtig aber war, dass ich von nun an das Ohr des Abts hatte, denn Florian begann so überzeugend zu argumentieren, dass ein Kloster mit so vielen jungen Mönchen einen ordentlichen Fitnessraum braucht, dass ich schließlich die Erlaubnis erhielt. Ich durfte einfache, aber stabile Geräte kaufen. Beim damaligen Hauptökonomen Pater Sighard, der ein korpulenter Mann mit einer ebenso weiten Großzügigkeit war, rannte ich mit meinem Anliegen überraschenderweise offene Türen ein. Als ich ihm die Liste der Geräte vorlegte, überraschte er mich: »Ja, das kaufen wir, wenn es gut für die Jungen ist. Aber am besten wäre, wenn wir gleich eine Turnhalle bauen.« Da musste ich dann bremsen: »Nein, es genügt, den jetzigen Sportraum um das angrenzende

Zimmer zu erweitern.« Die Sportgeräte wurden bezeichnenderweise am 14. September 2000, dem Fest der Kreuzerhöhung, geliefert, seither hat unser Kloster ein gut eingerichtetes Fitnessstudio.
Aber das sollte nicht der einzige und größte Verdienst von Florian Henckel von Donnersmarck bleiben.
Dass eine gute Konstitution nicht nur gesundheitlich förderlich, sondern auch Voraussetzung für das Singen des Gregorianischen Chorals ist, habe ich schon an anderer Stelle erwähnt. Da es nun ein Gym in Heiligenkreuz gab, kam Florian umso lieber; er schulte mich mit Akribie in den Übungstechniken. Der Kraftsport ist deshalb eine sehr »pastorale« Sportart, weil man zwischen den einzelnen Übungen relativ viel miteinander reden kann, was etwa beim Joggen oder Radfahren unmöglich ist. Florian erzählte viel aus seinem Leben, von seinen Zielen, von seinen Erfahrungen, über seine Einstellungen zu Glaube, Kirche, zu Freundschaft und Ehe. Es war toll, denn das war ein Mensch mit einem weiten Horizont und sehr durchdachten Vorstellungen, ein Perfektionist. Ich muss gestehen, dass ich ihm damals keinen Oscar zugetraut hätte, im Gegenteil: Ein Mensch mit einem solchen Drang zur Perfektion, mit einer solchen Besessenheit für das Vollkommene, so jemand kann auch leicht an seinen eigenen Idealen scheitern. Gott sei Dank sollte ich mich täuschen.

Produktivität in Abgeschiedenheit

Es war 2002, als Florian wieder für ein paar Wochen zu uns kam. Er hatte gerade geheiratet, ein Kind war unterwegs, er suchte Abstand und er hatte im Gepäck ein unvollständiges Manuskript zu einem großen Filmprojekt über einen Stasispitzel in der ehemaligen DDR. Damals hatte Florian kaum Zeit zum Training, war wortkarg, aß nicht mit uns im Speisesaal sondern im Gästespeisesaal und war weitgehend unsichtbar. Er lebte wie ein Einsiedler in einem winzigen Klosterzimmer, das ihm Abt Gregor zugewiesen hatte. In seinem Zimmer brannte ständig Licht, es war offensichtlich, dass er mit Besessenheit an seinem Drehbuch arbeitete.

Es wurde der große Wurf. Wie Florian es dann geschafft hat, mit einem Low-Budget seinen Film *Das Leben der anderen* umzusetzen, steht mittlerweile in den Filmlexika. Seinen Charme hatten wir hier alle kennengelernt, den hatte er in vollem Ausmaß gebraucht, um so erstklassige Schauspieler wie Ulrich Mühe, Sebastian Koch und Martina Gedeck zu überreden, für »fast nichts« in seinem ersten großen Filmprojekt mitzuarbeiten. Ich erinnere mich noch, wie stolz Abt Gregor war, als er zum ersten Mal von dem fertiggestellten Film seines Neffen erzählte: Und die Freude wuchs, als dieser Film 2006 mit Bravour den bayrischen, den deutschen und den europäischen Filmpreis gewann und es Auszeichnungen nur so regnete. Florian lud uns Mönche, Abt Gregor und andere Verwandte und Freunde zu einer privaten Vorpremiere ein und hielt eine bewegte Dankansprache. Damals war ich wirklich fast zu Tränen gerührt, als er sagte, dass er eine Nebenrolle »Karl Wallner« genannt hat, mein Name also stellvertretend für alle Heiligenkreuzer. Ein etwas plumper aber netter regimekritischer Dissident. Eigentlich wäre »Simeon Wester« besser gewesen, weil Pater Simeon durch seine Musikberatung viel mehr Verdienste hat. Von ihm stammt ja der Tipp, keine bekannte Melodie für die »Bekehrungsmusik« zu nehmen, sondern etwas Eigenes komponieren zu lassen. Den Rat hat Florian befolgt und den berühmten libanesischen Filmkomponisten Gabriel Yared dafür gewinnen können.

Und dann kam Ende Januar 2007 die Nachricht, dass *Das Leben der Anderen* für den Oscar nominiert sei. Schon die Nominierung löste einen kleinen Ansturm der Medien aus. Die Society-Journalisten von Fernsehen und Radio interessierten sich plötzlich für uns, Abt Gregor war nun noch prominenter als er es in der österreichischen Medienlandschaft ohnehin schon ist. Er versuchte damals aber schon bewusst, das Medieninteresse so zu lenken, dass nicht nur über ihn als adeligen Onkel und seinen so erfolgreichen Neffen berichtet wird, sondern die Geschichte hatte ja doch einen tieferen Kern: Klöster sind schon durch Jahrhunderte Orte der Kreativität, Orte des Geistes, Orte der Inspiration. Gerade die Zurückgezogenheit von den Ablenkungen gibt dem menschlichen Geist die Chance, konzentriert zu arbeiten.

Vor der Oscar-Nacht wurden wir auch immer wieder gefragt, ob wir dafür beten, dass Florian den Oscar gewinnt. Unsere Antwort war ein klares Nein! Abt Gregor hatte ja die Parole ausgegeben, dass für ihn der Oscar ein weltlicher Götze sei, um den viel zu viel Kult betrieben werde, und dass es umgekehrt sei: Nicht die Oscar-Nominierung zeichne Florians Film aus, sondern der Film sei so gut, dass es »für den Oscar spricht« und den Oscar aufwertet, dass *Das Leben der Anderen* dafür nominiert sei. Florian war von diesen launigen Aussagen seines Onkels so begeistert, dass er ihm sofort im Scherz angeboten hat, das Marketing seines Films zu übernehmen. Jedenfalls: Es wäre weder dem Abt noch mir noch sonst jemandem von uns Mönchen in den Sinn gekommen, »um den Oscar zu beten«. Täglich wenden sich Menschen an uns mit schwersten Sorgen, in tiefsten Lebenskrisen, in schier unüberwindlichen Schwierigkeiten und bitten um unser Gebet. Klar, für die beten wir! Aber doch nicht um einen Oscar.

Klöster sind Orte der Inspiration

Trotzdem – oder vielleicht gerade deshalb, weil wir unser Gebet nicht für den Goldglanz einer weltlichen Prämie verschwendet haben – gewann Florians Film den Oscar in der Kategorie »Bester fremdsprachiger Film«. Ich fahre meinen

Computer immer gleich nach dem Aufstehen um vier Uhr dreißig hoch, um meine E-Mails zu überprüfen. So kann ich erstens die einfacheren Angelegenheiten mit kurzen Antworten erledigen und zweitens die eingetrudelten Gebetsanliegen gleich in das Chorgebet, das um fünf Uhr fünfzehn beginnt, mitnehmen. An den 25. Februar 2007 erinnere ich mich sehr gut; natürlich war ich neugierig. Und dann wirklich – auf der Homepage des ORF wurde verkündet: Oscar für *Das Leben der Anderen*. Das Unvorstellbare war passiert: Florian hatte mit seinem ersten Film die angesehendste Anerkennung der Welt, die es für einen Film gibt, erobert. Als ich zum Frühchor ging, flüsterte ich einigen Mitbrüdern zu: »Florian hat den Oscar«, doch die zuckten desinteressiert die Schultern. Wie bin ich stolz auf ein Kloster, wo das niemanden wirklich interessiert! Für Florian habe ich seither auch immer gebetet, dass er diesen maximalen Erfolg auch verkraftet, denn es gibt talentierte Schauspieler und Regisseure, die ein Leben lang ihr Bestes geben, ohne einen Oscar zu gewinnen. Erfolg und Anerkennung können gefährlich sein, wenn sie einem zu Kopf steigen oder einen zu hohen Erwartungsdruck erzeugen.

Die nächsten Tage hatten Abt Gregor, Pater Simeon und ich genug zu tun, um mit den Fernsehteams und Interviewanfragen fertigzuwerden. Ich denke, dass unsere Botschaft damals eine gute war: Klöster sind Orte der Inspiration.

Mitten in den Oscar-Rummel fiel am 8. März 2007 die nächste Sensationsmeldung, und zwar fast wie eine Bombe: Über den Apostolischen Nuntius hatte niemand geringerer als Papst Benedikt XVI. selbst ausrichten lassen, dass er anlässlich seines Pastoralbesuches am Marienwallfahrtsort Mariazell am 9. September 2007 auch das Stift Heiligenkreuz zu besuchen wünsche, um hier mit den Mönchen zu beten. »Nach dem Oscar nun der Papst!«, titelte ein österreichisches Journal. Beides kann man nicht vergleichen; wir haben eine lustige Oscarfeier mit Florian dann bewusst erst zwei Monate nach dem Papstbesuch gehalten, weil uns der goldene Götze, wie Abt Gregor die begehrte Statue schelmisch nannte, nichts bedeutet im Vergleich zu dem Ehrenvollsten, das einem kirchlichen Ort überhaupt zuteil werden kann: der Besuch des Papstes als Stellvertreter Christi auf Erden.

Heiligenkreuz als »Oase der Kraft«

»*Veni, vidi, vici*«, diese Worte Cäsars fallen mir spontan ein, wenn ich an den unvergesslichen 9. September 2007 denke, als Papst Benedikt XVI. unser Stift besuchte: Er kam, sah und siegte. Man hat mir schon vorgeworfen, dass ich den Besuch des Papstes, der überdies nur ein bisschen mehr als eine Stunde dauerte, zum Mittelpunkt des Kosmos hochstilisiere. Ich weiß, dass der Papst damals mit dem Marienheiligtum Mariazell einen heiligeren und mit der Bundeshauptstadt Wien einen repräsentativeren Ort besucht hat als unser Kloster hier im Wienerwald, das überdies nur eines von über dreißig alten Stiften in Österreich ist, die der Papst natürlich symbolisch mit seinem Besuch ebenfalls mitehren wollte. Dennoch leuchtet dieses Ereignis in meiner Erinnerung wie ein Diamant. Schon 1997 war ein Papstbesuch bei uns geplant gewesen: Damals war eine ökumenisch hochbrisante Begegnung zwischen Papst Johannes Paul II. und dem Moskauer Patriarchen Alexij II. schon bis in die kleinsten protokollarischen Details ausgearbeitet und ausgehandelt worden. Ein historisches Treffen, denn noch nie hatten sich ein katholischer Papst mit einem russisch-orthodoxen Patriarchen getroffen. Die Absage des Treffens von russischer Seite her, die uns zehn Tage vorher mitten in einem Rausch des Medieninteresses erreichte, traf uns wie eine kalte Dusche. Und darum konnte ich es auch bis zuletzt nicht glauben, dass der Besuch von Papst Benedikt XVI. wirklich stattfinden sollte.

Erst als an jenem Sonntagnachmittag die Motoradeskorte und Wagenkolonne des Papstes unter dem Jubel von zwanzigtausend Menschen in den Stiftshof donnerte, wusste ich, dass ich nicht träumte. Der Papst in Heiligenkreuz.

Der Papst in Heiligenkreuz

Warum der Papst sich persönlich gewünscht hat, den Besuch von Heiligenkreuz in das Programm seines Österreichbesuches aufzunehmen, wissen wir nicht. Tatsache ist, dass der Papst strahlte, als er vor dem romanischen Portal der Abteikirche aus dem Auto stieg und die Schola von drinnen in der Kirche die gregorianische Antiphon anstimmte: »*Tu es Pastor ovium, princeps apostolorum; tibi traditae sunt claves regni caelorum.* – Du bist der Hirt der Schafe, du bist der Fürst der Apostel; dir wurden die Schlüssel des Himmelreiches anvertraut.« Als Kardinal Joseph Ratzinger war er zuvor schon des Öfteren in Heiligenkreuz gewesen und hatte unter anderem die Hochschule besucht. Kurz vor Bekanntgabe des Papstbesuches am 28. Januar 2007 war sie in den Status einer Hochschule »päpstlichen Rechtes« erhoben worden, was für unsere 1802 gegründete Priesterausbildungsstätte vor allem Selbständigkeit und Unabhängigkeit bedeutete und eine Motivation für den verstärkten wissenschaftlichen Ausbau. Abt Gregor, der schon immer ein Fan des Theologen Ratzinger war, hatte daraufhin die Hochschule nach dem Papst benannt: »Päpstliche Philosophisch-Theologische Hochschule Benedikt XVI. Heiligenkreuz.« Das könnte den Papst ebenso »angelockt« haben wie die Tatsache, dass sich von den einhundertsiebzig Studierenden unserer Ordenshochschule mehr als zwei Drittel auf das Priestertum vorbereiten. In einer Zeit, in der die Priesterberufungen in Europa abnehmen, ist das eine beachtliche Zahl. Niemand kann in die verschlungenen Wege päpstlicher Entscheidungen schauen, aber ich denke, dass der Papst vor allem wegen unserer Liturgie kommen wollte. Im November 1987 zelebrierte Kardinal Ratzinger bei einem seiner Besuche eine Konventmesse bei uns, ich durfte ihm damals als junger Diakon assistieren; anschließend segnete er meinen Primizkelch, da meine Priesterweihe unmittelbar bevorstand. Er bedankte sich anschließend ausdrücklich für »die schöne und feierliche Liturgie«. Damals in den Achtzigerjahren, als wir noch von vielen Seiten wegen unserer lateinischen Liturgie als »ultrakonservativ« und »vorkonziliar« abgetan wurden, fanden wir dieses Lob aus dem Mund des Präfekten der Glaubenskongregation sehr wohltuend. Liturgie nach dem 2. Vatikanum, aus der die Edelsteine der Tradition Latein und Choral nicht verbannt, sondern neu zum Glänzen gebracht sind, das ist es, worum sich die Gemeinschaft von Heiligenkreuz seit Jahren bemüht. Wir denken, dass dem Papst bewusst war, dass er eben darauf den Fokus der Aufmerksamkeit lenkte, als er aus dem Auto stieg und während des Aufjubelns der Schola sich strahlend seinen Weg zum Altar unserer Abteikirche bahnte.

Und dann saß er da. Auf dem ehrwürdigen alten Thron des Abts mitten in der Abteikirche saß ein Papst. An diesem Ort wird schon seit 1133 gebetet; Stift Heiligenkreuz hat es als einziges Zisterzienserkloster der Welt geschafft, so lang ohne Zerstörung oder Aufhebung durch die Geschichte zu kommen. Heiligenkreuz ist – nach Stift Rein in der Steiermark – das zweitälteste Zisterzienserkloster der Welt. Aber es brauchte achthundertvierundsiebzig Jahre, bis ein Papst auf Besuch kommen sollte. Erst nachträglich haben wir erfahren, dass damals ein furchtbarer Zeitdruck bestand, weil der Konvoi zu spät von Wien abgefahren war; und als nächste Station stand ein Treffen mit den Ehrenamtlichen auf dem Programm, zu dem Bundespräsident Heinz Fischer eingeladen hatte – und einen Bundespräsidenten kann man ja nicht warten lassen. Und doch nahm sich der Papst »alle Zeit der Welt«, um uns ein *Lectio Ma-*

gistralis, eine ausführliche Lehrvorlesung über die Bedeutung des Chorgebets, über die Schönheit der Liturgie, über die Bedeutung der Klöster, über das rechte Studium der Theologie und das notwendige »marianische Feuer« zu halten. Es hat uns sehr bewegt, dass sich der Papst so viel Zeit für uns genommen hat. Mit der Genialität des intellektuellen Theologen und dem Charisma der päpstlichen Sensibilität hat Benedikt XVI. in dieser Ansprache unser Selbstverständnis zusammengefasst und es zu einem Auftrag für die Zukunft formuliert. Seither ist die Papstansprache ein Dauerthema in unserer Gemeinschaft; es gibt kaum eine Predigt, in der sich der Abt nicht darauf bezieht. Und auch in der Entscheidung für das CD-Projekt »Chant – Music for Paradise« sollte einem Wort des Papstes eine Schlüsselrolle zukommen.

Die Anstrengungen haben sich gelohnt

Nach der konzentrierten Ansprache brach zunächst einmal tosender Jubel aus, auch bei uns Mönchen. Pater Simeon mit seiner rheinländischen Begeisterungsfähigkeit rief zusammen mit Pater Philipp-Neri: »*Viva il papa!*« Dann folgte die Meditation. Man kann auf Fotos sehr gut sehen, wie der Papst in sich versunken lauschte, als die Schola den Introitus des Gründonnerstags anstimmte: »*Nos autem gloriari oportet ...*«, den Vers aus dem Galaterbrief »Wir aber müssen uns rühmen im Kreuz unseres Herrn Jesus Christus ...« (Galaterbrief 4,16). Ich saß wenige Meter hinter dem Papst und konnte seinen Gesichtsausdruck nicht sehen; ich merkte aber, wie er leicht in sich zusammengesunken war, aber nicht erschöpft, sondern entspannt und konzentriert zugleich. Erst in der Fernsehaufzeichnung habe ich gesehen, dass er die Augen geschlossen und die Hände gefaltet hatte: Der Papst betet, der Papst meditiert, während unsere Schola den uralten gregorianischen Vers aus dem Galaterbrief singt. Als der Konvoi des Papstes aus dem Stiftshof fuhr, waren wir alle in einer euphorischen Stimmung. Selbst unser Abt, der zwar sehr emotional ist, dies aber hinter seiner aristokratischen Beherrschung zu verbergen versteht, war euphorisch und fiel mir um den Hals. So hatte ich ihn noch nie erlebt; auch die tausenden Menschen, die zum Papst gepilgert waren, und meine Mitbrüder waren von dem erfasst, was man früher »Freudentaumel« genannt hat. Ich war zugleich erschöpft, die Organisation des Papstbesuches samt dem damit verbundenen Medienhype hatte uns allen sehr viel abverlangt. Während des »Te Deums«, das wir noch spätabends in der Abteikirche sangen, dachte ich erleichtert: »Gott sei Dank ist jetzt der Rummel vorüber. Endlich haben wir wieder Ruhe vor den Journalisten.« Oh, wie sollte ich mich täuschen!

Chant - Music for Paradise

Der Tod von drei Mitbrüdern und die Entdeckung des Paradieses

Auf der CD »Chant - Music for Paradise« findet sich unsere Totenliturgie. Und zwar deshalb, weil Anfang Februar 2008 – einige Wochen vor unserer Entdeckung durch Universal Music – innerhalb von nur sechzehn Tagen drei Mitbrüder starben. Fünf Jahre lang war niemand gestorben, doch nun gingen im Abstand von nur wenigen Tagen gleich drei ihren letzten Weg. Das war eine Zäsur und ein tiefes Erlebnis für uns alle. Ich selbst habe schon viele Menschen sterben sehen und als Priester in den Tod begleitet, ich wusste schon, »wie das geht«. Aber unsere jungen Mitbrüder hatten noch nie das Sterben im Kloster miterlebt. Das ist kein Randthema, der Tod ist nicht etwas, das wir peinlich verschweigen, im Gegenteil! Der heilige Benedikt schreibt sogar, dass wir »uns den unberechenbaren Tod täglich vor Augen halten sollen« (Regula Benedicti 4,47). Wir glauben an das ewige Leben bei Gott, daher haben wir es nicht nötig, den Tod als peinliches Thema abzuschieben. Natürlich sind auch wir Mönche nicht todverliebt, auch wir wollen lange leben. Aber das Ende des irdischen Lebens ist nicht das schwarze Loch, das sinnlos alles absorbiert, sondern der Übergang in ein ewiges Geliebtsein. Auch einer, der Gott liebt und auf den Himmel hofft, wird nicht von der Todesangst verschont, aber etwas ist trotzdem anders: Da ist ein Hoffen, ein Sehnen – und da ist die Fähigkeit, die man ein Leben lang ja im Ordensleben eingeübt hat, alles loszulassen.

Ich behaupte, dass man erst dann ein richtiger Mönch ist, wenn man einen Mitbruder hat sterben sehen. Bis dahin ist die Formel, die wir in der Profess sprechen, nur eine fromme Floskel: dass wir unser Leben »*usque ad mortem* – bis zum Tod« Gott schenken wollen. Gilt das nicht auch für Eheleute? Da geht es ja auch um eine Liebe, die währen soll »bis der Tod euch scheidet«. Nur die Liebe, die sich bis zum Tod bewährt, ist die große Liebe, die wahre Liebe. Und darum braucht es die Erfahrung des Todes um zu wissen, welche Liebe lebensecht ist. Als blutjunger Mönch kniete ich am Morgen des 13. November 1986 mit dem damaligen Abt Gerhard und den anderen Mitbrüdern um das Sterbebett des betagten Pater Hermann; eine lange Nacht lag hinter mir, in der ich während seiner Agonie bei ihm gewacht hatte. Nach der Morgenmesse hatte uns die Totenglocke an sein Lager gerufen. Das erste Mal war ich als einer, der sein Leben bis zum Tod Gott versprochen hat, dabei, als dieses Gelübde von jemandem eingelöst wurde. Der letzte Atemzug unter den Gebeten der Mitbrüder. »*Proficiscere anima christiana.* Mache dich auf den Weg, christliche Seele, im Namen Gottes, des allmächtigen Vaters, der dich erschaffen hat; im Namen Jesu Christi, des Sohnes des lebendigen Gottes, der für dich gelitten hat; im Namen des Heiligen Geistes, der über dich ausgegossen worden ist …« Das war für mich damals eine Zäsur, da wurde ich mir meiner Berufung ganz sicher: Ich will das auch so durchtragen, ich will auch einmal so meine Seele an meinen Schöpfer zurückgeben. Da wusste ich, dass ich mich nicht in einem Traum befand, sondern im realen Leben, dass dieses Leben aber in einen großen Traum münden wird.

Die feierliche Begräbnisliturgie

Im Februar 2008 hatten viele unserer jungen Mitbrüder noch keine solchen realen Erfahrungen, wie man im Kloster stirbt. Da bei uns so viele junge Mönche sind – und unsere älteren noch dazu sehr umgänglich –, werden diese gern von den jungen umsorgt, ja manchmal sogar umschwärmt. Unter ihnen war damals der neunundneunzigjährige Pater Cornelius, der für uns alle auch eine Art »Ikone« war: nicht nur aufgrund seines langen Lebens und seiner kindlichen Frömmigkeit, sondern auch deshalb, weil er 1945 unter den Nazis in der Todeszelle saß, da er gewagt hatte, gegen die Anweisung des Regimes Pfadfinderstunden abzuhalten. Er kam nur deshalb frei, weil der Krieg endete, beziehungsweise weil die Nazis das Schafott auf der Flucht vor der von Osten anrückenden russischen Befreiungsarmee bereits Richtung Westen nach Linz abtransportiert hatten. Der Reihe nach starben also am 29. Januar der siebenundneunzigjährige Pater Adolf, am 5. Februar der neunundneunzigjährige Pater Cornelius und schließlich noch am 14. Februar der erst siebenundsechzigjährige aber schwer herzkranke Pater Sighard. Ich erinnere mich noch, wie ich am Fußende des Sterbebetts von Pater Cornelius kniete, ich war direkt von den Vorlesungen an der Hochschule weggelaufen, als der Krankenpater mit der Sterbeglocke die Brüder zusammenrief. Es war ähnlich wie zweiundzwanzig Jahre zuvor mit Pater Hermann: ein großer Abschied, ein schwerer Verlust, aber zugleich eine Art Freude, dass jemand nun am Ziel ist. Mit erstickter Stimme betete Abt Gregor die uralten Sterbegebete, bis er heimgegangen war. Der Abt drückte ihm die Augen zu und Kantor Pater Simeon stimmte das Salve Regina an. Die jungen Mitbrüder hatten sich dicht zusammengedrängt, um alle im Krankenzimmer Platz zu finden. Ich glaube, dass alle in diesem Augenblick etwas von der Wahrheit des Psalmverses spürten: »*Pretiosa in conspectu domini mors sanctorum eius.* – Wertvoll ist in den Augen des Herrn der Tod seiner Heiligen.« (Psalm 115,15). Vor allem für die jungen Mitbrüder, für die diese Erfahrung neu war. Ebenso wie die eigentümlich trostvolle Stimmung, die die Begräbnisliturgie verbreitet. Der Verstorbene wird in der barocken Totenkapelle im Kreuzgang aufgebahrt, jeweils ein Mitbruder hält dann Gebetswache. Hinter dem Sarg steht die Osterkerze, das Symbol des auferstandenen Christus. Am Tag des Begräbnisses selbst beten wir das Totenofficium, das sehr ernst und doch nicht traurig ist.

Das Begräbnis ist eine der feierlichsten Liturgien, die wir kennen: Wir Mönche holen den Sarg von der Totenkapelle ab und tragen ihn unter dem ergreifenden Responsorium »*Libera me Domine a morte aeterna* – Rette mich Herr vor dem ewigen Tod« in die Abteikirche, wo das Requiem, die Totenmesse, stattfindet. Zum letzten Mal ist der Verstorbene an dem Ort, wo er einst die Ordensgelübde abgelegt hat, wo er zum Priester geweiht wurde ... Die Eucharistiefeier ist nüchtern; am Ende tritt der Abt vor den Sarg und spricht die Gebete zur Verabschiedung. Dann bildet sich eine Prozession und wir geleiten den Sarg auf den Mönchsfriedhof direkt neben der romanischen Abteikirche. Auf dem Friedhof singen wir: »*In paradisum deducant te angeli* – Ins Paradies mögen Engel dich geleiten.« Damals wussten wir noch nicht, dass dies das erste Lied auf einer CD mit Welterfolg werden sollte. Wenn der Sarg in die Erde gelassen ist, treten alle Mitbrüder ein letztes Mal an das Grab, geben den Segen beziehungsweise die Lossprechung und werfen mit einer kleinen Schaufel Erde hinein. Dann kommt etwas, das mich immer wieder besonders berührt: Wir knien alle um das offene Grab nieder und der Kantor stimmt das Responsorium an: »*Clementissime* – o allergütigster Gott.« Und dann dreimal den Ruf »*Domine, miserere super peccatore* – Herr, erbarme dich des Sünders!« Ich weiß, dass man in vielen unserer Zisterzienserklöster nicht mehr die Totenliturgie in dieser Ausführlichkeit feiert, wie sie sich bei uns erhalten hat. Vielen Gemeinschaften waren die Texte der uralten gregorianischen Gesänge zu »düster«. Ja, diese Texte beschönigen nichts, wie man das heute bei Totenreden oft hört. Wenn es Gott gibt und wenn er die absolute Liebe ist, dann bedürfen wir der Reinigung, um in ewiger Gemeinschaft mit ihm sein zu können. Und die Melodien jauchzen flehend nach oben. Diese Kompositionen aus dem 8., 9. oder 10. Jahrhundert drücken vor allem eines aus: Hoffnung! Sie sind realistisch angesichts der *conditio humana*, angesichts dessen was der Mensch wirklich ist – ein armer Sünder, ein kleines Nichts. Und sie sind ebenso überschwänglich hoffnungsfroh angesichts der Erbarmung Gottes: »Zum Paradies mögen Engel dich geleiten, die heiligen Märtyrer dich begrüßen und dich führen in die Heilige Stadt Jerusalem.«

Das »Plain-Chant«-Projekt

Die Geschichte, wie Universal Music uns entdeckt hat, habe ich schon hunderte Male erzählen müssen. Ich mache es gern noch einmal, denn es steckt etwas Übernatürliches und Unplanbares darin.

Seit Jahren schon ist aus biografischen Gründen ein Mann mit unserem Kloster verbunden, der ein Topkenner der englischen Medienlandschaft ist, da er jahrelang in England eine Filmproduktionsfirma leitete. Jedes Jahr verbrachte er mehrere Wochen in unserer Gemeinschaft, natürlich wählte er auch unsere Abteikirche, um hier eine bildhübsche Journalistin zu heiraten. Beide haben das Mediengeschäft an den Nagel gehängt, »ohne Reue«, wie er sagt, und leben nun mit ihren drei Kindern in der Nähe von Mariazell. Dieser Mann, der in der Folge eine Schlüsselrolle spielen wird, schickte mir immer wieder Hinweise auf interessante Internetartikel über Kirche und Politik. Am 28. Februar 2008 erhielt ich wieder einmal eine E-Mail von ihm, die aber, und das war ungewöhnlich, noch kürzer ausgefallen war als sonst. In der Betreffzeile stand: »Schnell schnell, Karl.« Und im Text war nichts als ein: »Nur bis morgen!«, und einer dieser blauen Links, den ich freudlos anklickte. Ich bin ja für die Öffentlichkeitsarbeit des Stifts zuständig, was oft nur bedeutet, dass ich an die zentrale Adresse eingehende E-Mails schnell beantworte oder an die Zuständigen weiterleite. Nach dem Klick auf den Link öffnete sich eine schlichte schwarze Seite, eine Kerze war zu sehen, darunter viel unübersichtlicher englischer Text, den ich schnell überflog: Aha, eine gewisse Firma namens »Universal Music Classic and Jazz« hat einen Musikwettbewerb ausgerufen und sucht für ein neues *recording project* die besten Sänger – wörtlich stand dort »*the finest sacred voices*« – von Gregorianischem Choral, um die definitiv schönste Gregorianik-CD des neuen Millenniums herauszubringen. Man möge sich an einen Tom Lewis wenden, per Telefon oder E-Mail. Das klang großspurig und passte gar nicht zum Stil der Homepage, denn die sah gar nicht stilvoll aus und hätte auch von einem walisischen Trachtenverein sein können. Und: Ich hatte keine Ahnung, wer oder was Universal Music war.

Ich muss erwähnen, dass wir schon 2007 geplant hatten, mit dem ORF eine zweite CD herauszugeben; dann war der Papstbesuch dazwischengekommen. Im Januar 2008 hatte ich wieder zusammen mit Pater Simeon mit der möglichen Aufnahmeleitung Kontakt aufgenommen. Freilich: Diesmal hatten wir keinen Sponsor, sodass ich mit Produktionskosten von zirka siebentausend Euro rechnete. Mein erster Gedanke beim Betrachten der Internetseite war also: Vielleicht können wir hier Geld sparen. Doch dann las ich genauer: Die suchten ja erstens nur im »United Kingdom« und zweitens war der Bewerbungsschluss schon am 29. Februar, also am nächsten Tag. So schrieb ich meinem Bekannten nur kurz zurück: »Das ist nur für *UK finest voices,* und wir liegen wohl nicht im UK, also werde ich denen morgen wohl schreiben, aber wohl ohne Aussicht, Dein Pater Karl.« Dann hatte ich noch einen turbulenten Abend: Da meine Mutter einen Schwächeanfall erlitten hatte und ins Spital eingeliefert worden war, feierte unsere Familie den siebzigsten Geburtstag unseres Vaters am Krankenbett. Meine Schwester war mit ihren Kindern gekommen, mein kleiner Bruder überraschte unsere Eltern mit der Mitteilung, dass er nun auch endlich Vater würde … welche Freude!

Geringe Hoffnung und eine überraschende Antwort
Am nächsten Tag, dem 29. Februar 2008, ging alles sehr schnell. Um zehn Uhr vierzig schickte ich meine Pflicht-E-Mail an diesen mysteriösen Tom Lewis bei dieser noch mysteriöseren Vereinigung Universal Music. Es war eher eine Entschuldigung. Ich habe die E-Mail noch in meinem Ordner und muss jetzt noch schmunzeln über soviel Schnoddrigkeit. Um ehrlich zu sein, ich habe es nur meinem Bekannten zuliebe getan; und noch ehrlicher: Ich habe nur geschrieben, weil ich die minimale Chance nicht vertun wollte, vielleicht doch irgendwie die siebentausend Euro für eine CD-Produktion zu sparen. »Dear Mr. Lewis, sorry, we are not in the UK«, begann ich mit einer Entschuldigung, und dann habe ich einfach ganz kurz verwiesen auf die Beispiele von Gregorianischem Choral, die Pater Philipp-Neri auf unserer Homepage implementiert hatte. Hört euch das doch einfach an. Freilich: Ein bisschen angeben muss-

te ich schon, deshalb konnte ich es mir nicht verkneifen, darauf hinzuweisen, dass der Papst selbst ein Fan von unserem Gregorianischen Choral ist – und »that he loves us«. Diese Sympathie Benedikt XVI. für unsere Liturgie war es ja, die ich bei seinem Besuch am 9. September 2007 zutiefst empfunden hatte. Dann schnell noch einen Link zur Fotoseite des Stifts und einen Link zu dem Youtube-Clip, den Frater Martin nach dem Papstbesuch angefertigt hatte. Schließlich ein kurzes: »Yours, Pater Karl.« Dann drückte ich auf »absenden« und dachte, dass die Sache damit beendet war. Ich sollte mich täuschen. Bei den ersten Interviews habe ich immer erzählt, dass Tom Lewis am nächsten Tag angerufen hat; erst eine Durchsicht meines Kalenders hat meine Erinnerung später korrigiert: Es war am selben Tag, am Nachmittag des 29. Februar, dass mein Handy klingelte, während ich nach längerer Trainingsabstinenz gerade mit Pater Philipp-Neri wieder einmal im Fitnessraum trainieren wollte. Ich ärgerte mich über diese Störung. Andrerseits war es schon bemerkenswert, dass die sich überhaupt meldeten! »We are not in the U.K., and you will not be interested in monks from Austria«, hatte ich geschrieben. Wie schön, ich hatte mich getäuscht!
Bei dem Chant-Projekt von Universal Classic hatten sich schon an die zweihundert gemeldet, so erzählte Tom Lewis später, aber von Heiligenkreuz waren sie vom ersten Augenblick an fasziniert: die schönen Bilder, die offene Homepage, und vor allem der schöne Choral. Die Musikbeispiele, die wir ins Internet gestellt hatten, waren von der CD von 2003 »Heiligenkreuzer Choral – Gesungenes Gebet«. Beim ersten Telefonat mit Universal Music stellte mir Tom Lewis schon Anna Barry vor, die dann auch unsere Aufnahmeleiterin wurde. Wie sich herausstellte, ist sie eine der besten Produzentinnen von Klassikaufnahmen und hat viele außerordentliche Alben betreut. Anna Barry war vor allem fasziniert von dem Videoclip, den unser

junger Frater Martin auf Youtube eingestellt hat. Schon die Tatsache, dass Mönche mit Youtube etwas anzufangen wissen, ja, dass sie den Mut haben, sich selbst dort zu präsentieren, gefiel ihr. Der Clip ist wirklich toll, Frater Martin hat hier einen großen Wurf gelandet: Unter den Klängen des Introitus von Pfingsten »*Spiritus Domini replevit orbem terrarum* – Der Geist des Herrn erfüllt den Erdkreis« zeigt er in dem Zusammenschnitt verschiedener Sequenzen des Papstbesuches und einer Fernsehmesse vom Oktober 2008 schlaglichtartig etwas von der entspannten Schönheit unserer Liturgie. Wenn ich mich über etwas in der Gemeinschaft ärgere, dann schaue ich mir Frater Martins Clip auf Youtube an, das vertreibt sofort alle Frustration und weckt eine große Dankbarkeit, an einem solchen Ort sein zu dürfen. Das hatte auch Anna Barry gespürt. Das Gespräch dauerte mir schon zu lang, ich wollte ja noch trainieren. Aber die Fragen mussten auch noch beantwortet werden: Ob wir bereit wären, Presse zu empfangen und Interviews zu geben. »Wir sind das vom Papstbesuch gewohnt, kein Problem«, war meine Antwort. Und schließlich: Ob wir nach London kommen würden zu den Aufnahmen, oder ob sie in Wien ein Studio mieten würden. »Sorry, weder noch. Wir haben schon 2003 die Aufnahmen in unserem Kloster gemacht, wir wollen nicht hinausgehen, weil wir Mönche sind. Und wir wollen nur in einer Kirche singen, weil unser Gesang ja Gebet ist.«

In den nächsten Tagen kamen täglich Anrufe aus London, Detailfragen über dieses und jenes. Mir war aber in keiner Weise bewusst, dass Universal Music ein Mega-Musikkonzern ist. Als dann schon bald die Zusage kam: »Wir machen es mit euch!«, war es natürlich höchste Zeit, den Abt um Erlaubnis zu fragen beziehungsweise ihn zu informieren. Da ich das Projekt damals nicht richtig einschätzen konnte, habe ich das wohl nicht richtig gemacht, denn ich erzählte ihm nur »zwischen Tür und Angel«, dass wir uns siebentausend Euro sparen würden,

»weil sich eine Firma in London gefunden hatte, die die Aufnahmen umsonst macht«. Das gab ganz aufrichtig meine damalige Einschätzung wieder, die eine totale Fehleinschätzung war! Und mit meiner Naivität hätte ich das Projekt beinahe zum Scheitern gebracht, denn natürlich sprach sich im Haus herum, dass eine gewisse Firma namens Universal Music mit uns eine Gregorianik-CD aufnehmen wolle. Und dann kam Feuer in die Sache, denn die jungen Mitbrüder waren ja nicht so blöd wie ich, dass sie nicht wussten, was sich hinter dieser Universal Music verbirgt. Frisch bekehrt waren viele von ihnen erst seit kurzem im Kloster und hatten eine durchaus weltliche Vergangenheit, die wussten, wer Eminem und Amy Winehouse sind, die bei Universal Music unter Vertrag standen; die wussten um den Missbrauch von Choral durch Enigma, die Gregorians und vor allem durch Halo.

Viele Bedenken

Die Aufnahmen waren für Anfang April 2008 geplant, das war sehr bald. Im Kloster bestand Klärungsbedarf, denn auch mir war erst langsam anhand der Reaktionen klar geworden, was Universal Music ist und was es bedeuten könnte, dass da plötzlich unsere Gebetsgesänge »auf dem freien Markt« sind. Zudem gab es natürlich die praktischen Vorbereitungen; Ostern stand vor der Tür, und das ist die intensivste Zeit in der Feier der Liturgie in unserem klösterlichen Leben. Natürlich freuten wir uns, denn eine CD war ja ohnehin schon avisiert gewesen, trotzdem bedurfte es einer intensiven Diskussion. Einer unserer Mitbrüder war vorher Journalist, nun schien die alte Welt hinter ihm her über die Klostermauern zu schwappen und sich unserer heiligen Gebete zu bemächtigen. Im Nachhinein war es sehr gut, dass wir einige Mitbrüder hatten, die nicht so naiv und leichtgläubig waren wie ich. Zuerst dachte ich, dass es übertrie-

ben ist, als ich einige Male von kritischen Mitbrüdern Formulierungen hörte wie »unsere Seele verkaufen«. Es schien mir nur deshalb übertrieben, weil ich damals von Enigma oder Gregorian oder Halo absolut keine Ahnung hatte. Mir war nicht klar, wie sehr man die heiligen Gesänge, in denen die Worte der Bibel mit schwebenden Melodien auf Gott hingesungen werden, missbrauchen kann. Es war gut, dass wir die interne Diskussion hatten, denn das wollten wir nicht:
Stichwort Enigma. Das Musikprojekt Enigma transportiert durch und durch New-Age-Stimmung. Um softiges und kribbeliges Relax-Feeling zu erzeugen, mischte man gregorianischen Gesang mit erotisch hauchenden weiblichen Stimmen. Und da gab es die Band »Gregorians«; zwölf britische Sänger, die sich als Mönche verkleiden und Lieder wie »Losing My Religion« aufnehmen. An Musikinstrumenten wird alles aufgeboten, was schmusige Beruhigtheit verbreitet: E-Gitarren, Streicher, Glockenspiel, Bongos und Harfe, verfeinert mit Hip-Hop-Beats, Synthesizer-Sequenzen und Grillengezirpe. Ich lernte damals im Internet, dass man diesen neuen Musikstil bezeichnenderweise »Gregorianik-Pop« oder »Wellness-Sound« nennt. In den jüngeren Veröffentlichungen neigen die Gregorians sogar zu dunklen Seiten des Okkultismus, ja manches klingt vom Titel her schon fast satanisch.
Uns fiel auch auf, dass einige der Alben der Gregorians unter dem Namen »Chant« erschienen waren: Verwechslungen würden also nicht auszuschließen sein. Und was wir absolut nicht wollten, das waren »Kreuzungen« zwischen unserem Gesang und Rock, also »Crossover«-Versionen. Und das schlimmste war, dass seit Herbst 2007 das Computerspiel »Halo 3« auf dem Markt war. Die Gewaltverherrlichung dieses Weltendzeitspiels wurde mit Gregorianischem Choral unterlegt. Und manche Mitbrüder vermuteten ja, dass Universal Music unseren Choral auch nur dazu brauchen beziehungsweise missbrau-

chen wolle, um dann irgendwelche Hintergrundmusik für Abstruses und Gruseliges zu machen.
Hätten wir damals die Leute von Universal Music persönlich gekannt und gewusst, wie ehrenwert Tom Lewis und seine Mitarbeiter sind, dann hätten sich keine so dunklen Befürchtungen aufgetürmt. Doch das Problem verpuffte dann ohnehin wie von selbst; die Lösung bestand in einem einzigen Wort: Vertrag. Durch den Vertrag wurden all unsere Bedenken zerstreut, denn mithilfe eines Londoner Rechtsanwalts, der medienversiert ist, konnte Abt Gregor alles einbringen, was uns am Herzen lag – keine Verpoppung, keine Verfremdung, kein Missbrauch als Hintergrundmusik für Ungeistliches, vor allem auch absolute Mitsprache in der Art und Weise der Bewerbung: Alle Formen der Promotion durch Fernsehen und Radio, durch Plakate und Werbestände, durch Homepages und Presseaussendungen mussten von uns approbiert werden. Zugleich erklärten wir uns zwar bereit, für die Medien- und Pressearbeit zur Verfügung zu stehen, aber ohne in irgendeiner Weise für irgendetwas verpflichtet werden zu können. Und vor allem: Wir würden keine Konzerte geben! Auch der Name der künftigen CD wurde in dem Vertrag festgelegt: »Chant – Music for Paradise.«

Indirekte Entscheidungshilfe durch den Papst

Damals geschah freilich noch etwas Entscheidendes: Abt Gregor entdeckte, dass niemand geringerer als Papst Benedikt XVI. schon wenige Monate vorher uns quasi eine Art »Auftrag« zu diesem Projekt gegeben hatte. In seiner Ansprache am 9. September 2007 sprach der Papst ja ausdrücklich die Sinnleere in den Herzen vieler Menschen an und setzte sie in Kontrast mit dem sinnerfüllten Leben, das wir als gottgeweihte Menschen im Kloster führen können. Und über unser Chorgebet sagte der Papst wörtlich: »Das *Officium* der Gottgeweihten ist zugleich ein heiliger Dienst an den Menschen und ein Zeugnis für sie. Jeder Mensch trägt im Innersten seines Herzens die Sehnsucht nach der letzten Erfüllung, nach dem höchsten Glück, also letztlich nach Gott, sei es bewusst oder unbewusst. Ein Kloster, in dem sich die Gemeinschaft täglich mehrmals zum Gotteslob versammelt, bezeugt, dass diese urmenschliche Sehnsucht nicht ins Leere geht.« Da sprach der Papst gleich zweimal sehr dezidiert vom Zeugnis, das wir als betende Gemeinschaft für sinnsuchende Menschen geben. Man kann diese Passage wirklich wie eine Art Prophezeiung auf das beziehen, was hier bei uns gerade geschah. Da kommt die säkularisierte Welt, die sich offensichtlich auf der Suche nach etwas befindet, zu uns, da stößt diese Welt auf das, was an sich nichts besonderes für uns Mönche ist: unser tägliches Gebet. Und da begeistert sich diese Welt für unsere Gesänge. Und wir waren nun bereit, auch durch eine CD dieses Zeugnis zu verbreiten, auf dass vielen Menschen in ihrer Sinnsuche geholfen werde.

Weise vorausgedacht

Im Zusammenhang mit der Ausformulierung und Unterfertigung des Vertrags in der Osterwoche 2008 tauchte auch erstmals die Hoffnung auf, dass wir mit der CD sogar Geld verdienen könnten. Man stelle sich vor: die »Bewerbungsmail«, der ich null Komma null Chancen gab, hatte ich nur mit der Hoffnung geschrieben, dass ich vielleicht ein paar tausend Euro für unsere schon geplante Aufnahme sparen könnte. Und jetzt sollten wir nicht nur Geld ersparen, sondern sogar Geld verdienen! Ich dachte: Gott ist gut. Fachleute allerdings sagten uns, dass wir uns nicht so viel erwarten sollten, denn die »goldenen Zeiten« des Musikgeschäfts seien längst vorbei, die Musikfirmen in der Krise, die Verkaufszahlen der CDs im permanenten Sinkflug. Und am wichtigsten war die Information, dass der Reichtum der berühmten Musiker, die Millionen von CDs verkaufen, nicht von den Tantiemen herrühre, also von der prozentualen Beteiligung am Plattenverkauf. Das eigentliche Geld wird heute nur mehr durch Konzerte gemacht, sodass es bei einigen Stars schon umgekehrt sei: Nicht die Plattenfirma beteiligt den Künstler am Erlös der Platten, sondern der Künstler die Plattenfirma am Erlös seiner Konzerte … Es wurde uns allgemein versichert, dass wir einen sehr guten Vertrag, für Newcomer sogar einen ausgezeichneten Vertrag hätten, dass aber pro CD nur mit einem Erlös von zirka fünfzig Cent zu rechnen sei. Wir müssten also schon hunderttausende CDs verkaufen … Aber das war damals bei Vertragsabschluss nicht zu erwarten. Weil aber die Journalisten schon damals immer wieder mit einem obsessiven Unterton zu fragen begannen: »Was machen Sie mit dem Geld?«, und wir schon ahnten, dass wir diese Frage in den nächsten Wochen noch öfter hören würden, traf Abt Gregor eine weise Entscheidung. Alle Einnahmen würden für die Ausbildung von Priestern aus der Dritten Welt an unserer Hochschule verwendet werden. Da unsere Klöster dort boomen, waren schon zu dieser Zeit mehrere Zisterzienser aus Vietnam und Priesteramtskandidaten aus anderen Ländern der Dritten Welt auf unsere Einladung hin als Stipendiaten an unserer Hochschule, was das Kloster einigermaßen finanziell belastete. Jetzt hofften wir hier auf eine unerwartete Unterstützung, aber mehr noch: Der Abt hatte nun die Möglichkeit, noch weitere Priesteramtskandidaten einzuladen, denn Anfragen von Bischöfen und Äbten aus Afrika und Asien gab es ja in Hülle und Fülle.

Die Aufnahmen im April 2008

Die CD-Aufnahmen fanden am 8. und 9. April statt. Zuvor war es zu einer mittleren Katastrophe gekommen: Universal Music hatte eine Pressemeldung herausgegeben, dass sie ein Chant-Projekt für das neue Jahrtausend planten und dass sie dafür die

Mönche von Heiligenkreuz ausgesucht hatten. Ausdrücklich wurde darauf hingewiesen, dass ein Youtube-Video den Ausschlag für diese Wahl gegeben hatte. Zu aller Überraschung schlug diese Meldung ein wie eine Bombe, ich erhielt später Zeitungsausschnitte sogar aus Nepal, Saudi Arabien und Brasilien. Aber: Wir waren im Kloster nicht vorbereitet, dass die Medien versuchen würden, durch jede nur erdenkliche Ritze und Spalte an interne Informationen zu kommen. Und dazu kam, dass ich völlig ahnungslos über den bevorstehenden Medien-Tsunami, mit einigen Studenten in Ferien gefahren war. Die Journalisten hatten schnell die Durchwahlnummern in die einzelnen Zellen der Mitbrüder herausgefunden und bald klingelte überall das Telefon, sogar bei den alten Mönchen. Pater Philipp-Neri, mein Stellvertreter in der Öffentlichkeitsarbeit, versuchte sein Bestes und gab ein Interview nach dem anderen. Abt Gregor war kurz davor, das Projekt abzusagen; jedenfalls beorderte er mich sofort aus den Ferien zurück. Eine große Hilfe war dann, dass uns die Leute von Universal Music mittels einer eigenen Pressesprecherin halfen, alle Medienkontakte professionell zu koordinieren. So war die Sache doch noch gerettet.

Der entscheidende erste Eindruck

Am Abend des 7. April 2008 landete Tom Lewis mit Anna Barry und dem kleinen Aufnahmeteam; wir führten sie gleich in die Kirche, wo gerade die Komplet stattfand. Damit war schon alles gelaufen. Anna Barry sagte nachher: »Es ist noch schöner als wir uns das vorgestellt hatten.« Freilich: Bei den Komplimenten sind die Engländer Weltmeister, zumindest *extremely charming*. Aber das war ehrlich gemeint. Es folgte eine erste Besprechung bei einem gemütlichen Abendessen mit Wiener Schnitzel im Klostergasthof; das Eis war gebrochen. Ich weiß nicht, wer sich vorher mehr vor dem anderen gefürchtet hatte: wir Mönche vor diesen »ach so weltlichen« Musikleuten oder diese vor uns »mystisch-weltabgewandten« Mönchen ... Jetzt waren alle Verkrampfungen wie verflogen, zum ersten Mal freute ich mich so richtig und enthusiastisch über das Projekt: Das würde eine tolle Sache werden.

Aufnahmen im Sakralraum

Für die Aufnahmen war immer schon die Kreuzkirche geplant. Diese kleine Kirche wurde 1983 auf den romanischen Fundamenten eines mittelalterlichen Karners von 1240, in dem früher die Gebeine der Verstorbenen aufbewahrt wurden, erbaut und dient der Pfarrgemeinde Heiligenkreuz als Pfarrkirche. Dort wird auch in einem modernen Schrein hinter Panzerglas die Kreuzreliquie aufbewahrt, also jener große Partikel vom Kreuzesholz Christi, der sich seit 1188 im Besitz des Klosters befindet. Den Namen »Heiligenkreuz« erhielt das Kloster freilich schon bei seiner Gründung fünfundfünfzig Jahre zuvor; die Kreuzreliquie ist aber ein Stück unserer religiösen Identität, wir halten sie in hohen Ehren. Als ich die Aufnahmen mit Universal Music plante, schlug ich die Kreuzkirche vor, weil ich die hervorragende Akustik kannte; ich schlug vor, dass man sowohl das Allerheiligste Sakrament als auch die Kreuzreliquie für die Zeit der Aufnahmen aus der Kreuzkirche entfernen sollte. Ich dachte, dass es ja nicht ehrfurchtsvoll sei, wenn man an einem so heiligen Ort mit vielen Mikrofonen und technischen Geräten eine profane Studioatmosphäre schaffen würde. Doch Pater Simeon und die Sänger wollten es anders: »Nein, wir wollen, dass gerade bei den Aufnahmen unsere Kirche ein Sakralraum bleibt. Wir wollen mit Blick auf den Tabernakel und die Kreuzreliquie singen.« Das war vielleicht die wichtigste und richtigste Entscheidung. Für jeden gläubigen Katholiken ist der Tabernakel der Mittelpunkt einer Kirche, weil dort Jesus Christus selbst gegenwärtig ist in der verborgenen Gestalt des Brots. Jesus ist nicht eine Sache, sondern eine

Person, unser Herr und Heiland; so wissen wir uns schon beim Betreten einer katholischen Kirche eingeladen, mit Jesus in eine persönliche Beziehung, in ein Gespräch einzutreten. Ein rotes Licht, das den Namen »Ewiges Licht« trägt, ist das stumme Signal, das uns zu dieser innerlichen Kontaktaufnahme einlädt. In der Kreuzkirche wurde am 8. April das ewige Licht nicht gelöscht, das Allerheiligste blieb im Tabernakel, die Kreuzreliquie darüber in dem hell erleuchteten Glasschrein. Es sollte nicht eine zweitägige Musikaufnahme werden, die meine Mitbrüder hier hinter sich brachten, sondern sie standen dort, weil sie zwei Tage lang ihrem Gott – vor eingeschalteten Mikrofonen – die uralten Liebeslieder unserer Mönchsvorfahren in Gregorianischem Choral singen wollten. Selbstverständlich wurde jede Aufnahme mit einem gemeinsamen Vaterunser und Ave-Maria eröffnet. Pater Simeon gab den Segen, und dann begann die sechzehnköpfige Schola zu singen – nicht nur die Blickrichtung ging nach vorn zum Altar, sondern auch die Konzentration der Herzen galt der gegenwärtigen Gottheit. Ich denke, dass es das ist, was letztlich den Erfolg unserer CD ausgemacht hat: eine übernatürliche Hinordnung der Stimmen und der Seelen der Sänger; ein liebevolles Sich-Hinaussingen aus dieser Welt angesichts des Gottes, der aus seiner Ewigkeit in diese Welt gekommen ist, um uns diese transzendierende Bewegung zu eröffnen. Ich behaupte, dass es nicht nur die Jugendlichkeit der sechzehn Stimmen ist, die die Harmonie dieser Aufnahme ausmacht.

Der fordernde Charme englischer Profis

Anna Barry und ihr englischer Tontechniker Neil Hutchinson saßen im mittelalterlichen Karner unter der Kreuzkirche, umgeben von Kabeln und Mischpulten, in einem Ambiente, das dem *Namen der Rose* alle Ehre gemacht hätte, und lauschten den Aufnahmen. Es war wie bei richtigen Aufnahmen und wir

sind keine Profisänger: Viele Stücke mussten mehrmals wiederholt werden. Pater Simeon dirigierte bis zur Erschöpfung; da seine ausgebildete Stimme zu dominant gewesen wäre, wollte er selbst nicht mitsingen.
Die Sänger haben uns nachher erzählt, dass sie erst einmal lernen mussten, mit dem subtilen Charme der Engländer umzugehen. Wenn uns Österreichern etwas nicht passt, dann sagen wir das einigermaßen geradeheraus. Die Umrechnungsskala der Beurteilung eines eben gesungenes Stückes durch Anna Barry mussten meine Mitbrüder erst langsam herausfinden: »*Excellent*« bedeutete nämlich gar nicht exzellent, sondern: »Schlecht, bitte auf jeden Fall noch einmal!« »*Absolutely excellent*« bedeutete: »Das könnt ihr besser!« Schließlich gab es aber doch solche enthusiastischen Ausbrüche wie: »*It was fantastic, wonderful, tremendous, magnific, incredible, great, absolutely amazing, really the best I ever heard.*« Das bedeutete schließlich: »Na endlich, das war ja doch ganz passabel.«
Ich war damals mit der Betreuung eines Filmteams von der BBC beschäftigt und versuchte ein paarmal, mit dem Kameramann in die Kreuzkirche an den Aufnahmeort zu gelangen, wurde aber sofort von Pater Simeon hinausgeworfen; das stundenlange Singen erforderte totale Konzentration. Unten im Karner wurden wir von Anna Barry freundlicher aufgenommen. Sie schaute mich an und sagte: »*Be sure: This will become a big thing!*«

Euphorie um ein Youtube-Video

Dass »Chant – Music for Paradise« eine große Sache werden könnte, war uns erstmals anlässlich des »Medien-Tsunami« bewusst geworden, der nach der Presseaussendung von Universal Music über uns hereinbrach. Und zwar nicht nur durch die Journalisten, die das Kloster unkontrolliert mit ihren Anrufen bombardierten, sondern durch den Hype, der sich in der virtuellen Wirklichkeit des Internet abspielte: Das Youtube-Video von Frater Martin, aufgrund dessen sich Tom Lewis und Anna Barry für uns entschieden hatten, war ja in der Presseaussendung erwähnt worden. Nun wurde es innerhalb von nur fünf Tagen gleich hunderttausendmal angeklickt. Eine Flut von Kommentaren in allen möglichen Sprachen wurde gepostet. Ich möchte hier einige dieser Postings wiedergeben, sie stehen für die Fülle der tausenden E-Mails, Zuschriften und sonstigen Bekundungen, die uns seither erreicht haben. Vor allem aber hat uns das zu neunundneunzig Prozent positive Echo ermutigt und aufgebaut.

Die Leute posteten aus aller Welt, viele in Deutsch, noch mehr in Englisch, einige auch in Spanisch und Italienisch. Die Kommentare aus Österreich waren meist leicht zu identifizieren, wenn etwa jemand schrieb: »Eine seelische Wohltat, dieses Video – wie Apfelstrudel!« Das Stift hatte schon vorher einen großen Bekanntenkreis: »Ich bin froh Österreicher zu sein ... Ich wohne in der Nähe des Klosters im Wienerwald, hoch lebe die katholische Kirche und der Papst.« Viele schrieben einfach nur, dass sie diese Musik schön fanden und gratulierten: »Dafür gibt's Daumen hoch! Schön, dass es noch Menschen gibt, die sich nicht in ihrer engstirnigen Gedankenwelt verkriechen!« Auffällig war, dass viele Atheisten oder Andersgläubige Kommentare abgaben: »Ich bin überzeugter Agnostiker, aber diese Stimmen sind so beruhigend und schön. Wie schade, dass die Institution der Kirche, der diese Leute angehören, so schrecklich ist.« Darauf erhielt er von einem anderen die Antwort »... dass es ohne katholische Kirche keinen Gregorianischen Choral gäbe. Das ist wie mit dem Huhn und dem Ei.« Oder: »Ich begreife ja, dass sie darunter gesungene Liturgie und gesungenes Gebet verstehen. Aber für mich als Atheisten ist das egal, für meine Ohren ist es Musik, die sehr sehr schön klingt.«

In den Postings geschah auch gegenseitige Aufklärung: Auf die Meldung »Ist doch toll, eintausend Jahre alt. Doch der Gesang hat nichts mit Religion zu tun. Die Musik lebt für sich«, antwortete ein anderer: »Hi, nur mal zur Info: Der Text ist Latein und es handelt sich hier um gesungene Gebete – hat also doch etwas mit Religion zu tun. Sorry!« Die skurrilste Meldung war die folgende: »Ich hab mir das angeschaut, weil ich Abtei ›Hakenkreuz‹ gelesen habe, weil ich ein bisschen bekifft bin und hab mich gewundert wieso das fünf Sterne hat. Oh Gott, mir geht das den Rücken runter, auch wenn ich so was echt nicht mag.« Natürlich war klar, dass das Video mit dem uralten Heilig-Geist-Introitus besonders gläubigen Christen Freude bereiten würde: »Ich habe von eurem Deal gehört und gratuliere. Ich glaube, ihr habt deshalb gewonnen, weil ihr wirklich Liebe zu unserem Herrn habt, und darum ist die Musik so bewegend.« Und auch so manche der wenigen kritischen Reaktionen war dann eigentlich doch im Kern ein dickes Lob für den Gregorianischen Choral: »*Too much heaven!*« Ob es vom Himmlischen wirklich genug geben kann? Wie gesagt, diese Reaktionen waren für uns sehr wichtig, ich studierte damals sehr genau, was die Leute auf das Video hin in Youtube posteten; es war für mich wie eine Bestätigung für das, was ich selbst empfand, und wie ein Leitfaden für die künftige Öffentlichkeitsarbeit: Hier war nicht bloß eine besondere Musik hinausgegangen in die weltliche Öffentlichkeit, sondern hier bahnte sich so etwas wie der Export einer spirituellen Kraft an.

Das Cover der CD

Am Nachmittag des 9. April waren die Aufnahmen beendet, Anna Barry war begeistert und feuerte eine Kaskade von englischen Superlativen ab. Pater Simeon und die übrigen Scholamitglieder drängten sich im Gewölbe des Karners um die

Mischpulte, um sich mit den riesigen Kopfhörern anzuhören, wofür sie zwei Tage lang so geschuftet hatten. Alle fanden es toll, wie schön, wie harmonisch, wie hell, wie engelsgleich das klang. Alle hatten Spaß gehabt, ja, die Sänger haben danach immer wieder erzählt, dass sie während des Singens wirklich so etwas wie eine religiöse Erhebung gespürt hätten. Es war ein bisschen vergleichbar mit der geistlichen Freude, die wir nach großen Festgottesdiensten haben, die sich an diesem Nachmittag verbreitete. Doch zum Pausieren war keine Zeit, Universal Music hatte aus London eigens Fotografen geschickt, denn jetzt musste an das Booklet gedacht werden. Zunächst folgten Aufnahmen der Schola in der Abteikirche, dann sollten fünf Mitbrüder für das Cover posieren.

Vor einer weißen Wand in der Cafeteria der Hochschule entstand das Cover-Bild. Da Abt Gregor ausdrücklich nicht wollte, dass der Eindruck einer Boygroup entstand, war klar, dass die Mönche nicht frontal in das Bild schauen sollten. Es ging ja bei der aufgenommenen Totenliturgie um »Chant – Music for Paradise«, und um ins Paradies zu gelangen, muss man vorwärtsgehen, in eine Richtung: Der Weg hat ein Ziel. Und alle, die als Mönche auf dieses Ziel zugehen, sind einerseits gleich. Darum tragen wir alle dasselbe weiße Gewand, die Kukulle, Vorgeschmack der Kleidung der Heiligen im Himmel. Und doch sind wir alle verschieden, darum schauen die fünf Cover-Mönche alle ein bisschen anders, der eine geradeaus, der andere leicht nach oben, wieder ein anderer sehr beschaulich zur Seite ... Abt Gregor wollte auch, dass ein älterer Mitbruder auf dem Cover ist, eben: »Weil wir keine Boygroup sind!« Also stellten wir Pater Raynald mit seinen fünfundsiebzig Jahren und seinem wallenden Rauschebart zwischen vier junge Mitbrüder. Leider ging das aber nicht. Pater Raynald, der ein absolut jugendliches Herz und eine kindliche Fröhlichkeit hat, schaute auf den Aufnahmen so dominant nach »altem Mönch«

aus, dass er alle vier jungen in den Schatten stellte. Alles schaute plötzlich uralt aus, als würden hier nicht junge Mönche, sondern alttestamentliche Propheten singen. Der fünfte junge Mitbruder, den ich sicherheitshalber zur Aufnahme bestellt hatte, war nicht erschienen, er hatte in der Schola gesungen und war so erschöpft, dass er sofort nach den Aufnahmen in tiefen Schlaf gesunken war. So kam es, dass ich schnell einen Ersatz finden musste: Doch alle Heiligenkreuzer Sänger waren völlig k. o. und nicht für das Fotoshooting zu gewinnen. Zum Glück lief mir ein junger Zisterzienser aus dem befreundeten Stift Wilhering über den Weg, der bei uns studierte. So kommt es, dass auf dem Cover zwar fünf echte Zisterzienser, davon aber ein Nicht-Heiligenkreuzer Mönch abgebildet sind.

The Cistercian Monks of Stift Heiligenkreuz

Als wenige Tage später der Coverentwurf kam, gefiel er mir auf Anhieb: die fünf Mönche, gespiegelt auf einer romantischen Wasseroberfläche bei aufgehender oder untergehender Sonne. Auch der Abt war zufrieden. Vertraglich war festgelegt, dass der Ausdruck »Heiligenkreuz« auf keinen Fall durch irgendeine Übersetzung entstellt werden darf. Die Engländer taten sich ja unendlich schwer, dieses Wort auszusprechen, das ja gleich drei Klippen enthielt: das »ei«, das »eu« und das »z«. Die Aussprache reichte von »Heligincruise« bis »Hälokrus« und war fast immer abenteuerlich. Aber sollte man es durchgehen lassen, das mit »*Holy Cross*« zu übersetzen, und wie wäre das dann in den anderen Sprachen, dann wären wir plötzlich nicht mehr Heiligenkreuz sondern *Santa Croce, Saint Croix, Svata Križ* oder *Santa Cruz* …?! Nein, das ging nicht. Denn es gibt in vielen Ländern und Kulturen Orte und auch Klöster dieses Namens, aber eben nur ein »Stift Heiligenkreuz im Wienerwald«, und das ist der Ort, wo wir beten, singen und leben. Deshalb bestand ich in meiner Zuständigkeit für die Öffentlichkeitsarbeit auf »Heiligenkreuz«, auch wenn es für die Engländer schwer, für die Amerikaner noch schwerer und für die Spanier und Italiener geradezu unmöglich ist, das richtig auszusprechen. Aber mussten wir Österreicher nicht auch lernen, wie man New York oder Shakira oder AC/DC ausspricht? Darum sollte auf dem Cover auch ein Bild von Heiligenkreuz sein. Die Menschen sollten wissen: Das ist der konkrete Ort, wo wir Mönche Richtung Himmel ziehen. Unser Choral verbindet uns nicht in weltlosen Sphären mit dem Himmel, sondern von einem konkreten Ort aus, vom Stift Heiligenkreuz. Und das sollte darum unser Name sein: »The Cistercian Monks of Stift Heiligenkreuz.«

Aufgrund der eingegangenen Reaktionen war uns schon klar, dass unser Gesang vielen Menschen gefallen würde, auch jenen, die nichts oder wenig mit dem christlichen Glauben anfangen konnten. Das sollte uns recht sein, denn Gott ist ein Gott aller Menschen, und was es an Schönem auf Erden gibt, das ist ein Abbild seiner Schönheit und damit auch sein Geschenk an alle. Von Pater Philipp-Neri kam die Idee, das christliche Symbol des Kreuzes auf die CD zu bringen, und zwar ganz dezent, in der Ausgestaltung des letzten Buchstabens von CHANT. Ich denke, dass das gut gelungen ist, denn wir wollten das Cover tatsächlich eher offen halten. So war klar, dass das christlicher Gesang ist, der aber alle Menschen meint. Damit ich recht verstanden werde: Ich bin ein glühender Christ, es wäre meine größte Freude, wenn alle Menschen dasselbe Glück im christlichen Glauben erfahren könnten, wie es mir geschenkt ist. Dennoch meine ich, dass das Heilige der gregorianischen Gesänge etwas ist, das wir nicht in unseren Kirchen- und Klostermauern verstecken dürfen, sondern dass Gott hier etwas von seiner Göttlichkeit hinausschenken will in eine Welt, die noch fern ist von ihm. Wie freute ich mich, als mir einige Monate später ein junger Türke, ein Moslem, begeistert erzählte, dass er während des Autofahrens in Wien dauernd unsere CD laufen hat: »Das beruhigt mich. Ich werde oft so aggressiv, weil die Wiener so schlecht Auto fahren. Ohne eure heilige Musik wäre ich sicher schon ausgerastet.«

Ein überraschender Welterfolg

Promotion in England und erste Erfolge

Am 15. Mai 2008 wurde die CD in Heiligenkreuz vorgestellt. Der Medienansturm war gigantisch, das Wetter prachtvoll, die Stimmung ausgelassen. Die ganze Führungsetage von Universal Music war aus London angereist. Die Mitbrüder waren fröhlich und blödelten alle mit, als wir uns mit der CD vor der Dreifaltigkeitssäule aufstellten; ein Meer von schwarz-weißen Mönchen, jeder winkte mit einer CD in der Hand, die Bilder sind um die Welt gegangen. Ich fühlte an dem Tag auch, dass die Öffentlichkeitsarbeit etwas anders werden würde als vor dem Papstbesuch, denn da waren ja nur die »braven« kirchlichen Medien gekommen beziehungsweise die Vertreter der Religionsabteilungen der öffentlich-rechtlichen Rundfunkanstalten. Aber jetzt gab ich Interviews für englische Society-Channels, neuseeländische Modejournale und heimische Regenbogenmedien ... Ich muss ehrlich sagen, dass ich das von Anfang an viel angenehmer fand, denn die Fragen waren substantieller: »Was fühlen Sie beim Singen? Warum ist Ihnen der Gesang so heilig, dass Sie keine Konzerte geben wollen? Kann man Gott spüren? Warum sind hier so viele junge Mönche im Kloster?« Später, als dann die kirchlichen Medien auf den Plan traten, kamen wieder dieselben alten Strukturfragen: »Warum singen Sie Latein? Was machen Sie mit dem Geld? Sind Sie konservativ?« Bei dieser Pressekonferenz hat Abt Gregor klargestellt, dass es sich um gesungenes Gebet handelt und dass wir es nur tun, weil wir im Sinne des Papstes Zeugnis geben wollen. Und: dass wir es nicht um des Geldes willen machen. Und ich stellte klar, dass wir nie Konzerte außerhalb des Klosters geben. Einen Lacher erntete ich, als ich auf die Frage, was wir denn tun würden, wenn Groupies zu uns kämen, antwortete: »Wir beten jeden Tag ab fünf Uhr fünfzehn, auch da sind uns Groupies herzlich willkommen.«

Raketen-Erfolg der »Pop-Mönche«
Nach der Vorstellung in Österreich folgte meine erste Promotiontour, und zwar nach London. In London war ich im Mai eine Woche lang Tag und Nacht unterwegs. Man interviewte mich in den BBC-World-News, ich trat in einigen Fernsehtalkshows auf, wurde von einem Radiostudio in das nächste gebracht und gab allen möglichen Zeitungen stundenlang Interviews. Von netten Assistenten mit eigenem Limousinenservice durch London chauffiert zu werden, passt nicht zu einem Mönch. Einer meiner älteren Betreuer erzählte mir, dass er früher Falco betreut hätte, und dass der völlig crazy gewesen sei. Als man ihn mit einem Rolls Royce abgeholt habe, sei er nicht eingestiegen, weil er keinen schwarzen, sondern einen weißen haben wollte ... In welche Welt war ich da geraten! Tom Lewis und die Marketingabteilung waren vom Erfolg der CD überzeugt. Am letzten Tag meines Aufenthalts in London gab es ein Fotoshooting: Man hatte schon eine »Goldene CD« für einhunderttausend verkaufte Kopien angefertigt und ließ mich jetzt gleich damit fotografieren, um etwas für die Presse zu haben, wenn es soweit wäre. »Und wann wird das etwa sein?«, fragte ich. »Mit dem Weihnachtsgeschäft werden wir das sicher schaffen!«, war die Antwort der Marketingleiterin. Sie sollte sich täuschen: »Chant – Music for Paradise« ging innerhalb von nur fünf Wochen auf Gold in England. Für mich war dieses Erlebnis ein sicheres Zeichen, dass auch

Universal Music mit diesem Erfolg nicht gerechnet hatte. Nach einer Woche London war ich froh, wieder in Österreich zu sein. Die Meldung aus London schlug hier voll ein: Die CD war nicht nur auf Platz 1 der Classic-Charts, damit hatten wir gerechnet, sondern auf Platz 7 der Pop-Charts, vor Madonna und Amy Winehouse. Das wurde hier deshalb als Sensation aufgenommen, weil unser vielgeliebtes Österreich ja nun wirklich kein Pop-Land ist und es bisher nur Falco und DJ Ötzi in die Top Ten der englischen Pop-Charts geschafft haben. Die Zeitungen titelten uns als »Pop-Mönche« und als »singende Mönche«, was mir so manchen Tadel des Abts einbrachte. Aber die Ausdrücke stammten eindeutig nicht von mir, sondern aus den Gehirnen der Journalisten. Wir waren bisher schon bekannt, aber jetzt setzte doch eine Art »Run« ein. Die Telefone schrillten: »Wann ist das nächste Konzert der berühmten singenden Mönche?« Den größten Run hat dann ein schillerndes österreichisches Massenblatt ausgelöst, als es anlässlich des alljährlichen Klostermarktes verkündete: »Pop-Mönche geben ihr erstes Konzert.« Gemeint war nichts anderes, als dass wir zur Teilnahme an unserem kurzen Mittagsgebet eingeladen hatten. Und so drängten sich über eintausend Menschen in die Abteikirche, um die – was für ein schrecklicher Ausdruck! – »Pop-Mönche« zu hören, deren Pop in nichts anderem bestand, als in eintausend Jahre alten unrhythmischen Rezitationen lateinischer Psalmen ... Ich muss allerdings sagen, dass selten in der Abteikirche eine so weihevolle Stimmung herrschte wie anlässlich dieses leicht missverständlich angekündigten Gebets.

Der Gefahr ins Auge sehen

Als der erste Schwung des Erfolgs auf unser Kloster prallte, war uns sofort klar, dass das gefährlich werden könnte für den eigentlichen Lebensstil, um dessentwillen wir im Kloster waren. Damals wurden immer wieder warnend zwei Namen genannt, wie der Erfolg in der Musikwelt kirchliche Einrichtungen beschädigen kann: Santo Domingo de Silos und Sœur Sourire.

Die Benediktinermönche von Santo Domingo de Silos

Den ersten Hype mit Gregorianischem Choral gab es schon 1994 mit dem Choral des Benediktinerklosters Santo Domingo de Silos in Spanien. Der Erfolg war unvorhersehbar; er war weit spektakulärer als jener, den wir mit unserer CD 2008 auslösten. Bei dieser CD handelte es sich um alte Aufnahmen, die vom spanischen Label Hispavox von 1973 bis 1982 aufgenommen worden waren. Als die Hispavox von EMI Odeon übernommen wurde, brachten diese 1993 die Gebetsgesänge als eine Doppel-CD heraus. Der Erfolg in Spanien und dann weltweit war explosionsartig: Man spielte die CD nicht nur in Kaufhäusern, sondern sogar in Diskotheken. Der damalige Abt von Santo Domingo interpretierte die Nachfrage ganz ähnlich wie vierzehn Jahre später unser Abt. Abt Clemente Sema sagte bei der internationalen Präsentation der ersten CD: »Die Gesellschaft bietet den Menschen nicht, was diese brauchen, sie befriedigt ihre geistigen Bedürfnisse nicht; ich glaube, es gibt eine tiefe Sehnsucht nach grundlegender Veränderung.« Die CD aus Silos hatte einen fast expressiven Stil, denn die Stimmen der Sänger klangen einerseits abgekämpft, so wie sie andererseits von religiösem Pathos vibrierten.

Der Erfolg kam für die fünfunddreißig Mönche des mittelalterlichen Klosters Santo Domingo unerwartet und führte zu einer empfindlichen Störung des Klosterlebens. Abt Clemente versuchte zwar so gut wie möglich das Interesse der Journalisten zu befriedigen und das Kloster, das keinen Fernseher besaß, von dem Medienwirbel abzuschirmen. Aber alle wollten in den Genuss eines Live-Konzerts der Mönche kommen, sprich: am

Chorgebet teilnehmen. Zu Ostern 1994 stürmten geschätzte sechstausend Besucher den kleinen Ort. Die Mönche konnten sich nicht anders helfen, als sich im Kloster zu verbarikadieren. Als das Album in den USA auf den Markt kam – übrigens unter dem Titel »Chant« – , ging es sofort auf Platz drei der Billboard-Liste und hielt sich dreiundfünfzig Wochen unter den Hot 100. In den USA war es sogar auf Platz 13 der Pop-Charts. Bis heute wurden fünf Millionen CDs verkauft, es handelt sich damit um das meistverkaufte Gregorianik-Album aller Zeiten. In Europa wurden die Aufnahmen der Choralschola unter dem Titel »Canto Gregoriano« veröffentlicht.

Die Journalisten rätselten damals über die Ursachen dieses unerwarteten Erfolgs und munkelten schon über eine Mittelalter-Rennaissance, wofür der Erfolg von Umberto Ecos Romanen und der Siegeszug der Hildegard von Bingen-Medizin als Belege herhalten mussten. Natürlich setzten die Musikkonzerne damals eine »Weihwasserwelle« in Bewegung und überschwemmten den Markt mit Gregorianika und liturgischen Gesängen aus Russland. Der Angriff des Kommerzes führte in Santo Domingo zu schweren Spannungen, vor allem deshalb, weil die Mönche keine Rechte an den Aufnahmen besaßen und zunächst in einem Prozess gegen EMI um eine Beteiligung am finanziellen Erfolg kämpfen mussten. Zum anderen, weil EMI nicht genug bekommen konnte und auf weitere Aufnahmen drängte; was ein Teil der Brüder wollte, ein anderer Teil kategorisch ablehnte. Es kam sogar zu Austritten. Nach der Veröffentlichung eines zweiten Albums »Chant II« 1995 lehnten die Mönche jede weitere Aufnahme ab.

Sœur Sourire

Ein weiteres mahnendes Beispiel ist die belgische Nonne Jeanine Deckers, die unter dem Namen »Sœur Sourire« in die Musikgeschichte eingegangen ist. Eine tragische Existenz, die zeigt, wie gefährlich es für Ordensleute oder Priester sein kann, sich von der Scheinwelt des Erfolgs vereinnahmen zu lassen. Sœur Sourire war eine Dominikanerin, die erst nach ihrem Ordenseintritt gelernt hatte, Gitarre zu spielen. Für die Jugendarbeit textete und komponierte sie einfache Lieder, darunter auch ein Loblied auf den Gründer des Ordens mit dem Titel »Dominique«. Damals, 1963, war eine singende Nonne mit wallendem weißen Habit, schwarzem Schleier und einer fröhlichen Ausstrahlung eine Sensation. »Dominique« ist ein lustiges Trällerliedchen, das damals aber so sehr den Geschmack der Zeit traf, dass es erstaunlicherweise sofort die Spitzen der Hitparaden stürmte. Zu den Aufnahmen hatten die eigenen Mitschwestern geraten, schon 1961 waren Platten mit missionarischer Absicht veröffentlicht worden. Nach dem ersten Erfolg gelang diese musikalische Verkündigung scheinbar auch: Schwester Luc-Gabrielle, wie Sœur Sourire alias Jeanine Deckers mit Ordensnamen heißt, gab Interviews über das Ordensleben, die Gottesliebe und vieles mehr. Die Einnahmen der Rekordverkäufe flossen an das Kloster. Als »Dominique« sogar in den USA für mehrere Wochen auf Platz 1 der Charts ist, tritt Hollywood auf den Plan: 1965 entstand der Film *The Singing Nun* und transportierte das Klischee einer Motorrad fahrenden Nonne. Zu dieser Zeit hatte Sœur Sourire bereits über dreißig Chansons aufgenommen, doch keines der Lieder erreichte auch nur annähernd jene Aufmerksamkeit wie »Dominique«. Es kam zu einem schweren Zerwürfnis zwischen der Ordensschwester und ihrer Oberin. Jeanine Deckers trat 1966 aus dem Orden aus und begann sich nun immer mehr von der Kirche zu distanzieren, sang provokante Lieder, in denen sie die Antibabypille pries, und gab John Lennon recht, der damals mit seiner Behauptung, dass die Beatles populärer als Jesus Christus seien, für maximale christliche Entrüstung sorgte. Wer einmal Ruhm und Ehre gekostet hat, der kommt davon anscheinend nur schwer los: Sœur Sourire wollte nicht wahrhaben, dass sich jetzt, da sie keine Nonne mehr war und mit Strickpulli und Jeans auf ihrer Gitarre spielte, niemand mehr für sie interessierte. Sie wurde schließlich alkohol- und tablettensüchtig, beendete ihre Karriere, verdiente sich ihren Lebensunterhalt als Zeichen- und Musiklehrerin und zog mit der zehn Jahre jüngeren Annie Pécher zusammen. Die Tantiemen ihres Welterfolgs gingen an den Orden, nach ihrem Austritt hingegen blieb sie erfolglos; es kam zu einem Prozess gegen die Dominikanerinnen, den sie verlor. 1982 floppte auch eine Diskoversion von »Dominique«. Am 30. März 1985 beging die einstige Sœur Sourire zusammen mit ihrer Lebensgefährtin Selbstmord. Jeanine Deckers ist damals zweiundfünfzig Jahre alt; beide Frauen werden auf ihren Wunsch hin in einem gemeinsamen Grab kirchlich bestattet.

Mir ist dieses tragische Schicksal schon zu Herzen gegangen, Parallelen zu unserer Gemeinschaft habe ich aber Gott sei Dank nicht erkannt. Denn der wesentliche Unterschied zwischen ihrem Erfolg und dem unseren besteht darin, dass sie als Einzelne in das Rampenlicht des Starruhms gehievt wurde. Zudem war Sœur Sourire einfach auch ein Opfer ihrer Zeit; die Bilder, die ich von ihr im Internet gefunden habe, zeigen sie in Elvis-Presley-Pose im Nonnenhabit mit Gitarre … Hier war einfach eine junge Frau weder mit dem Zeitgeist der Sechzigerjahre fertiggeworden noch hatte sie den Ungeist des plötzlichen Starruhmes verkraftet. Ich habe Sœur Sourire seither fest ins Gebet eingeschlossen: »O Herr, gib ihrer armen Seele die ewige Ruhe.«

Vermarktung ja – aber seriös

Ich versuchte, für die bevorstehende Öffentlichkeitsarbeit gewisse Grundlinien zu finden. Der Wunsch des Abts war klar: Er wollte nicht, dass die Schola als Schola vermarktet würde. Es hatte ihn zutiefst schockiert, dass ein Journalist die singenden

Mitbrüder »Boygroup« genannt hatte. Tatsächlich bestand ja die Schola aus sechzehn vorwiegend jungen Mitbrüdern, von denen gerade mal ein Drittel die Feierliche Profess abgelegt hatte. Die anderen waren jung, manche auch durchaus »fesch«, wie man auf Österreichisch zu Männern sagt, die gut aussehen. Tatsächlich stellte sich heraus, dass sich Journalistinnen ganz gern den einen oder anderen von den besser aussehenden Mitbrüdern herausgepickt hätten; manche Fotografen wollten dann sogar Aufnahmen schießen, wo die jungen Mönche à la Brad Pitt mit romantischem Augenaufschlag verträumt an den Säulen des Kreuzgangs posieren. Das durfte nicht sein! Die Sänger selbst wollten nicht in die Öffentlichkeit, der Rummel war ihnen nicht angenehm. So rannte der Abt offene Türen bei allen ein, als er seine Regeln für den Umgang mit den Medien bekanntgab: Interviews gibt nur er oder ich als Beauftragter für die Öffentlichkeitsarbeit, meine Erfahrung beim Papstbesuche würde mir hier hilfreich sein können; freilich dürfe ich mir Mitbrüder für bestimmte Aufgaben suchen. Pater Philipp-Neri war als »Solatium« an meiner Seite. Durch Starallüren fühlte ich mich schon deshalb nicht gefährdet, weil ich selbst ja nicht unter den Sängern war. Ich konnte daher immer etwas kokett sagen: »Die CD ist deshalb ein solcher Erfolg, weil ich nicht mitgesungen habe.« Was wohl auch stimmte. Denn Pater Simeon wollte nur die besten Sänger, und da gehöre ich eindeutig nicht dazu. Meine Stimme ist viel zu kräftig, man hört sie heraus, und das ist das Allerschlimmste, was es beim Choral gibt, denn der zielt auf maximale Harmonie. Und außerdem habe ich eine miserable Atemtechnik, mir geht andauernd die Luft aus … Meine Aufgabe war es also, den Dienst fortzusetzen, den ich schon beim Papstbesuch zu erfüllen hatte: die Schönheit unserer Spiritualität und unseres Klosterlebens zu promoten. Und noch eine wichtige Vorgabe machte der Abt: Wir verkünden nicht Zweitrangiges, sondern Substantielles. Das heißt:

Wir interessieren uns nicht für Charts, sondern wir erzählen von unserem Gebet. Die Botschaft der CD ist: Es ist schön, mit Gott verbunden zu sein.

Promotion von Australien bis Kalifornien

Das Jahr 2008 war sehr ungewöhnlich für ein altes Stift. Am Jahresende durften wir den Tourismuspreis des Landes Niederösterreich in der Kategorie beste Öffentlichkeitsarbeit entgegennehmen. Für mich war es ein sehr anstrengendes Jahr, denn wie eine Lawine wälzte sich das Medieninteresse über das Kloster. Universal Music startete eine weltweite Kampagne. Wir waren vertraglich zu keiner Promotion verpflichtet, trotzdem bot ich Universal Music immer die »Kalenderlöcher« an, also Tage, an denen in meinem Kalender keine Termine notiert waren. Die einzelnen Länderabteilungen von Universal Music versuchten, an den von mir angebotenen Tagen möglichst viele sinnvolle Medientermine zu organisieren. So flog ich also in fast jedes Land Europas, um dort lächelnd meine Botschaft zu verkünden: Unsere Musik ist deshalb so schön, weil es so schön ist, an Gott zu glauben. Das war sehr anstrengend, weil es meist bedeutete, dass ich am Abend hinflog, am nächsten Tag die Promotion absolvierte und am übernächsten Tag frühmorgens wieder im Flugzeug nach Hause saß.

Die Glamourwelt der Stars

Die Kontakte mit den Journalisten und auch mit so manchem Promi waren für mich eine Form von Seelsorge. Ich merkte bald, dass das »auch nur Menschen« sind, ja, dass es mir im Vergleich zu ihnen sogar besser ging, denn ich war in keiner Weise abhängig von dem äußeren Erfolg. Bei manchen Stars hatte ich das Gefühl, dass sie geradezu neurotisch nach Lob und Anerkennung lechzen, weil sie sich viel zu sehr dadurch definieren, wie sie bei anderen ankommen. Ich denke, dass ich in dem ganzen Medien- und Showbusiness überdurchschnittlich viele innerlich verletzte Menschen getroffen habe. Aber durch die Egomanie ist ja jeder gefährdet; unser Feind sitzt in unserem eigenen Herzen, wenn wir beginnen, uns selbst für den Mittelpunkt der Welt zu halten. Wenn mir ausgebrannte junge Menschen im normalen Leben als Jugendseelsorger begegnen, dann schließe ich sie sofort ins Gebet ein. Das habe ich auch auch mit all jenen Journalisten und Künstlern gemacht, die mit ihrer Rolle und ihrem Leben zu kämpfen haben.

Die Promotion war auch deshalb weltweit so erfolgreich, weil die jungen Mitbrüder Frater Edmund und Frater Johannes Paul im Sommer 2008 eine Jugendgruppe zum Weltjugendtag mit Papst Benedikt XVI. in Australien begleiteten. Die Zeitungen rissen sich um die jungen Mönche, die die Pop-Charts gestürmt hatten, die beiden schafften es im Vorfeld des Papstbesuches sogar auf manches australische Zeitungscover.

In diesem Zusammenhang passierte auch eine kleine Panne, denn Frater Johannes Paul hatte ganz richtig gesagt, dass alle Menschen bei uns im Kloster willkommen seien. Auf die Frage, ob auch Amy Winehouse nach Heiligenkreuz kommen dürfe, antwortete er natürlich mit Ja. Daraus entstand dann die Zeitungsente, dass wir Heiligenkreuzer Mönche die drogensüchtige Pop-Diva nach Heiligenkreuz eingeladen hätten. Der Abt zitierte mich und ich konnte die Sache aufklären, er gab mir aber die Weisung, in Zukunft in der Öffentlichkeitsarbeit den Vergleich mit problematischen Musikstars zu unterlassen und nur über das Gebet zu sprechen, das in unserer CD steckt.

Der Choral als Entspannungs- und Reifehelfer?

Dass man unsere Musik nicht nur wegen ihres geistlichen Gehalts wertschätzte, kann ich anhand von zwei lustigen Ereignissen belegen. Da war einmal die Homepage der amerikanischen Abteilung von Universal Music; es war mir schon nicht ganz klar gewesen, warum die Amerikaner die CD unter einem geänderten Titel herausgeben wollten: »Chant – Music for the Soul«, aber ich stimmte zu, weil auch »die Seele« ein geistlicher Ausdruck ist. Dann passierte aber ein Missgeschick: Die Amerikaner sind von den Engländern nicht informiert worden, dass alle Werbemaßnahmen von uns approbiert werden müssen, und sie kreierten eine eigene Homepage. Die amerikanische Website war an sich wunderschön, aber ich fiel aus allen Wolken, als ich die Texte dort las: Die erzählten nichts vom klösterlichen Leben, nichts vom Gebet, das in dem Gesang steckt, sondern einzig und allein von der blutdrucksenkenden Wirkung des Chorals. Ohne Zweifel kann das Anhören von gregorianischen Gesängen Hypertonikern helfen, es gibt tatsächlich ganz seriöse Studien dazu. Aber: Das ist ein physischer Nebeneffekt. Vielleicht senken ja auch die Gesänge der Wale und das Gezirpe der Grillen den Blutdruck ... Bloß als eine antihypertonische Mönchsband wollten wir wirklich nicht präsentiert werden! Die Amerikaner waren einsichtig und begriffen dann schnell, dass in ihrem jungen Land ein mittelalterliches Kloster in *Good Old Europe,* das voll ist mit jungen Mönchen, die noch dazu schön singen, ja doch viel besser »zu verkaufen« ist, als wenn man den Choral als pseudomedizinisches Allheilmittel anpreist.

Noch lustiger war dann freilich eine Anfrage aus Österreich: Ein Diplomingenieur lud mich in seine steirische Käserei ein. Er war überzeugter Katholik und mit seiner Frau in Diözesangremien engagiert. Aus tiefem Glauben heraus hatte er einen Reifekeller für seinen Käse gebaut, wo jeder Käse mit der Marienanrufung »*Mater Ter Admirabilis* – Dreimal wunderbare Mutter« auf dem Etikett versehen wird. Soweit, so fromm. Er schrieb mir nun, dass er schon vor einiger Zeit durch einen Musikstudenten auf die Idee gekommen war, den Keller mit gregorianischen Gesängen zu beschallen, dass das hervorragend funktioniere und dass er jetzt auf unsere CD »Chant – Music for Paradise« umgestiegen sei. Und: dass der Käse jetzt noch besser werde und einen Preis nach dem anderen gewinnt. Ich musste lachen, war aber auch irgendwie gerührt. Und außerdem: Was weiß man schon über die geheimnisvollen Wirkungen von Musik, ist nicht der ganze Kosmos Schwingung? Er wusste natürlich, dass wir nirgendwo außerhalb des Klosters singen, lud mich aber ein, vor den Schülern der Landwirtschaftsschule, an der er das Spezialfach Käserei unterrichtete, vorzusprechen und seinen Keller zu besichtigen. Der Abt war leider gar nicht dafür; er ist ein großer Käseliebhaber, aber ein Medienbericht, in dem der Mönchsgesang mit der Reifung von Käsesorten, seien sie auch noch so prämiert, in Verbindung gebracht worden wäre, das wäre für ihn ein Supergau gewesen. »Dann kommen die Leute noch auf die Idee, dass wir in der Kirche singen, damit der Schimmelpilz abgehalten wird oder die Mauern trocknen oder sonstwas. Pater Karl, sag den Medien immer nur: Unser Choral ist Gebet. Wir loben Gott, das muss genügen.«

Keine Konzerte

Gott sei Dank hat unser Abt gleich von Anfang an entschieden, dass wir nicht außerhalb des Klosters singen, denn obwohl wir immer klar und deutlich verkündet hatten, dass wir keine Konzerte geben, kamen eine Fülle von Anfragen. Ein paarmal wollte man uns als Hochzeitssänger engagieren, hunderte Male für irgendwelche größeren oder kleineren Charity- und Benefizveranstaltungen wie zum Beispiel die Eröffnung einer Blutspendeaktion oder eine Altkleidersammlung für Obdachlose. Natürlich war das verlockend, denn mit unserer Popularität hätten wir viel Gutes für andere tun können. Aber hätten wir selbst das ausgehalten? Die Scholamitglieder sind junge

Mönche, die noch frisch im Kloster sind und die noch ein ruhiges Einleben in den anstrengenden Tagesrhythmus des Mönchslebens brauchen. Hätten wir begonnen, mit Tourneen durch die Welt zu tingeln, dann wäre unsere Gemeinschaft heute sicher schon auseinandergebrochen, denn schon durch die hier einfallenden Medien war ja mehr als genug an Belastung gegeben. Abt Gregor hat festgelegt, dass wir nie und nimmer auf Tournee gehen werden, freilich mit einer einzigen Ausnahme: Sollte uns der Heilige Vater einladen, bei einer Liturgie mit ihm zu singen, dann natürlich sofort und mit Begeisterung. Freilich sind wir nicht so dumm und hochmütig zu glauben, dass wir je nach Rom eingeladen werden, denn der Papst hat viel bessere Chöre im Vatikan zur Verfügung als unseren.

Die Verlockungen sind groß

Dass man sich von Konzerten der »Singenden Mönche«, wie man uns lustigerweise nannte, gute Einnahmen erwartete, zeigt auch die Tatsache, dass Anfang 2009 in Augsburg eine an sich ehrenwerte Männergesangsgruppe so geschickt promotet wurde, dass der Eindruck entstehen konnte, es handle sich um ein Konzert von uns Heiligenkreuzer Mönchen. Man ging ausdrücklich in eine »Heiligkreuzkirche«, verwendete die Begriffe »Chant« und »Music for Paradise«. Eine Reihe von E-Mails gelangten bei mir an, ob wir denn nun unsere Grundsätze aufgegeben hätten und nun doch auf Tournee gehen würden. Die lokalen Medien, die ich einschaltete, haben dann die nötige Aufklärung gebracht und das Konzert wurde abgesagt, den Sängern war das sehr peinlich. Allerdings waren diese ehrenwerten älteren Herren auch schon früher bei ihren Konzerten in schwarz-weißem Ordensgewand aufgetreten, als verkleidete Mönchstruppe. Natürlich haben sie sich nicht viel dabei gedacht, sie wollten ja nur schöne geistliche Musik singen. Aber vielleicht sollten sie doch auch Rücksicht nehmen auf das, was wir Mönche bei solchen Maskeraden empfinden: Uns kostet das Tragen des Ordensgewandes ja etwas, nämlich nichts weniger als die Hingabe unseres Lebens.

Ich muss gestehen, dass für mich natürlich auch die Einladungen zu hochfinanzierten Konzerten eine gewisse Versuchung dargestellt haben, denn als Rektor der Hochschule bin ich permanent damit beschäftigt, Geld für unsere Priesterstudenten aufzutreiben. Und die fünfzig Cent, die wir als Tantiemen pro CD erhalten, sind erfreulich, aber unsere Einnahmen sind nun wirklich nicht vergleichbar mit den Summen, die Popstars verdienen, mit deren Erfolg man den Verkauf unserer CD verglichen hat. Offensichtlich sind Konzerte wirklich das große Geschäft: Da bot man uns zweihunderttausend Euro für ein Konzert in Mailand, einhundertfünfzigtausend für die Wiener Stadthalle, da wollte uns ein berühmt gewordener Österreicher mit seinem Privatjet zu sich nach Kalifornien fliegen, da sollten wir mit einer enormen Gage gelockt werden, um in der Kathedrale von Tokio Werbung für Österreich zu machen ... Das waren alles sehr ehrenvolle Einladungen. Ich gestehe, dass ich manchmal doch gezögert habe, auf solche E-Mails mit einer höflichen »Leider, wir können nicht!« zu antworten. Der wichtigste Grund, warum es für uns unmöglich gewesen wäre, Gregorianischen Choral »konzertant« zu singen, liegt darin, dass wir ja gar nicht singen, wenn wir singen, sondern beten! So sind wir standhaft geblieben, auch im Vertrauen darauf, dass der liebe Gott uns schon noch irgendwie helfen wird bei der Förderung unserer Priesterstudenten.

Herausforderung Öffentlichkeitsarbeit

Meine Mitbrüder interessierten sich wenig für das, was rund um das Kloster vor sich ging; darüber war ich ganz froh, ja sogar stolz. »Mediengeilheit« passt nicht zu Mönchen. Jesus sagt:

»Euch muss es zuerst um das Reich Gottes und um seine Gerechtigkeit gehen; alles andere wird euch dann dazugegeben.« (Matthäusevangelium 6,33). Ich erinnere mich noch, wie ich eines Abends nach der Vesper eine SMS von Tom Lewis erhielt: *»We did it: Gold!«*, und ich aus allen Wolken fiel, denn es waren ja erst fünf Wochen seit der Veröffentlichung vergangen. Freudig und beschwingt stürzte ich in den Rekreationsraum, wo die Mitbrüder und der Abt zum abendlichen Austausch beisammensaßen. Alle sahen, dass ich gleich platzte, weil ich etwas erzählen wollte: »Wir haben Gold in England. In nur fünf Wochen einhunderttausend CDs verkauft.« Alle schauten mich an, als hätte ich gerade zehn total uninteressante Nummern aus dem Telefonbuch vorgelesen. Die Reaktion des Abts: ein Achselzucken und ein »Aha«. Dann redete man wieder über die Themen, die man vor meinem Hereinstürmen besprochen hatte. Seither hütete ich mich davor, den Mitbrüdern ungefragt etwas von der CD zu erzählen.

Integrierte Medienarbeit

Da mir die Haltung imponierte, versuchte ich mich auch möglichst frei zu halten von einem sensationslüsternen Schielen auf Erfolg, auf Zahlen und Auszeichnungen. Die Presse- und Medienkontakte erledigte ich in Ruhe so, dass die Mitbrüder davon fast nichts merkten. Fast täglich gab es Telefoninterviews für Zeitungs- oder auch Radiojournalisten aus aller Welt. Für die südafrikanischen Anfragen half mir unser südafrikanischer Mitbruder Pater Sebastian, für die lateinamerikanischen unser Spanisch sprechender Frater Justinus, beim Betreuen von Journalisten, die persönlich eingetrudelt waren, halfen mir Pater Philipp-Neri und Frater Johannes Paul. Und natürlich hatte der Abt selbst eine Unzahl von Medienanfragen. Freilich: Unser Abt ist als Adeliger, als ehemaliger Manager und profilierter Kirchenmann ein echter »Promi«; in unserem Fall galt aber das

Interesse nicht so sehr einer Person, sondern dem Kloster und seiner Gemeinschaft an sich. Auch während der Europafußballmeisterschaft, die in Österreich und in der Schweiz stattfand und auch uns in ihren Bann zog, hielt der Journalistenstrom nach Heiligenkreuz an. Unvergesslich war ein Team des ZDF, das mit einem rostigen blauen Bus hier ankam, um die Stimmung im Umfeld der Meisterschaft auf originelle Weise zu filmen. Wir quartierten die drei coolen Journalisten in unserer Jugendherberge ein, wiesen ihnen die ältesten Stockbetten zu, spielten mit ihnen Fußball und blödelten auf Biegen und Brechen. Das Match haben wir natürlich gewonnen!

Die Berichterstattung über Heiligenkreuz und die CD konnten wir uns ja meistens nicht ansehen, da wir keinen Fernseher im Kloster haben, aber man schickte uns oft Mitschnitte auf DVD zu. Dieser Stapel wuchs im Lauf des Jahres auf eine Höhe von zirka zwei Meter, sodass ich ein eigenes »Elektronisches Medienarchiv« für die Fernseh- und Radiobeiträge einrichten musste, um den Überblick nicht zu verlieren. Alles lief eigentlich gut, denn das klösterliche Leben war in keiner Weise beeinträchtigt, unser Gebet nicht gestört. Und dann kam es leider doch zu einem Mega-GAU, an den ich mich jetzt noch mit Gruseln erinnere.

Was nie hätte passieren dürfen ...

Im Auftrag eines großen deutschen Fernsehsenders hatte schon lang vor dem Chant-Projekt eine Regisseurin um Dreherlaubnis angesucht; schon vor dem Hype um den Chart-Erfolg war das nichts Besonderes, freilich kamen die Filmleute da nicht täglich, sondern nur so alle zwei Monate. Es handelte sich um keine Berichterstattung über Chant, sondern um eine Serie über verschiedene Orden: Benediktiner, Zisterzienser, Franziskaner, Dominikaner und Jesuiten sollten porträtiert werden. Ein seriöses Projekt, für das der Abt gern die Dreherlaubnis gegeben hatte. Doch der Zeitpunkt hätte nicht ungünstiger sein können, denn damals im Sommer hatten wir schon aufgehört, Kamerateams beim Chorgebet zuzulassen. Wir wollten wieder in Ruhe beten und dabei an Gott denken, und nicht, dass einem gerade ein Kameramann in Großaufnahme erwischt, wenn man sich an der Nase kratzt … Und schon immer galt bei uns für Filmaufnahmen während des Chorgebets die Regelung, dass die Kamera fix und unbeweglich an einem Ort in einer respektvollen Distanz zum Chorgestühl stehen musste. Alles, was bei dieser Vesper, die mich heute noch traumatisiert, geschah, war meine Schuld. Ich hatte gerade eben Frater Johannes Paul als Assistenten erhalten. Ein junger Mitbruder, der außerordentlich reif und klug ist und von seiner ganzen Persönlichkeit her eine Art wandelnde Charmeoffensive. Da ich mit Telefoninterviews aus Kalifornien und einer Journalistin aus Finnland beschäftigt war, bat ich ihn, sich um das deutsche Fernsehteam zu kümmern. Meine Schuld war: Ich hatte ihm nicht gesagt, unter welchen Richtlinien man beim Chorgebet filmen darf. So konnte er natürlich auch nichts weitergeben.

Leider kam ich erst eine Minute vor Beginn der Vesper in die Kirche. Mir stockte der Atem: Die Filmleute hatten Schienen zwischen das Chorgestühl gelegt, darauf eine fahrbare Kamera; mehrere andere Kameras standen in verschiedenen Ecken ziemlich dicht am Chorgestühl. Was sollte das werden? Es war keine Zeit mehr, irgendetwas zu tun, denn die Vesper hatte pünktlich zu beginnen, also stürmte ich an meinen Platz ins Chorgestühl. Schon klopfte der Abt, und der Hebdomadar stimmte das »*Deus in adiutorium meum intende* – O Gott, komm mir zu Hilfe!« an. Die Hilfe Gottes hatten wir auch bitter nötig. Die nächsten dreißig Minuten waren eine Tortur für uns. Kein Zweifel, das Filmteam wollte die perfekte Aufnahme machen: Sie fuhren mit der Kamera auf ihren Schienen durch das Chorgestühl, hielten ihre Kameras vor die Nase der jungen

Wie kam es zu dem Erfolg von »Chant – Music for Paradise«?

Mitbrüder, pirschten durch die Reihen der Mönche auf der Suche, wie man die berühmten singenden Mönche in der von der untergehenden Sonne lichtdurchfluteten mittelalterlichen Abteikirche am besten filmen kann. Ich schwitzte Ströme von Schweiß und spürte, wie mir die Mitbrüder, die äußerlich mit stoischer Verbissenheit beteten und sangen, eindeutige Blicke zuwarfen. Wenn Blicke töten könnten, wäre von mir nicht viel übriggeblieben. Es wurde immer schlimmer: Jetzt bauten sie während unseres Gebets lautstark eine Kamera ab und postierten sich direkt hinter dem Abt, also nur einen Meter hinter ihm. Der Tontechniker hielt ein Mikrofon, das wie eine riesige Federboa aussah, an einer Stange von oben direkt über die Nase des Abts, der hochrot angelaufen war. Ich rechnete jeden Augenblick damit, dass er die Vesper abbrechen würde. Aber das heilige Gebet unterbrechen? So etwas hatte ich in siebenundzwanzig Klosterjahren noch nie erlebt, es geschah vermutlich nur, als die Türken die Abtei 1683 belagert hatten und die Nazis es 1938 in ein Reichsmusikarchiv umwandeln wollten … Der Abt hielt durch, wir beteten bis zum bitteren Ende. Die Mitbrüder zogen aus der Kirche zum Abendessen; ich war etwas verblüfft, als mich der Abt beim Hinausgehen zur Seite zog und statt mich zu tadeln nur sagte: »Sei nicht zu streng mit ihnen …« Wahrscheinlich hatte er gesehen, wie erzürnt ich war. Ich war nicht »streng«, ich war außer mir! So empört war ich selten in meinem Leben, ich donnerte die Regisseurin und diese ungehobelten Kameraleute und Tontechniker zusammen, dass die hohen gotischen Scheiben des Hallenchors wackelten. »Unverschämtheit, Impertinenz, ein Angriff auf unsere Gemeinschaft. Man darf nichts von dem Filmmaterial verwenden …«, brüllte ich auf die arme Frau ein. »Aber, was haben wir denn gemacht?«, fragte sie und es war offensichtlich, dass sie am Boden zerstört war. »Ja wissen Sie denn nicht, dass nur eine Kamera erlaubt ist, dass sie immer fix und weit weg vom Chor-

gestühl stehen muss, dass …!« »Aber das hat uns ja niemand gesagt!«, antwortete sie zerknirscht.
Für einen Choleriker ist jeder Wutausbruch eine Niederlage, weil er das ja nicht will. Aber das war eine doppelte Niederlage, denn jetzt dämmerte mir, dass ich Frater Johannes Paul gar nicht über die Konditionen für das Filmen beim Chorgebet instruiert haben könnte. Um mein Gesicht nicht zu verlieren, schimpfte ich noch pro forma ein bisschen weiter. Innerlich war der Zorn schon verraucht, weil mir klar geworden war, dass niemand anderer als ich selbst schuld an dieser Störung des Gebets war. Ich habe mich dann einige Tage später feierlich bei der Regisseurin entschuldigt. Bei den Mitbrüdern habe ich das auch getan und einen langen Text an das Schwarze Brett vor dem Speisesaal gehängt mit einer Erklärung, warum es zu dieser Vesper gekommen ist, bei der man tatsächlich das Gefühl hatte, man sei nicht in einem Kloster, sondern auf einem Filmset in Hollywood … Ähnliches ist dann nie wieder vorgekommen; aus Schaden wird man klug.

»Wetten, dass …?« und verkleidete Mönche

Anfang September 2008 hatten in der Kreuzkirche die Aufnahmen zur Weihnachts-CD begonnen. Universal Music hatte dazu gedrängt, und wir hatten schon deshalb zugestimmt, weil auf der ersten CD ja vor allem die Totenliturgie zu hören ist. Und die konnte man schlecht zu Weihnachten spielen. Außerdem hat das gregorianische Repertoire ja herrliche Stücke für Advent und Weihnachten. Universal Music drängte aber auch terminlich, sodass die Aufnahmen sehr ungünstig fielen. Anders als im April war es heiß, im Kloster gab es gleichzeitig eine riesige Jubiläumsmesse zum ersten Tag des Papstbesuches … Es ist ein Wunder, dass die Aufnahmen so hervorragend gelungen sind. Meiner Meinung nach ist die zweite CD noch schöner als die erste. Aber die Mitbrüder waren erschöpft, richtiggehend ausgebrannt: durch das Singen, durch das Gefühl, permanent von der Öffentlichkeit beäugt zu werden. Nach der Aufnahme war jedenfalls für unseren Kantor Pater Simeon klar: Es wird keine weitere CD mehr geben. Und ausgerechnet in diese psychologische Situation fiel die Einladung zu »Wetten, dass …?« für Samstag, den 4. Oktober.

»Wetten, dass …?« sorgt für angespannte Stimmung
»Wetten, dass …?« ist nicht irgendeine von den vielen Samstag-Abend-Familien-Unterhaltungs-Shows, sondern die größte Fernsehshow Deutschlands und sogar die größte Fernsehshow Europas. In dieser Sendung auftreten zu dürfen bedeutet so etwas Ähnliches wie den Ritterschlag der Medienwelt aus der Hand des so schlagfertigen Moderators Thomas Gottschalk zu empfangen. Die Sendung vom 4. Oktober 2008, in der wir als Stargäste neben Salma Hayek, Carla Bruni, Karl Lagerfeld, Sebastian Vettel, Bully Herbig, Xavier Naidoo und so weiter auf dem geschwungenen roten Sofa saßen, haben zwölf Millionen Menschen gesehen. Um ehrlich zu sein: Die Einladung habe ich angenommen, weil ich nicht wusste, was »Wetten, dass …?« ist. Ich war bei Talkshows, bei denen ich mich rundum wohlgefühlt habe, in denen es lustig und auch inhaltsreich zuging. »Wetten, dass …?« kannte ich nicht dank der Fernsehabstinenz unseres Klosters. Ich wusste von einem bravourösen Auftritt von Florian Henckel von Donnersmarck im Frühjahr 2007, unmittelbar nachdem ihm der Oscar verliehen worden war. Doch gerade dieser Auftritt hatte seinem Onkel, unserem Abt, nicht gefallen. Der Abt war am Anfang dagegen, dass wir bei »Wetten, dass …?« auftreten.
Bisher war die Medienarbeit ruhig verlaufen, aber jetzt schien alles plötzlich aufgeheizt, nervös, gereizt, ja hysterisch. Zum ersten Mal in meinem Leben erhielt ich einen anonymen Brief,

in dem man uns – und vor allem mir – Dinge unterstellte, die ich von anderen Menschen nicht in meinen grimmigsten Gedanken zu denken wagen würde. Der Brief beruhte allerdings auf dem Missverständnis, dass wir als Sänger bei Thomas Gottschalk auftreten würden. Um ein »Vorsingen« hatte man uns aber nie gebeten; nicht nur, weil wir ohnehin immer betont hatten, dass wir jede Konzerteinladung ausschlagen würden, sondern auch deshalb, weil ein solcher Gebetsgesang in diesem Sendeformat gar nicht erwünscht war. Im Kloster gab es böses Raunen über mich, ich sei jetzt doch auf den »Egotrip« geraten; unser Auftritt würde das Heilige unserer Lebensform veräußerlichen ... Im Rückblick scheinen mir all diese Befürchtungen ziemlich absurd, aber damals war alles real und sehr bedrückend für mich. Der Abt hat dann doch zugestimmt, dass wir beide, Pater Philipp-Neri und ich, hingehen. Schließlich sind wir ja eine Kirche »in der Welt von heute«, wie es das 2. Vatikanische Konzil ausgedrückt hat.

Fernsehen als absurdes Theater

Also erhielten wir die Erlaubnis und fuhren am 4. Oktober nach Nürnberg, freilich mit nicht geringen Bauchschmerzen. Die kamen definitiv nicht vom Lampenfieber, sondern von der Verantwortung, die wir spürten: Wir waren ja nicht als Privatleute da, sondern zeigten das Mönchtum, unser Kloster, gewissermaßen die ganze Kirche. Thomas Gottschalk empfing uns vorher für eine halbe Stunde zu einer Vorbesprechung. Er gratulierte zum Erfolg der CD, aber viel wichtiger war ihm, dass er einmal wieder die Chance hätte »nette Priester und Ordensleute« in seiner Sendung zu haben; es sei ihm ein Anliegen, auch die Kirche dort in die Öffentlichkeit zu bringen, wo es fröhlich zugeht. Gottschalk sagte, dass er früher Ministrant gewesen sei und dass es ihm leid tue, dass sich die Kirchenleute oft so verstecken. Das baute mich sehr auf und so saß ich dann in unserem VIP-Bereich, den man in einer riesigen Lagerhalle eingerichtet hatte, ziemlich motiviert, umgeben von einem ganzen Haufen Promis, als die Sendung begann. Doch dann kam der Schock: Nach der Begrüßung durch Thomas Gottschalk sah man plötzlich eine Frau auf einem Sofa sitzen, die strickte. Und zwar mit Bratwürsten. Anstelle der Stricknadeln verwendete sie tatsächlich Bratwürste. Und man suche nach vielen Nürnbergern, die bis Ende der Sendung sich auch bratwürstestrickend einfinden sollten ... Ich erinnere mich noch, dass ich in dem Augenblick das Gefühl hatte, dass in mir ein Schalter umgelegt wurde: Meine Stimmung wechselte von Vorfreude auf blankes Entsetzen. Meine Eltern haben einen Lebensmittelmarkt und von Kindesbeinen an habe ich Ehrfurcht vor Nahrungsmitteln eingeflößt bekommen: »Lebensmittel verschwendet man nicht!« Und mit Lebensmitteln spielt man nicht. Hätte ich gewusst, dass die Show dann damit enden würde, dass sich Showmaster Thomas Gottschalk in einem überdimensionalen Fass mit Senf versenken lässt, wäre ich sicher gegangen. Ich blieb, aber von dem Augenblick an war ich innerlich wie gelähmt, weil ich immer denken musste: Wo bin ich hier hingeraten!

Unseren Auftritt haben wir dann ganz gut hinbekommen, abgesehen davon, dass ich mich fühlte, als hätte man mir mit einem Prügel auf den Kopf geschlagen. Im Hintergrund war immer der Gedanke: Was werden meine Mitbrüder denken? Was werden die Menschen denken, die uns wegen unserer ehrfürchtigen Liturgie lieben? Und auch: Was werden meine Kollegen und Studenten denken, denn immerhin bin ich ja Rektor und Professor an einer Päpstlichen Hochschule ... Als wir unsere Wette verloren, weil ein reizender bayrischer Bub namens Benedikt es nicht schaffte, auf wahnwitzige dreißig Bierkisten, die er unter sich der Reihe nach aufstapelte, zu klettern, mussten wir als Wetteinsatz ein Bierfass anschlagen. Das machte mir an diesem

Abend den allergrößten Spaß, weil ich so etwas noch nie getan hatte. Unser Stift produziert Wein, kein Bier. Pater Philipp-Neri schlug zu, ich musste den Zapfhahn halten und fürchtete um meine Hand, denn er war genauso bierunerfahren wie ich. Den Rest der Sendung haben wir dann tapfer ertragen.

Auf der Heimfahrt von Nürnberg nach Heiligenkreuz merkte ich, welche Kraft die Medien haben, denn überall sprachen uns die Leute an; überraschenderweise alle positiv: »Wir haben euch in ›Wetten, dass …?‹ gesehen, toll dass ihr hingegangen seid. Das Bierfassanschlagen solltet ihr aber besser lernen.« Von überallher kam ein freundliches Kopfnicken, ein Lächeln, das Wiedererkennen signalisiert. Jugendliche, die einem beim Vorbeigehen zurufen: »Herr Pfarrer, sie waren cool im Fernsehen.« Freilich musste ich wieder an Sœur Sourire denken: Am Anfang war sie so bescheiden, dass sie sich weigerte, ihr Bild auf den Platten abdrucken zu lassen, und am Schluss war sie total abhängig von der öffentlichen Anerkennung. Und ich muss gestehen, dass es einem natürlich schmeichelt, wenn man so viele positive Rückmeldungen bekommt: Schulterklopfen sogar von den Mitbrüdern, Menschen, die sich um Autogramme anstellen, eine Flut von E-Mails mit oft überschwänglichem Lob und Dank … Nur eine Seele, die ihre Anerkennung aus einer ganz anderen Welt erwartet, ist einigermaßen geschützt davor, eitel zu werden. Wir Mönche definieren den Wert unseres Lebens ja nicht daher, ob uns jemand toll und cool findet. Ich glaube nicht, dass mir etwas fehlen wird, wenn der Rummel um die CD vorbei ist und sich vielleicht niemand mehr für uns interessiert. Ich hörte in mich. Die schönste Zeit des Tages war für mich immer noch der Morgen, das Morgengebet: ab fünf Uhr fünfzehn für zwei Stunden lang dem lieben Gott Loblieder singen. Ohne dass viele Leute sich in der Kirche drängen, ohne Journalisten, ohne Kameras … das ist mein Himmel und mein Glück!

Ein schöner Abschluss

Universal Music schloss das CD Projekt dann mit einer dritten Ausgabe, einer »Super Deluxe Edition« ab, die zu Ostern 2009 erschien. Diese Spezialausgabe umfasst auf zwei CDs das »Gesamtwerk« der »Chant – Music for Paradise«-Aufnahmen von 2008 und ist sehr stilvoll gemacht. Ich schrieb dazu ein umfangreiches Booklet, unter anderem mit dem Thema »Was wir von Mönchen lernen können«. Zu dieser Zeit war uns schon klar, welchen nächsten Schritt Gott von uns haben will, denn es waren eine Reihe von Anfragen großer Verlage bei uns eingegangen: Ob wir Mönche den suchenden Menschen – im Herbst 2008 wurde ja die schon jahrelang schwelende Sinnkrise durch den Ausbruch einer bedrückenden Wirtschaftskrise akut – nicht auch in Form von Büchern Rat und Weisung oder zumindest Zeugnis über unser Glück geben wollen. Als ich in der Silvesternacht von 2008 auf 2009 in der mit jungen Menschen zum Bersten überfüllten Kreuzkirche die letzten Minuten auf Mitternacht vor dem Allerheiligsten kniete, durchflutete mich eine große Dankbarkeit und ein so überschwängliches Glück über dieses vergehende Jahr. Nicht, weil sich in meinem Mönchszimmer die »Awards« stapelten und ich gar nicht genug freie Wandfläche habe, um all die Platin- und Goldauszeichnungen aufzuhängen. Nicht, weil unsere Gemeinschaft das Mega-Projekt mit dem Medienansturm ohne Beschädigungen überstanden hatte. Nein, meine Dankbarkeit bezog sich auf etwas anderes: »Danke lieber Gott, dass du uns als deine Werbemittel verwenden wolltest. Danke, dass du uns die Kraft gegeben hast, deine Herausforderungen anzunehmen!« Und für 2009 und die Zukunft habe ich gebetet: »Gib, dass wir hier in Heiligenkreuz weiterhin nichts anderes tun wollen, als dir zu dienen und uns von dir verfügen zu lassen. Und gib uns, wenn es dir recht ist, lieber Gott, weiterhin so viel Spaß dabei.«

Was sind die heilsamen Tugenden des Gregorianischen Chorals?

Was sind die heilsamen Tugenden des Gregorianischen Chorals?

Gebet, das alles durchdringt

Der Choral hilft uns in unserer
Sehnsucht nach Gott

Der Gregorianische Choral hat es verdient, geliebt zu werden. Er ist seit Jahrhunderten eine Quelle, aus der das Wertvollste strömt, das es für uns Menschen überhaupt gibt: nämlich die Verbindung mit der Sphäre Gottes. Jeder, der schon einmal eine Klosterkirche betreten hat und den Mönchen beim Gesang gelauscht hat, kann etwas erahnen von dem Übernatürlichen, das in dieser Musik steckt. Und viele Menschen auf der ganzen Welt konnten es durch unsere Choral-CD »Chant – Music for Paradise«. Natürlich war auch das Marketing, das der globale Musikgigant Universal Music betrieben hat, wichtig für den hohen Absatz unserer Gebetsgesänge. Aber ich wage zu bezweifeln, ob ein Erfolg in diesen Dimensionen nur aufgrund von gewiefter Werbung erzielt hätte werden können, noch dazu unter dem großen Marketing-Handicap, dass wir Heiligenkreuzer Mönche kein einziges Konzert außerhalb der Mauern des Klosters absolvierten. Und ich möchte nochmals daran erinnern, dass schon 1994 eine ähnliche Welle der Begeisterung für den Choral um die Welt gegangen ist, als der »Canto Gregoriano« der Benediktiner von Santo Domingo de Silos plötzlich die Hitparaden stürmte. Wo liegen also die Gründe dieser offensichtlich unausrottbaren Faszinationskraft des Chorals? Ich bin überzeugt davon, dass die Ursachen in der Heilsbedürftigkeit unserer eigenen Seele liegen, in unserer Sehnsucht nach Harmonie, nach Stille und geistiger Kraft. Nach dem langen Weg, den wir durch unser klösterliches Leben, durch die Geschichte und einige Grundkenntnisse des Chorals gegangen sind, möchte ich Ihnen nun schildern, worin ich das Heilsame und Kraftgebende unseres Gesangs sehe.

Die flache Welt des Konsumglücks …

Für mich war der Choral sozusagen bis zum Mai 2008 immer »selbstverständlich«. Ich gestehe, dass ich nie wirklich ernsthaft über das Wieso und Warum des Chorals nachgedacht hatte, er war einfach unsere Gebets- und Lebensform. Als sich dann im Mai 2008 die ersten Verkaufserfolge unserer CD einstellten, wurde ich bei jedem Interview mit der Frage konfrontiert: »Warum sind die Menschen so begeistert von eurem Gesang? Warum ist eure Chant-CD so erfolgreich?« Ja, warum eigentlich?, fragte ich mich selbst. Für mich war es klar, denn ich bete ja täglich singend zu Gott. Aber da war offensichtlich etwas, das aus diesen Klängen heraus Menschen berührte, die weit davon entfernt waren, Mönche oder Nonnen zu sein. Zu dieser Zeit hatte ich ein Schlüsselerlebnis, das mir selbst ein wenig die Augen geöffnet hatte.

Es war ein sehr »banales« Erlebnis am vorletzten Tag meines Aufenthalts in London im Mai 2008. Ich hatte zur Vorstellung der CD schon tagelang Interviews gegeben und nun endlich Zeit, ein Internetcafé in der Oxford Street aufzusuchen. Auf dem Rückweg klingelte mein Mobiltelefon, es war ein Journalist und er wollte ein Interview, und zwar bitte gleich. Eigentlich war das gegen die Regeln, denn alle Medienkontakte liefen über Universal Music, nichtsdestotrotz war ich bereit, hier und sofort per Telefon das Interview zu geben, merkte aber bald, dass ich mich im Gewühl der Oxford Street nicht konzentrieren konnte. Ich drückte mich in einen Hauseingang. Da stand ich also in der Oxford Street, ein telefonierender, halbversteckter Mönch, und an mir fluteten die Menschenmassen vorbei: vornehme Engländer, ungeniert reiche Russen, Menschen mit Hautfarben in jeder Schattierung, elegante Manager, exotische Asiaten und Afrikaner … Die ganze multikulturelle Welt defilierte an mir vorbei, im Kaufrausch von einem Schaufenster zum nächsten. So viele Gesichter. Doch etwas stimmte nicht, irgendetwas war bedrückend. Und dann fiel mir auf, dass ich überhaupt niemanden sah, der lachte; ja, niemanden, der auch nur einigermaßen fröhlich wirkte. Ernste Gesichter, suchende Gesichter, verbissene Gesichter mit zusammengepressten Lippen. Dabei waren doch genau das die Reichsten der Reichen und die Schönsten der Schönen, die hier einkaufen gingen. Ich dachte: Das waren Menschen auf der Suche nach einem schönen Einkauf, nach der trendigsten Mode. Sie suchten, aber vielleicht sahen sie deshalb so »leer« aus, weil sie genau wussten, dass sie am falschen Ort suchten. Ob diese Menschen nicht gleichsam instinktiv wissen, dass dieses lustvolle Angebot zur Glücksbefriedigung, das ihnen aus den kunstvollen Auslagen entgegenlacht, sie nie wirklich glücklich und zufrieden machen wird? Hinter diesen zusammengezogenen und angespannten Gesichtszügen verbirgt sich ein großes Vakuum, die große Suche nach dem Glück. Doch das große Glück liegt nicht in der Oxford Street, es liegt überhaupt nicht in dieser Welt, es liegt in der Begegnung mit einer anderen Welt. Und da fragte mich der Interviewer am Telefon, warum denn unsere CD so erfolgreich sei und bei den Menschen so gut ankomme. Die Antwort kam wie aus der Pistole geschossen: »Weil sie innerlich leer sind und weil sie Heilung brauchen. *Look at their faces! There you can see the answer, why they are buying our CD!*« Er hat mich nicht ausgelacht.

Das war im Mai 2008. Im Herbst desselben Jahres sind dann die Aktienmärkte wie Kaugummiblasen zerplatzt. Ich bete, dass die Wirtschaftskrise bald zu Ende ist; ich bete aber auch, dass immer mehr Menschen erkennen, dass das Leben viel zu kurz, viel zu eng, viel zu klein ist, als das wir uns alles von ihm erwarten dürften. Wir brauchen einen größeren Horizont, wir brauchen die Weitung auf die Welt Gottes hin. Im Herzen tragen wir aber alle eine Sehnsucht, die größer ist als alles, was wir auf Erden erreichen können. Deshalb sind wir nie zufrieden und immer auf der Suche. Nicht von ungefähr sagt Augustinus: »Unruhig ist unser Herz, bis es ruht in Gott!«

… und die Tiefe der Transzendenz

Wir Menschen sind alle auf der Suche nach Gott. Eine alte Lehre der christlichen Theologen besagt, dass die Innerlichkeit eines jeden Menschen durch ein Vakuum bestimmt ist: Er spürt instinktiv eine innere Leere, ein seelisches Unerfülltsein. Er ist auf der Suche nach dem Glück, das größer ist als die Schönheit eines Sonnenaufgangs, als die Freude über ein neues Auto, als die Zufriedenheit über eine gelöste Aufgabe, auch größer als die Befriedigung, die einem durch das Geliebtwerden durch andere Menschen geschenkt wird. Der Mensch ist ein Sehnsuchtswesen, weil er sich mit dem »kleinen Glück« und dem »kleinen Lebenssinn« nie zufrieden geben wird. Alle irdische Freude verdämmert doch, der Augenblick der Lust ist schnell vorbei. Thomas von Aquin (~1225–1274) nennt unser inneres Verurteiltsein zum Suchen nach dem Größten die »naturhafte Sehnsucht«, das *desiderium naturale*.
Der Theologe Karl Rahner (1904–1984) hat im 20. Jahrhundert diese Idee aufgegriffen und spricht von der »Transzendentalität«: Rahner meint damit diesen beständigen Drang nach einem Mehr, nach einem Größeren, nach einem Unendlichen, das in uns steckt. Wir wollen uns mit den Grenzen nicht abfinden, wir wollen sie über den Horizont hinaus »überschreiten«, das lateinische Wort für überschreiten heißt *transcendere*. Wir sind transzendental veranlagt, weil unser Herz dauernd sehnsüchtig hinlauscht, ob da nicht etwas aus dem Raum der Unendlichkeit herüberklingt, das alle seine Ängste nimmt und alle seine Sehnsucht stillt. Man könnte den Menschen mit dem Parabolspiegel einer Satellitenanlage vergleichen, der sich der unermesslichen Weite des Weltalls entgegenstreckt. Der Mensch ist von Natur aus ein Lauschender. Und ich behaupte, dass der Gregoria-

nische Choral deshalb so faszinierend ist, weil in ihm eine Ahnung herüberschwingt, dass es tatsächlich eine Erfüllung all unserer Sehnsüchte geben kann.

Der Choral ist eine Berührung durch das göttliche Mysterium

Gott gibt es. Es gibt eine Welt jenseits von Physik und Chemie, jenseits von Raum und Zeit, sie ist »bewohnt« von der Herrlichkeit Gottes, der den Himmel und die Erde erschaffen hat, und: der uns Menschen auf unvorstellbare Weise nahe sein will. Als Mönch bin ich natürlich ein hundertprozentig gläubiger Mensch. Ich glaube nicht deshalb, weil ich ein »Berufsreligiöser« bin, dafür bezahlt werde oder bestimmte Vorteile habe. Im Gegenteil, wenn ich nicht Mönch wäre, könnte ich ein weltlich weit komfortableres Leben führen. Ich glaube, weil ich die Nähe Gottes gleichsam »erlebe«, weil ich von einem übernatürlichen Fluidum umgeben bin, in dem ich mich wohlfühle wie ein Fisch im Wasser. Mit dem genauen Inhalt des christlichen Glaubens habe ich mich erst beschäftigt, als ich schon von Gott berührt worden war. Natürlich habe ich mir auch immer die Frage gestellt: Warum gerade das Christentum? Ich bin ein rationaler Mensch und ich wollte wissen, was denn nun den christlichen Glauben auszeichnet. In den Ausdrucksformen können die Religionen viele Ähnlichkeiten (aber auch viele Gegensätze) aufweisen: Überall wird gebetet, geopfert und gesungen; überall gibt es Kulthandlungen und Ritualien. Aber in einem Punkt löst sich das Christentum aus dem bunten Mosaik der Religionen und Kulte: in dem Glauben daran, dass Gott zu uns Menschen gekommen ist, indem er Mensch geworden ist, also einer von uns. Gott ist uns durch die Menschwerdung des Sohnes und die Ausgießung des Heiligen Geistes unvorstellbar nahegekommen. Daher glauben wir Christen an einen Gott, der sich nicht nobel in seiner Transzendenz versteckt: »Pst, ich bin Gott, aber ich sag's euch nicht! Ich erlaube euch gerade mal, mich zu suchen …« Nein, das Wesen des christlichen Glaubens besteht in der Überzeugung, dass Gott uns Menschen nahe sein möchte, ja, dass er uns sein Wesentlichstes, seine Liebe schenken möchte.

Das Besondere des Christentums ist nun, dass wir Gott ja nicht erst suchen müssen, sondern dass wir glauben dürfen, dass er schon bei uns angekommen ist. Deshalb heißen wir Christen, weil wir an Jesus Christus glauben, den wir als den menschgewordenen Gott bekennen. Und Jesus haucht uns nach seiner Auferstehung den Heiligen Geist ein, damit wir mit Gott verbunden sind. Wir müssen IHN nicht mehr suchen, wir sind schon VON IHM gefunden. Wenn wir beten, dann reden wir nicht in ein unbekanntes dunkles Loch, sondern wir antworten auf das überhelle Licht, das uns in Jesus Christus erschienen ist. Alle unsere Spiritualität ist Ant-Wort auf die Liebe Gottes. Und genau das ist Gregorianischer Choral. Das Wort, das der Gott der Liebe zu uns gesprochen hat, als Antwort auf ihn hin zurücksingen.

Göttliches offenbart sich im Gesang

Aus dem Griechischen stammt ein eindrucksvolles Wort, um das Ankommen des Göttlichen in unserer Welt zu beschreiben, das ist der Ausdruck *mysterion*. Heute verwenden wir den Ausdruck im Deutschen leider im Sinn von »mysteriös«, also »rätselhaft«, »geheimnisvoll«, »unerklärlich«. Das entspricht nicht der ursprünglichen Bedeutung! Ein Mysterion ereignet sich dort, wo göttliche Kraft so sehr im Endlichen ankommt, dass sie dort alle Grenzen sprengt. Statt »Kraft« sagen wir in der Theologie lieber Gnade. Das heißt: Gott vermittelt seine Gnade durch konkrete Umstände in unser Leben hinein, aber sobald er ankommt, geschieht Größeres, als es das konkrete Ereignis ahnen lässt. Deshalb wird der griechische Begriff *mysterion* im Lateinischen mit *sacramentum* übersetzt. Die katholische Kirche kennt sieben Sakramente: Taufe, Firmung, Eucharistie, Buße, Krankensalbung, Ehe und Weihe. Die Struktur ist immer gleich: Durch eine kleine konkrete Handlung wird große unsichtbare Gnade vermittelt. Bei der Taufe etwa fließt ein bisschen Wasser über den Kopf eines Menschen, und was durch dieses konkrete äußere Zeichen geschieht ist eigentlich, dass der Mensch unsichtbar mit dem ewigen Leben Gottes übergossen, ja darin eingetaucht wird. Oder bei der Eucharistie: Da wird ein Stück weißes, ungesäuertes Brot, also ein konkretes Stück Materie, zur Anwesenheitsform Gottes selbst, der sich in unseren Leib und unsere Seelen hinein als Nahrung austeilen lassen will … Das ist Mysterium, das ist Sakrament: Das Konkrete wird zum Ausdruck des Absoluten. Und eben darin liegt das Heilsame des Chorals, dass hier durch eine Form des Gesangs etwas vom göttlichen Mysterium herüberschwingt. Der Choral heilt uns von der Vorstellung, dass das Endliche und Vergängliche schon alles wäre, er ist eine Medizin gegen den platten Materialismus.

Der Choral führt uns in die Kraft der Stille

Ein Kloster ist ein Ort der Stille – und der Choral ist der Gesang der Stille. Viele Menschen suchen unsere Klöster auf, weil sie die Stille suchen. Die Augen können wir schließen, die Ohren nicht. Das Wort »Stille« ist daher ein Sehnsuchtswort für viele, vor allem für spirituelle Menschen geworden. Sie sehnen sich danach, einfach mal den äußeren Lärm, dem oft ein Gewirr von ungeordneten Gefühlen, Gedanken und Wünschen im Inneren der Seele entspricht, einfach »abzuschalten«. Die Formulierung: »Ich muss einmal abschalten« hört der Gästepater oft von vielen, die sich für einen Gastaufenthalt im Kloster anmelden. Das darf uns aber nicht übersehen lassen, dass Stille an sich noch kein positiver Wert ist. Stille kann auch bedrücken und niederdrücken, in der Isolationshaft wird die undurchdringliche Stille sogar als schwere Bestrafung eingesetzt; und es ist in sich inhuman, wenn man jemandem generell oder auf längere Zeiten verbieten würde, zu sprechen und sich auszutauschen. Der positive Wert der Stille liegt also nicht in der Stille an sich, sondern im religiösen Kontext. Ja, unsere Klöster sind Orte der Stille, natürlich ist es bei uns ruhiger als im normalen Leben, das ergibt sich schon durch die Abwesenheit von Fernseher und Radio. Natürlich kann schon die Abwesenheit von störenden Geräuschen beruhigend wirken und die Konzentration, die Leistungsfähigkeit und das Wohlbefinden steigern. Es ist aber zu wenig, von einem Kloster zu erwarten, dass man dort nur die heilende Kraft der Abwesenheit von Lärm erfährt. Den »abgeschalteten« Alltagslärm kann man genauso in einem wohligen Urlaub am Meeresstrand der Malediven erleben. Die Stille, die ein Kloster zu bieten hat, die Stille, in der wir Mönche leben, ist weit mehr: Es ist nicht bloß eine Stille, die durch die Abwesenheit von Geräuschen entsteht, sondern eine Stille, die sich durch die Anwesenheit Gottes ergibt. Klösterliche Stille ist eine bewohnte Stille.

Darum gebietet der heilige Benedikt uns Mönchen das Schweigen: »Immer müssen sich die Mönche mit Eifer um das Schweigen bemühen, ganz besonders aber während der Stunden der Nacht.« (Regula Benedicti 42,1). Bei uns wird das sogenannte *Silentium Nocturnum*, das nächtliche Stillschweigen, streng gehalten: Vom Segen des Abts vom Ende der Komplet an bis zum ersten gemeinsamen Gebet am nächsten Tag gibt es keine Konversation untereinander – außer dort, wo es dringend notwendig ist. Auch untertags reden wir nur, wenn es notwendig ist; wenn wir uns auf den Gängen des Klosters begegnen, reden wir nicht – zumindest nicht laut – miteinander, sondern gehen normalerweise mit einer dezenten Kopfverneigung aneinander vorbei. Und auch untertags ist es nicht üblich, sich zu endlosen Plaudereien zusammenzusetzen. Wenn wir heute Kleinigkeiten untereinander zu besprechen haben, dann erfolgt das zumeist im Frühstücksraum. Oder man bespricht sich, indem man einen Spaziergang durch unseren Klostergarten unternimmt.

Der Choral als Ausdrucksform der Stille

Es ist eine große Entlastung, wenn man »still« sein darf, also wenn man sich nicht dauernd innerlich unter Druck gesetzt fühlt, mit dem Begegnenden Konversation betreiben zu müssen. Stillsein ist die Rahmenbedingung des geistlichen Lebens, die Voraussetzung für das Schweigen, denn Schweigen ist weit mehr als bloßes Nicht-Sprechen. Stillsein ist Entlastung, Schweigen ist Auferbauung. Das, was Benedikt die *taciturnitas*, das »Schweigen« nennt, geschieht dort, wo man still hinauslauscht in jene andere Welt, die von Gottes Gegenwart bewohnt wird. Und hier sind wir wieder bei der heilsamen Kraft des Gregorianischen Chorals. Vor dem Chorgebet ist es üblich, dass wir uns im Chorgestühl mit Blickrichtung zum Altar aufstellen; jeder Mönch versucht dann schon persönlich auf Gott hinzudenken, den Fluss der Gedanken zu sammeln, sich auf das kommende Gebet einzustellen. Für mich persönlich genügt oft ein »Du« oder »Um Deinetwillen!«, um jenen Dialog zu eröffnen, von dem all unser Gebet lebt. Gott ist ja immer da; es liegt nur an uns Menschen, dass wir unser Herz mit einem dicken Vorhang abgedunkelt haben und uns vor dem Licht seiner Nähe verstecken. Dieser kurze Augenblick der Einstimmung vor dem Chorgebet dient dazu, den Vorhang wegzuschieben. Jeder Klostergast kann erleben, wie schon diese Stille vor dem Gebet eine belebte Stille ist. Beim Chorgebet kommen Mitbrüder natürlich auch oft erst in letzter Sekunde, aber das macht nichts. In den Minuten vor Beginn herrscht eine eigentümliche,

andachtsvolle Stille. Andacht kommt von An-denken. Das ist das innerlich geöffnete Schweigen. Unsere Gäste werden davon auch immer angesteckt und in der ganzen Kirche herrscht eine positive Spannung, eine feierliche und ehrfurchtgebietende Weite hat sich schon über uns gesenkt.
Wenn dann der Abt anklopft und das Chorgebet beginnt, so hat man bezeichnenderweise nicht das Gefühl, dass unser plötzlich aufklingender Gesang einen Bruch oder etwas völlig Neues im Vergleich zur vorausgegangenen Stille darstellt. Der Gregorianische Choral ist aus dem Schweigen geboren, was wir Mönche singen, sind »Gesänge der Stille«. Darum bricht der Choral die Stille des Klosters nicht, sondern er drückt sie aus. Bei uns herrscht nie die tote Stille des leeren Raums, sondern immer die Stille der Sensibilität auf das Göttliche hin.

Der Choral lehrt uns das Hören

Die Stille ist die Voraussetzung für das Hören auf Gott. Für uns Mönche ist das Hören der »geistige Grundakt«, den der heilige Benedikt einfordert. Der erste Satz der Benediktsregel lautet: »Höre, mein Sohn, auf die Weisung des Meisters, neige das Ohr deines Herzens, nimm den Zuspruch des gütigen Vaters willig an und erfülle ihn durch die Tat!« (Regula Benedicti Prolog 1). Das lateinische *ausculta* müsste man eigentlich mit »Lausche!« übersetzen, jedenfalls meint Benedikt das konzentrierte und bereitwillige Hinhören. In einem gewagten Bildwort gibt die Benediktsregel dann sogar dem Herzen des Mönchs Ohren, die er neigen soll, um den Weisungen zu folgen. In der Bibel ist es König Salomo, der Gott »um ein hörendes Herz« bittet, um das Volk in rechter Weise regieren zu können (1 Könige 3,9). Gott ist von dieser demütigen Bitte so angetan, dass er Salomo mit Weisheit und Verstand auszeichnet und mit Reichtum und Ehre überhäuft. Und im Neuen Testament ist die Gottesmutter

Maria der Inbegriff des hörbereiten Menschen, die von Gott die Botschaft der Menschwerdung Christi erhält. Mit geneigtem Haupt und vor dem Herzen wehrlos verschränkten Händen symbolisiert sie die bereite Offenheit, die Gott von jeder menschlichen Seele als Voraussetzung dafür erwartet, dass er sich ihr nähern kann. Als Mönch für Gott zu leben bedeutet, diese marianische Haltung nachzuahmen. Und dabei hilft der Gregorianische Choral. Pater Simeon schreibt: »Sowohl der namenlose Komponist als auch der Sänger des Gregorianischen Chorals stehen in diesem marianischen Verhältnis zum Wort Gottes. Das in Demut und Gehorsam empfangene Wort wird ins Herz aufgenommen, es wird dort bewahrt, bewegt, meditiert und dann im gesungenen Gebet als Dank Gott, dem Herrn, wiedergegeben; das ist die wahre Form der Anbetung und Liturgie, es ist nichts Selbstgemachtes, sondern Wiedergabe und Hingabe des Empfangenen.«

Es gibt für uns Mönche eine permanente Abwechslung zwischen Gebeten, die wir selbst sprechen, und Texten, die uns vorgelesen werden. Ich bin ganz unglücklich, wenn ich sehe, dass Mitbrüder auch diese vorgetragenen Texte – etwa die Lesungen bei den Vigilien – selbst mitlesen. Das sieht eifrig aus, ist aber trotzdem nicht der Sinn der Sache, denn wir verlernen dabei etwas Entscheidendes für unsere seelische Gesundheit: das Hinhören.

Der Choral stimmt ein und nimmt mit

Hören bezieht sich nicht nur auf äußere Laute, auf hörbare Worte, sondern auf Geistiges. Benedikt schreibt in seiner Regel über das Psalmengebet, dass sich unsere innere Haltung dem Gebetstext anpassen soll, weil wir beim Gebet im Raum des Göttlichen stehen. Das heißt zunächst einmal, dass der Mönch sich wirklich auf den Inhalt der Psalmen konzentrieren soll. Er soll während des Gebets nicht an etwas anderes denken. Das

»Hören« bezieht sich aber nicht nur auf den Inhalt der Psalmen, sondern es meint auch das »Denken« und das »Fühlen«. Der Choral lehrt uns also nicht nur biblische Inhalte »intellektuell« aufzunehmen, sondern er macht sie zu unserem Gebet. Er schenkt uns eine atmosphärische Gestimmtheit, die vom gemeinsamen Psalmodieren ausgeht. Wer täglich mehrere Male am Tag zum Chorgebet in die Kirche eilt, der nimmt immer seine jeweiligen Stimmungen mit, der kommt mit einem Kopf voller schweifender Gedanken, oft müde und abgespannt, manchmal in bester Laune, dann wieder voll Aggression und Bitternis. Und er trifft nun auf die vorgegebenen Psalmen, die vorgegebenen Antiphonen und vor allem auf die vorgegebene Tonalität des Gregorianischen Chorals. Diese wirken nun von sich her als eine »Umstimmung«. Der heilige Thomas von Aquin sagt, »dass die Herzen der Menschen durch die verschiedenen Melodien und Klänge auch verschieden gestimmt werden«. Schon Augustinus (354–430) hatte in seinen *Confessiones* seiner Begeisterung über den von Ambrosius in Mailand eingeführten Kirchengesang freien Lauf gegeben und den liturgischen Gesang als »heilsames Mittel« bezeichnet, um die Gefühlskälte des Menschen zu heilen. Thomas sagt nun, dass der Gesang den Einklang des Herzens mit dem jeweiligen Gebetstext verstärkt: Durch das Singen werden Vertrauen, Jubel, Reue, innige Hingabe nicht nur ausgedrückt, sondern intensiviert. Das führt so weit, dass es gar nicht immer notwendig ist, den Sinn des Textes vollständig inhaltlich zu verstehen, um in eine spirituelle Gefühlswelt mitgerissen zu werden.

Beim Choral hört man also nicht nur mit den Ohren, sondern mit den Ohren des Herzens. Das ist auch der Grund, warum es keine Katastrophe ist, wenn jemand kein Latein kann. Das göttliche Mysterium des von Gott geschenkten und auf Gott hin zurückgesungenen Wortes erfasst auch die, die den Text nicht verstehen. Wenn die Töne schwingen und schweben und lang auf den vokalreichen lateinischen Silben nachhallen, dann nehmen sie den Hörer gleichsam mit in einen inneren Schwebezustand. Ich selbst kann sehr gut Latein und ich kann beim Chorgebet alles verstehen – wenn ich will. Aber manchmal klinke ich mich einfach aus, da will ich nicht »mit dem Verstand« verstehen, sondern nur mit dem Herzen, da ist mir das Mitgenommenwerden in eine Erhebung wichtiger als das Begreifen des Textes. Ein junger Mitbruder, der noch nicht so gut Latein kann, hat es humorvoll formuliert: »Ich bin ganz froh, dass ich noch nicht so gut Latein kann; so werde ich durch meinen Verstand nicht vom Beten abgehalten.«

Der Choral schenkt uns die Begegnung mit dem göttlichen Wort

Der Choral ist Musik für alle Menschen, für gläubige und ungläubige, für Christen und für Angehörige anderer Religionen. Aber wenn man seine ganze heilsame Kraft ausschöpfen will, dann muss man sich auf die Tugenden der christlichen Mönchstradition einlassen, aus der er stammt. Denn ohne benediktinisches Mönchtum würde es keinen Gregorianischen Choral geben; und umgekehrt: Ohne Gregorianischen Choral hätte das europäische Mönchtum vielleicht nicht in diesem Maß kulturschaffende und zeitenüberdauernde Kraft gehabt. Umso erfreulicher ist es, dass der Choral auf immer stärkeres kirchenmusikalisches Interesse stößt. Ich bin begeistert, wenn ich durch das Internet surfe und feststelle, dass es auch außerhalb der Klöster zahlreiche Scholen, Ensembles und Chöre gibt, die den Choral pflegen und in der Liturgie aufführen. Nein, wir Mönche bilden uns wirklich nicht ein, dass wir heute das Monopol auf den Choral besitzen. Der Choral ist für alle Menschen, da jeder Mensch ein Kind Gottes des Schöpfers ist und wir Mönche ihnen dieses göttliche Geschenk einer himmlischen Musik von Herzen gönnen. Und es hat uns aufrichtig gefreut, dass so viele Menschen, die nicht an Gott glauben, uns positive E-Mails geschrieben haben. Jeder Mensch kann also davon profitieren. Dennoch muss ich darauf bestehen, dass Choral und Mönchsein irgendwie zusammengehören. Vielleicht kann man es so sagen: Die heilsame Kraft des Chorals kommt aus den Tugenden des Mönchslebens, denn für uns Mönche ist der Choral mehr als eine zeitweilig berührende spirituelle Gesangsform. Er ist ein tragender Teil unserer mönchischen Lebensform. Unser Chorgebet ist die tägliche Art und Weise, wie wir mit unserem Gott kommunizieren. Und der Choral lehrt uns diese übernatürliche Kommunikation. Und wie kann man diese Kommunikation mit Gott aus dem Choral lernen?

Benedikt eröffnet seine Regel mit dem Satz »*Ausculta, o fili!*« Er beginnt sie nicht mit den Worten: »Bete, mein Sohn« oder gar »Singe, mein Sohn!«, sondern die Anfangsworte »*Ausculta, o fili!*« bedeuten: »Höre, mein Sohn!« Schon vom Singtechnischen her gilt, dass man mehr mit den Ohren singen muss als mit dem Mund. Abt Gregor hat das bei unseren Musikproben immer wieder betont, dass wir im Singen zugleich hinhören müssen auf die Brüder, dass wir Lauschende sein müssen. Der Choralsänger singt nicht dann gut, wenn er seine eigene Stimme zur Geltung bringt und über die anderen dominiert. Das Hinhören geschieht beim Choral aber noch mehr im Bezug auf das Wort Gottes. Die Texte, die wir singen, sind zu neunzig Prozent der Heiligen Schrift entnommen. Das Wort Gottes nimmt im Stundengebet den wichtigsten Platz ein. Die Bibel gilt für uns als »inspiriert«, sie ist vom Heiligen Geist eingegeben, darum nennen wir sie »Heilige Schrift«. Es sind ehrwürdige Texte, zu denen Gott den menschlichen Autor unseres Heiles inspiriert hat. Es sind Gebete, die zugleich Wort Gottes sind. Und daher sind sie eine Art Norm, wie und was der

Mensch im Gebet vor Gott bringen soll. Da die Texte des gregorianischen Repertoires und des Chorgebets also Wort Gottes sind, ereignet sich beim Chorgebet etwas Eigentümliches: Wir Mönche singen das Wort, das Gott zuerst uns durch seine Propheten, durch seine Offenbarung gegeben hat, an ihn zurück. Was Gott uns übermittelt hat, das singen wir jetzt an ihn zurück. Wir schenken die Gabe zurück an den Geber. Wir lieben Gott, weil er uns zuerst geliebt hat (vgl. 1. Johannesbrief 4,19).

Chorale Gebetsmelodien im Dienst inspirierter Texte

Der Gott, an den wir Christen glauben, ist von Anfang an ein sprechender Gott: »Im Anfang schuf Gott Himmel und Erde ... Und Gott sprach: Es werde Licht, und es ward Licht!« Gott spricht durch seine Schöpfung. Durch seine Schöpfung spricht Gott zu jedem Menschen. Und die Geschichte unseres christlichen Glaubens hebt im Alten Testament an, das wir Christen mit den Juden gemeinsam haben, als er durch seine Propheten spricht. Doch Gott wollte nicht nur als gesprochenes Wort zu uns kommen, sondern als menschgewordenes Wort. Christus ist der Höhepunkt dieser Bewegung Gottes auf uns Menschen zu. In Jesus von Nazareth »ist das Wort Fleisch geworden« (Johannesevangelium 1,14). Durch Jesus Christus, durch sein Leiden, Sterben und Auferstehen, sagt uns Gott das entscheidende Wort über sich selbst. Er definiert sich, wortet sich aus und trägt für uns fortan den Namen: »Gott ist die Liebe« (1 Johannesbrief 4,8.16). Ein größeres Wort konnte Gott nicht über sich sagen, in diesem fleischgewordenen Wort enthüllt sich seine ganze Fülle.

Im Gregorianischen Choral erklingt also das Wort Gottes. Choral ist vertonte Bibel. Die Melodien stehen im Dienst zum Schriftwort: Die Komponisten haben versucht, mit ihren unterlegten Melodien die Texte auszudeuten. Vor allem für unsere Zisterzienserväter war es sehr wichtig, dass das Singen zur

Würde und zum Inhalt der heiligen Texte passt. Aus diesem Grund hatten sie kein Problem damit, den Choral zu vereinfachen und zu kürzen. Bernhard schreibt in seinem Brief 398 aus dem Jahre 1137: »Falls Gesang angestimmt werden soll, so sei er voll Würde: Er soll weder weichlich noch plump klingen, er sei süß, ohne affektiert zu sein. Er soll den Ohren so schmeicheln, wie er die Herzen bewegt. Er lindere die Trauer, besänftige den Zorn; er soll den Inhalt der Worte nicht entleeren, sondern zur Geltung bringen. Die geistliche Gnade würde ja Schaden erleiden, wenn die Seichtheit des Gesangs vom Inhalt ablenkt und man mehr auf die kunstvollen Kapriolen der Stimme achtet als auf den heilsamen Inhalt.« Das Singen soll den Sinn der Worte nicht entleeren, sondern erhellen.

Der Gregorianische Choral bietet uns das Wort Gottes in durchaus anspruchsvoller Form: Da stehen die Bibelsprüche in einer anderen Sprache, noch dazu in der toten lateinischen Sprache; da werden diese Texte nicht nur gelesen, sondern sogar gesungen, manchmal sogar auf kunstvolle melismatische Weise, sodass der Sänger von Silbe zu Silbe, von Neumengruppe zu Neumengruppe mit seinen Augen weitergleiten muss, um gleichzeitig Wort und Melodie herauszusingen. Beim Gregorianischen Choral wird einem das Wort Gottes nicht leicht gemacht. Es wird nicht als schnellverdauliches Fastfood serviert, sondern als eine Produktpalette, die man sich selbst noch in Herz und Hirn zubereiten muss. Um es konkret zu sagen: Oft muss ich mich so konzentrieren, dass ich die Antiphon richtig mitsinge und die Töne treffe, dass ich gar nicht realisiere, was ich da eigentlich singe. Oder umgekehrt: Ich lese mir vorher den Text eines Stückes durch, brauche aber die Melodie, um seine Tiefen und Absichten zu erkennen. Und doch geschieht es eben durch diese Verknüpfung von Inhalt und gesanglicher Form, dass sich mir der Bibeltext heller erschließt. Und so manche Melodie prägt sich ein und wird so zu einem Bestandteil des Textes. Dass es sich bei der Art und Weise, wie uns der Choral dem biblischen Wort begegnen lässt, nicht um Fastfood handelt, das habe ich auch daran bemerkt, dass ich manche Schrifttexte erst nach Jahren begriffen habe. Man summt eine Antiphon nach, und plötzlich leuchtet auch der Inhalt in seiner ganzen weiten gottgeschenkten Bedeutung.

Der Choral fügt uns in heiliger Einheit zusammen

Das Hören ist aber nicht nur ein Hinhören auf Gott und sein Wort, sondern auch aufeinander. Wir sind im Kloster eine Gemeinschaft, die sich um Einmütigkeit bemüht. Jedes Kloster setzt sich aus unterschiedlichsten Charakteren und Mentalitäten zusammen. Aus der gemeinsamen Liebe zu Gott heraus streben wir in einer gemeinsamen Lebensform nach Einheit, die freilich immer eine Einheit in der Verschiedenheit sein wird. Dass der heilige Benedikt keine Mönchskaserne möchte, in der alle im strammen Gleichschritt marschieren, zeigt sich deutlich daran, dass er immer wieder den Grundsatz betont, dass jeder im Kloster das bekommen soll, was er braucht, und das kann durchaus unterschiedlich sein. Seine Regel ist durchdrungen vom Geist der klugen Mäßigung, die die Voraussetzung jeder Einheit ist. Individualität darf also sein; auf der anderen Seite gibt es auch das große Streben nach Einheit und Einmütigkeit. Gerade die Zisterzienser griffen dieses Ideal der Benediktsregel nochmals intensiver auf und formulierten als Ordensideal, dass »*in actibus nostris nulla sit discordia, sed una caritate, una regula similibusque vivamus moribus*«; »In unseren Handlungen darf keine Uneinigkeit herrschen, vielmehr wollen wir in der einen Liebe, unter der einen Regel nach den gleichen Gebräuchen leben.« Diese Einheit drückt sich in der Liturgie aus und wird durch die Liturgie geformt. Gerade die Liturgie duldet keine Exzentrik, da sie die Harmonie des Himmels schon auf Erden abspiegeln und sinnlich erfahrbar machen will.

Beim Chorgebet kommen wir Verschiedenen also zusammen und sind ganz konkret gehalten, einmütig zu singen: die Temperamentvollen und die Zarten, die Alten und die Jungen, die Selbstbewussten und die Schüchternen, die Müden und die Ausgeruhten, die Stimmgebildeten und die, die nicht so gut singen können … Der Einklang ergibt sich nur aus dem Grundakt des Hörens. Das Entscheidende für den Mönch ist nicht, dass er schön singt, sondern dass er aus einer schönen Gesinnung heraus singt. Daraus entsteht die Harmonie im Gesang, die Gott gefällt. So wie das Kloster kein Ort für Exzentriker ist, denen es darum geht, ihr Ego auf Kosten der anderen zu verwirklichen, so ist das Chorgebet nicht der Ort, wo einer aus der Reihe singt. Zur Einstimmigkeit hilft es übrigens durchaus, dass der Choral – zumindest die melismatischen Teile – gar nicht so leicht zu singen ist. Es braucht dazu einfach auch das Hinhören, denn obwohl ich selbst schon fast drei Jahrzehnte Choral singe, könnte ich doch kompliziertere Melodien nicht alleine vom Blatt singen. Bei den tausenden verschiedenen Stücken, die wir Jahr für Jahr singen, habe ich auch keine Chance, mir alles auswendig zu merken. Ich bin also schon von daher gehalten, auf die anderen zu hören. Den Kirchentonarten fehlt es an den vertrauten Fliehkräften, die mich bei Melodien in Dur und Moll oft erraten lassen, wie unvollständige Passagen weitergehen müssen. Daher ergibt es sich eigentlich ganz von selbst, dass man sensibel hinlauscht, wie der Chor denn nun singt.

Die Einstimmigkeit des Chorals ist eine große Hilfe für die Einmütigkeit in der Gemeinschaft. Der Chorgesang lässt untereinander ein Gefühl der übernatürlichen Solidarität entstehen, er ist wie ein Band, das unsere Herzen miteinander verbindet, weil es uns alle gleichzeitig dem göttlichen Mysterium näherbringt. Der Choral bewirkt also ein doppeltes Hören:

Auf das Wort Gottes und aufeinander; er öffnet also unsere Seele sowohl in die vertikale als auch in die horizontale Dimension. Und so werden wir durch das Singen selbst zu einem Teil der Harmonie des Ganzen.

Eine Liebeswerbung

Ich habe dieses Buch mit einer Liebeserklärung an den Gregorianischen Choral begonnen, ich möchte es mit einer Liebeswerbung für den Choral abschließen. Wo gibt es eine Musikform, die so grundlegend, so aufbauend, so spirituell, so erhaben, so geheimnisvoll ist wie der Gregorianische Choral? Sollten wir, und hier meine ich vor allem uns Kirchenchristen, es nicht einfach als »Zeichen der Zeit« (Lukasevangelium 12,56) nehmen, die zu beachten Jesus uns verpflichtet hat, dass der Choral auch heute die Kapazität hat, die Menschen zu berühren, und zwar nicht oberflächlich, sondern im Innersten ihrer Seele? Geben wir dem göttlichen Wort wirklich ausreichend die Chance uns zu berühren, in allen Dimensionen unseres Seins? Wenn wir das Wort Gottes zerreden, werden die Menschen davonlaufen, weil sie spüren, ob wir ihnen in unseren Gottesdiensten nur unser eigenes menschliches Wort servieren oder ob wir die Liturgie so feiern, dass das kraftgebende göttliche Wort aus der Sphäre der Ewigkeit herüberklingen kann.

Zu diesem ersten Wunsch kommt ein zweiter, den ich an alle Menschen richten möchte: Bitte entdeckt wieder die übernatürlichen Kraftströme, die in unserer christlichen Tradition fließen! Der christliche Glaube hat durch zwei Jahrtausende die Kraft gehabt, die Seelen der Menschen zu stärken, ihnen Sinn und Orientierung, Glück und Geborgenheit zu geben, in dem er sie in Verbindung gebracht hat mit dem Mysterium des liebenden Gottes. Unsere Länder sind übersät mit christlichen Klöstern, die Kraftorte der Spiritualität sind, wo man etwas von jener Energie der Liebe erspüren kann, mit denen Gott uns nahekommen möchte. Bitte verstehen Sie mich recht: Ich möchte nicht, dass Sie alle Nonnen oder Mönche werden, aber dass Sie das Positive wertschätzen, das in unseren Klöstern und Kirchen geschieht. Und dass sie Menschen werden, die sich gegenüber Gott öffnen. Wir Zisterzienser von Heiligenkreuz werden weitersingen, Tag für Tag. Ob Menschen zu uns kommen oder nicht; ob sie unsere CDs mit ihren Gesängen lieben oder nicht; ob sich die Medien für uns interessieren oder nicht. Die Engel und Heiligen an unserem Chorgestühl verbürgen uns ohnehin, dass wir Mönche beim Lobpreis nie allein sind.

Ich habe dieses Buch geschrieben, weil ich Gott liebe und weil ich mich von ihm geliebt weiß. Und der Choral ist eine der schönsten Formen, wie ich mit meinem Gott spreche und wie er aus den Abgründen seiner Unbegreiflichkeit zu mir spricht. Das macht mich glücklich. Ich glaube, dass der Choral die Kraft hat, auch andere darauf aufmerksam zu machen, wie schön es ist, mit Gott in Verbindung zu sein. Aber man muss nicht Choralsänger werden, jeder kann durch das persönliche Gebet, durch das betrachtende Lesen der Heiligen Schrift und die Mitfeier der Gottesdienste selbst die Nähe Gottes erfahren. Wir brauchen dazu nur das, wozu uns der erste Satz der Benediktsregel einlädt, das Lauschen hin auf die Stimme aus dem Raum der Ewigkeit: »*Ausculta o fili* – Lausche mein Sohn, lausche meine Tochter!« Ich fürchte, dass man ohne diese Nähe zu Gott nicht wirklich glücklich sein kann. Darum bitte ich den Herrn Jesus, dass er ein kräftiges »*Effata*« über alle tauben Ohren spricht. Wie schön wäre dass, wenn er mit seinem göttlichen »Öffne dich« die Taubheit unserer Herzen heilen würde, damit Gott mit seiner unendlichen Liebe bei uns ankommen kann.

Glossar

Akklamation liturgischer Antwortruf der Gläubigen
Antiphon Rahmenvers, der am Anfang und am Ende eines Psalms gesungen wird
Antiphonar Liturgisches Buch, das die Antiphonen enthält
Approbiert zugelassen, anerkannt
Assumptio Aufnahme Marias in den Himmel
Benedictus Lobgesang des Zacharias aus dem Lukasevangelium 1,68-79, der täglich als Höhepunkt der Laudes gesungen wird
Brevier Stundenbuch in handlicher Form
Canticum (pl. cantica) psalmartiger Gebetstext aus der Bibel
Capitulum siehe Kapitel
Communio Teil des Propriums: Gesang zum Kommunionempfang
Dezime zehn Tonstufen
Dogma geoffenbarte Glaubenswahrheit
Dormitorium Schlafsaal
Doxologie liturgischer Lobpreis
Empathie Fähigkeit, sich in jemanden einzufühlen; Mitgefühl
Eremit Einsiedler
Exsultet (lat. es jauchze) Lobgesang auf die Osterkerze in der Osternacht
Feierliche Profess Ordensgelübde, die bis zum Tod abgelegt werden
Finalis Melodieformel am Schluss eines Psalms
Gloria Teil des Ordinariums, Lobgesang »Ehre sei Gott in der Höhe«
Graduale Teil des Propriums: »Stufengesang« nach der Lesung
Habit Ordensgewand; es besteht aus Tunika, Skapulier und Zingulum

Glossar

Halleluja gesungener Jubelruf; bei der Messe Teil des Proprium: Ruf vor dem Evangelium

Hebdomadar Mönch, der für eine Woche zum Vorbeten eingeteilt ist

Hemina unbekannte Maßeinheit für den Weingenuss nach der Benediktsregel

Hochfest Festtag mit hohem liturgischem Rang, »Sollemnitas«

Hore Gebetszeit, Stundengebet (lat. *hora*, Stunde) zu festgelegten Zeiten

Hymnus strophischer Lobgesang

Introitus Teil des Propriums: Einzugsgesang

Invitator Vorsänger

Jubilus Schlussmelisma des Halleluja

Kandidatur Probezeit, Vorstufe zum Noviziat

Kantillation Sprechgesang, bei dem ein Text in einfachen Melodien gesungen wird, die nur wenige Tonschritte variieren

Kantor Leiter der Choralschola

Kapitel Abschnitt (aus der Benediktsregel); später auch: Versammlung und Versammlungsraum der Mönche

Kapitular Mönch mit Feierlicher Profess, der in der Versammlung der Mönche (Kapitel) stimmberechtigt ist

Karner Raum, in dem die Gebeine von Toten aufbewahrt werden beziehungsweise wurden

Klausur abgeschlossener Bereich

Komplet Nachtgebet

Konvent Klostergemeinschaft

Kukulle weitärmelige wallende Gebetskleidung der Benediktiner (schwarz) und Zisterzienser (weiß)

Lamentation Klagelieder aus der Bibel, die bei den Vigilien des Karfreitags und Karsamstags feierlich gesungen werden

Laudes Morgenhore, Morgenlob

Glossar

Liturgie gottesdienstliches Geschehen
Magnificat Lobgesang Mariens aus Lukasevangelium 1,46-55, der täglich als Höhepunkt der Vesper gesungen wird
Matutin siehe Vigilien
Melismatischer Gesang auf einer Silbe werden mehrere Töne gesungen
Melisma (pl. Melsimen) Tonfolge, die auf einer Silbe gesungen wird
Monastisch mönchisch, einem Mönch entsprechen
Mysterien in der Liturgie als gegenwärtig gefeierte Heilsgeheimnisse
Mysterium die menschliche Fassungskraft übersteigendes Geheimnis
Neuma (pl. Neumen) Noten des Gregorianischen Chorals
Non Nachmittagshore, ursprünglich zur neunten Stunde (fünfzehn Uhr)
Novize angehender Mönch in der ersten Probe- und Einführungszeit
Noviziat Probe- und Einführungszeit ins Ordensleben
Observanz wörtlich »Beobachtung«; meint den Stil und die Intensität, mit der ein Orden oder eine Gemeinschaft die Ordensregel beobachtet
Offertorium Teil des Propriums: Gesang zur Gabenbereitung
Officium 1. klösterliches Dienstamt; 2. Chorgebet im Sinn von heiliger Dienst
Offiziale Mönch, der ein klösterliches Dienstamt innehat
Oktav der achte Tag, mit dem ein einwöchiges liturgisches Fest abschließt
Oration vorformuliertes liturgisches Gebet
Ordinarium die immer gleichen Gesänge jeder heiligen Messe: Kyrie, (Gloria), (Credo), Sanctus und Agnus Dei
Ordo Missae »Messordnung«, die gleichbleibende Abfolge der Handlungen und Gebete der heiligen Messe

Paschafest Pessach, zentrales Fest des Judentums
Passion Leiden Jesu Christi
Patrozinium Fest des heiligen Schutzpatrons einer Kirche oder eines Klosters
Pontifikalien die Würdenzeichen Stab und Mitra, die Bischöfe und Äbte bei der Liturgie tragen
Präfation Lobpreis zu Beginn des Hochgebets
Prior Stellvertreter des Abts
Profess Ordensgelübde
Proprium die je eigenen Gesänge bei der heiligen Messe: Introitus, Graduale, Halleluja, Offertorium und Communio
Psalm Gebet aus dem Buch der Psalmen im Alten Testament
Psalter Sammlung der einhundertfünfzig Psalmen, das Gebetbuch des alttestamentlichen Bundesvolkes
Quadragesima vierzigtägige österliche Buß- und Fastenzeit vor Ostern
Refektorium klösterlicher Speisesaal
Requiem Totenmesse
Responsorium Antwortgesang
Rezitation das Singen auf einem immer gleichbleibenden Ton
Ruminatio »Wiederkäuen«, das geistige Wiederholen von Bibelworten
Sakrament sichtbares Zeichen, durch das eine unsichtbare Gnadenwirkung hervorgebracht wird
Schola Gruppe der Vorsänger, kleiner Chor
Sequenz vielstrophiger liturgischer Gesang an bestimmten Festen
Sext Mittagshore, ursprünglich zur sechsten Stunde (zwölf Uhr)
Skapulier ursprünglich »Schürze«, der schulterbreite bodenlange schwarze Streifen über dem weißen Habit, der den Zisterziensern das charakteristische schwarz-weiße Aussehen gibt

Glossar

Solatium Mitbruder, der einem Offizialen als Hilfskraft zugeteilt ist
Sollemnitas liturgisches Hochfest
Stallum Platz im Chorgestühl
Starez (pl. Starzen) geistlicher Begleiter und Ratgeber
Stundenbuch Brevier, liturgisches Buch für das Stundengebet
Sukzentor Vertreter des Kantors
Syllabischer Gesang auf einer Silbe wird nur ein Ton gesungen
Terz Vormittagshore, ursprünglich zur dritten Stunde (neun Uhr)
Tractus Teil des Propriums in der Fastenzeit anstelle des Halleluja
Triduum Sacrum heilige Dreitagefeier vom Gründonnerstagabend bis Ostersonntag
Tropus (pl. Tropen) melodische oder textliche Zusätze, die eingeschoben oder angehängt werden
Tunika das lange weiße Gewand des Habits
Venia Vergebungsbitte eines Mönchs, der sich versungen hat
Vesper feierliche Abendhore
Vigilien »Nachtwachen«, nächtliche Gebetszeit, die in den meisten Klöstern am frühen Morgen gehalten wird
Zeremoniär Verantwortlicher für den Ablauf der liturgischen Zeremonien
Zingulum Gürtel
Zölibat Ehelosigkeit
Zönobiten gemeinschaftlich im Kloster lebende Mönche

Literatur und Links

Empfehlenswerte Bücher

Gröbler, B. K.: *Einführung in den Gregorianischen Choral*, Jena 2005

Heim, Maximlian: *Tu es Pastor Ovium. Eine Nachlese zum Besuch von Papst Benedikt XVI. am 9. September 2007 im Stift Heiligenkreuz*, Heiligenkreuz 2009

Hradil, Gerhard (Hg.): *Sancta Crux 2008. Festschrift 875 Jahre Stift Heiligenkreuz*, Heiligenkreuz 2009

Meuser, Bernhard: *Chant – Leben für das Paradies. Die singenden Mönche von Stift Heiligenkreuz*, München 2009

Wallner, Karl Josef: *Der Papst in Heiligenkreuz*, Heiligenkreuz 2007

Wallner, Karl Josef: *Im Zeichen des Kreuzes. Die Zisterzienser von Heiligenkreuz auf dem Weg in das 21. Jahrhundert*, 2. erweiterte Auflage, Heiligenkreuz 2008

Wallner, Karl Josef: *Wer glaubt wird selig. Gedanken eines Mönchs über das Glück, sinnvoll zu leben*, Bergisch-Gladbach 2009

Wester Simeon/Wallner Karl Josef/Krutzler Martin Michael (Hg): *Die Mystik des Gregorianischen Chorals*, Heiligenkreuz 2007

Wichtige Homepages

Choral-Pflege durch AISCGRE: www.aiscgre.de
Heiligenkreuz: www.stift-heiligenkreuz.org
Heiligenkreuz Hochschule: www.hochschule-heiligenkreuz.at
Klöster: www.kloesterreich.at
Priorat Bochum-Stiepel: www.kloster-stiepel.de
Zisterzienserorden: www.ocist.org